ZEIT – MEDIEN – WAHRNEHMUNG

ZEIT – MEDIEN – WAHRNEHMUNG

Herausgegeben von

MIKE SANDBOTHE

und

WALTHER CH. ZIMMERLI

WISSENSCHAFTLICHE BUCHGESELLSCHAFT

DARMSTADT

Einbandgestaltung: Neil McBeath, Stuttgart.

Die Deutsche Bibliothek – CIP-Einheitsaufnahme

Zeit – Medien – Wahrnehmung / hrsg. von
Mike Sandbothe und Walther Ch. Zimmerli. –
Darmstadt: Wiss. Buchges., 1994
ISBN 3-534-12569-X
NE: Sandbothe, Mike [Hrsg.]

Bestellnummer 12569-X

Gedruckt auf säurefreiem und alterungsbeständigem Offsetpapier
Satz: Setzerei Gutowski, Weiterstadt
Druck und Einband: Wissenschaftliche Buchgesellschaft, Darmstadt
Printed in Germany
Schrift: Linotype Times, 9.5/11

ISBN 3-534-12569-X

INHALT

EINLEITUNG

Von Mike Sandbothe und Walther Ch. Zimmerli

Die philosophische Frage nach der Zeit ist im 20. Jahrhundert vielfältig thematisiert worden. Im Zentrum der Diskussionen standen in der ersten Jahrhunderthälfte phänomenologische, lebens- und existenzphilosophische sowie sprachanalytisch-logische und physikalisch-naturphilosophische Zugänge zum Thema.[1] Der Einfluß, den die modernen Massenmedien über die Veränderung unserer Wahrnehmungsformen auf Zeit und Zeiterfahrung ausüben, wurde innerhalb dieser klassischen Theorietraditionen kaum berücksichtigt.[2] Das gilt auch für die unterschiedlichen Forschungsansätze der modernen Zeitsoziologie.[3] Erst in der zweiten Hälfte unseres Jahrhunderts sind die komplexen Verflechtungsverhältnisse, die zwischen Zeit, Medien und Wahrnehmung bestehen, in den Brennpunkt des Interesses getreten.[4] Diese medientheoretische Öffnung des aktuellen Zeitdenkens, die nicht zuletzt durch die in den fünfziger und sechziger Jahren einsetzende weltweite Ausbreitung des Fernsehens veranlaßt wurde, ist innerwissenschaftlich durch die kritische Fortentwicklung der klassischen Zeitdiskurse der Moderne ermöglicht worden: Hier ist insbesondere hinzuweisen auf dekonstruktive Transformationen der phänomenologischen, der existenz- und lebensphilosophischen Zeittheorien (Derrida, Lyotard, Vattimo), auf die Entwicklung neuer naturwissenschaftlicher (Prigogine, Eigen, Maturana) und sozialwissenschaftlicher Zeitkonzepte (Elias, Luhmann) sowie auf den Übergang von der analytischen zur postanalytischen Philosophie (Rorty, Goodman), der mit einiger Verzögerung beginnt, sich zeitphilosophisch auszuwirken.

Über den Einfluß der elektronischen Medien auf die zeitliche Grundstruktur menschlicher Wahrnehmung ist in den letzten Jahren in unterschiedlichen wissenschaftlichen Disziplinen viel diskutiert worden. Weite Teile der in den Schnittbereichen von Literatur-, Medien- und Computerwissenschaften geführten Diskussion wurden dabei zumeist entweder von apokalyptischen Schreckbildern[5] oder von medien-euphorischen Heilsvisionen[6] geprägt. Auf der Grundlage dieser globalen Szenarien hat sich eine neue Diskursgattung entwickelt, die man als "media fiction" bezeichnen könnte. Ihr Markenzeichen ist eine sich als gezielte Ironie präsentierende methodische Unschärfe, durch welche die phänomenologischen Intuitionen, die ihr zugrunde liegen, notorisch verschliffen werden. In nicht minder großer Zahl sind in den letzten Jahren quantitative Erhebungen und qualitative Studien vorgelegt worden, die aus den Perspektiven der empirischen Kommunikations- und Sozialwissenschaften, der Medienpsychologie und Medienpädagogik sowie der Technik- und Kulturgeschichte dem Zusammenhang von Zeit, Medien und Wahrnehmung nachgehen.[7] Charakteristisch für die Gesamtlage der Mediendebatte ist bis heute, daß sich phantasievolle "media fiction" und seriöse Medienwissenschaft in einem Zustand wechselseitiger Nichtbeachtung befinden.

Eine Änderung dieses Zustands ist um so notwendiger als er mit dazu geführt hat, daß detaillierte kommunikationshistorische Analysen, medienphänomenologische und technologiephilosophische Feindifferenzierungen sowie mediensoziologische Differentialinterpretationen inmitten der enormen Literaturflut zum Medienthema bisher Mangelware geblieben sind.[8] Ein anderer Grund für die Unübersichtlichkeit der aktuellen Forschungslage besteht darin, daß sich das Mediensystem insgesamt und mit ihm die Grundstrukturen menschlicher Zeitlichkeit und die in ihnen fundierten Wahrnehmungsformen gegenwärtig in einem Prozeß des Umbruchs und der rapiden Transformation befinden. Eine mögliche Ablösung des Fernsehens, das bislang konkurrenzlos als Leitmedium des elektronischen Zeitalters galt, beginnt sich heute abzuzeichnen. An seine Stelle könnten interaktive Multimediensysteme treten, die auf der Basis weltweiter Datennetze operieren und eine Synthese der jüngsten Generationen von Video-, TV- und Computertechnologien darstellen.[9] Darüber hinaus gewinnt im Blick auf die derzeit noch im Entwicklungsstadium befindlichen Cyberspace- und Virtual-Reality-Technologien ein weiterer, vermutlich noch markanterer Übergang Konturen: der Wechsel vom alten Primat des Audiovisuellen zu einer neuen Bedeutung der Taktilität.[10]

Wer heute versucht, sich unter diesen Bedingungen ein Bild von dem zu machen, was uns in der medialen Zukunft erwartet, ist gezwungen, sich mit hypothetischen Szenarien und spekulativen Entwürfen an die zukünftigen Zeit-, Medien- und Wahrnehmungsverhältnisse heranzutasten. Mit dieser durch den Gegenstand selbst vorgegebenen Unbestimmtheit der Situation mag die erwähnte Tendenz zum Umschlagen von Science in Fiction zusammenhängen. Vertreter der "media fiction" wie Vilém Flusser oder die Agentur Bilwet haben auf diesem Hintergrund versucht, das von ihnen methodisch proklamierte medienphilosophische „Lob der Oberflächlichkeit"[11] als mimetische Annäherung an den Gegenstand zu legitimieren. Unter den prekären Bedingungen der gegenwärtigen Umbruchsituation muß es indessen die Hauptmaxime jeder wissenschaftlich ausgewiesenen Medienanalyse sein, den aktuellen Ist-Zustand des Mediensystems von der Vielfalt möglicher Zukünfte, die sich im prognostischen Raum abzeichnen, deutlich abzugrenzen.[12] Die meisten der Irritationen,

Überreaktionen und Einseitigkeiten, durch die die aktuelle Mediendiskussion über weite Strecken bestimmt ist, sind aus fatalen Unschärfen in eben diesem Punkt entstanden: Zukunftsszenarien wurden auf die Gegenwart zurückprojiziert und zum Instrument der Analyse des Ist-Zustands erklärt.

Als paradigmatisch für dieses problematische Verfahren darf die „dromologische" Medientheorie des französischen Urbanisten Paul Virilio gelten. So weitsichtig einzelne seiner Einsichten sind, so selbstwidersprüchlich und phänomenologisch unsensibel sind die eschatologischen Pauschaldiagnosen, mit denen er den selbstverliebten Masochismus der Medienmaschine lustvoll füttert. Gewiß, Virilio hat den Einfluß, den die medientechnologische „Ästhetik des Verschwindens"[13] auf die menschlichen Zeitlichkeitsstrukturen und Wahrnehmungsformen ausübt, bereits in seinen frühen Schriften provozierend herausgestellt.[14] Die einzigartige Wirkung seiner Thesen gründet indessen von Anfang an in der gezielt eingesetzten Strategie, den jeweils aktuellen Stand der Medientechnologie als Antizipation und Vorstufe einer medialen Zukunft zu präsentieren, ohne deren apokalyptischen Tenor man das wahre, nämlich durch und durch destruktive Wesen des gegenwärtigen Zustands nicht verstehen könne.

Virilios zeitphilosophische Grunddiagnose besagt, daß die sich im 20. Jahrhundert entwickelnden und zunehmend ausbreitenden „kinematischen"[15] Technologien, zu denen er die gesamte Medienpalette vom Fernsehen über Virtual Reality und Cyberspace bis zu futuristischen Formen postbiologischer und postevolutionärer Mensch-Maschine-Symbiosen rechnet,[16] auf eine radikale *Auflösung* und restlose *Destruktion* derjenigen Zeitlichkeitsstrukturen abzielen, die von Augustinus bis Heidegger als unhintergehbare Grundverfassung menschlicher Existenz gegolten haben.[17] Mit dieser starken Destruktionsthese verbindet sich bei Virilio zugleich die Vorstellung von einem transhumanen Zeitregime der reinen Geschwindigkeit.[18] Dieser nach Virilio in der Technikgeschichte des Abendlandes angelegte Übergang wird von ihm folgendermaßen beschrieben: „Die drei Zeitformen der entscheidenden Aktion – Vergangenheit, Gegenwart und Zukunft – werden heimlich durch zwei Zeitformen ersetzt, die reale Zeit (Echtzeit) und die aufgeschobene Zeit. Die Zukunft ist teils in den Programmen der Computer, teils in der Fälschung dieser angeblich ‚realen' Zeit verschwunden, die sowohl einen Teil der Gegenwart als auch einen Teil der unmittelbaren Zukunft enthält."[19] Und einige Seiten weiter folgert Virilio daraus: „Diese (...) Differenz stellt eine neue Generation des Realen dar, eine degenerierte Realität, in der die Geschwindigkeit den Sieg über die Zeit und den Raum davonträgt (...)."[20]

Es bedarf kaum der tiefgreifenden Reflexion, um die Schwäche von Virilios Destruktionstheorie zu erkennen: Aus der sich an Einstein anschließenden Einsicht, die Einbeziehung der Zeit als einer abhängigen Variablen lasse sich durch die Verknüpfung von Raum, Zeit und Beobachtung bewerkstelligen, die als Bewegung mit einer relativen Geschwindigkeit zu verstehen sei, wird der Beobachterbezug eliminiert. Die so entstandene beobachterfreie Bewegung wird mit dem lebensweltlichen Befund gekoppelt, der als 'Beschleunigung' bezeichnet und der ausgehenden Moderne als Charakteristikum zugeordnet wird. Was resultiert, ist eine Hypostasierung dessen, was korrekt als eine 'beschleunigte Bewegung relativ zu einem Beobachtersystem' beschrieben werden müßte, eben – Geschwindigkeit, die vorkritisch-materialistisch interpretiert wird.

Der „informationstheoretische Materialismus“[21], der den Überlegungen Virilios zugrunde liegt, ist in Deutschland von dem Berliner Medientheoretiker Friedrich Kittler auf den Begriff gebracht und zugleich auf die Spitze getrieben worden. Mehr noch als Virilio sieht Kittler von den konkreten Formen menschlicher Zeiterfahrung, die sich in Abhängigkeit vom Stand der medialen Technologien zwar verändern, aber keinesfalls schlicht mit deren Prozessieren gleichzusetzen sind, rigoros ab. Für Kittler handelt es sich bei „dieser seltsamen Wissenschaft namens Mediengeschichte“[22], zu deren wissenschaftlicher Ausgestaltung und institutioneller Etablierung er selbst beigetragen hat, um die Rekonstruktion einer „Serie strategischer Eskalationen“[23]. Diese seien, so weiter Kittler, „ohne Referenz auf den oder die Menschen“[24] als ein selbstläufiges Geschehen zu verstehen, dessen einziges Ziel es wäre, „eine künstliche Intelligenz zur Interzeption möglicher Intelligenzen im Weltraum“[25] hervorzubringen. Im Rahmen der von ihm entwickelten informatischen Ontologie, deren Grundprinzip lautet: „Nur was schaltbar ist, ist überhaupt“[26], plädiert Kittler dafür, das Konzept der aufgeschobenen Zeit, das Virilio der simultanen Echtzeit entgegenstellt, durch das Konzept einer „Simulationszeit“[27] zu ersetzen, „bei der es entweder unmöglich oder unnötig wird, mit der Geschwindigkeit des Simulierten mitzuhalten“[28]. Implizit an die Adresse Virilios gerichtet, stellt Kittler heraus: „Alle umlaufenden Theorien, die zwischen historischer und elektronischer Zeit wie zwischen Aufschub und Gleichzeitigkeit unterscheiden möchten, sind Mythen.“[29] In seiner Begründung für diese These argumentiert Kittler, ohne sich auf die entscheidenden wahrnehmungsphänomenologischen Fragen einzulassen, rein technisch: „Es gibt (...) keine Echtzeitanalyse in dem Sinn, daß Ereignisse ohne jeden Aufschub analysabel würden. (...). Real Time Analysis heißt einzig und allein, daß Aufschub oder Verzögerung, Totzeit oder Geschichte schnell genug abgearbeitet werden, um gerade noch rechtzeitig zur Speicherung des nächsten Zeitfensters übergehen zu können.“[30]

Einer näheren philosophischen Betrachtung erweist sich Kittlers 'Überbietung' Virilios allerdings schon bald als eine Mischung aus Kategorienfehlern und metaphysischen Resten, hinter denen eine einfache instrumentalistische Zeitauffassung steckt: Zum einen widerspricht die These, Zeit werde zu einem Geschehen, das sich ohne Referenz auf den Menschen – gleichsam nur in der Interaktion zwischen technischen Geräten – ereigne, der investierten instrumentalistischen Zeitauffassung; sofern nämlich Zeit durch die sie messenden und/oder simulierenden Geräte (Uhren, Computer u. a.) bestimmt wird, bedarf es immer des Beobachters, der diese Geräte abliest, d. h. Zeit mißt. Zum anderen aber trägt das technische Argument, es könne keine im naiven Sinn zu verstehende 'Echtzeitanalyse' geben, da auch Echtzeit nur in Form von aufgeschobener Zeit vorkomme, für die hier in Frage stehende Problematik nichts aus; Zeitwahrnehmung und geschichtliche Zeit sind, wenn auch nicht unabhängig von, so doch auf keinen Fall identisch mit Zeitmessung. Noch die Bestimmung der "Real Time Analysis" über die „rechtzeitige" Abarbeitung „für das nächste Zeitfenster" setzt – so könnte man quasi-transzendental argumentieren – ein nicht-instrumentalistisches Zeitverständnis voraus, sei dieses nun lebensweltlich-subjektiv oder historisch-objektiv.

Was in der sich bei Virilio und Kittler abzeichnenden Überbietungsspirale, innerhalb deren ein digitales Zeitregime das andere ablöst, unberücksichtigt bleibt, sind, wie wir bereits erwähnten, die konkreten Zeitgestalten und basalen Zeitigungsstrukturen der Menschen, die mit den medialen Maschinen nach wie vor auf der Ebene analoger Wahrnehmungsverhältnisse umgehen und dies auf absehbare Zeit auch weiterhin tun werden. Auf die Grundstrukturen historischer Zeitlichkeit hat sich in seinen jüngsten Publikationen der Begründer der (von Virilio und Kittler ausgebauten) Simulationstheorie zurückbesonnen. In seinem neuesten Buch ›Die Illusion des Endes‹ stellt Jean Baudrillard heraus, daß wir den Orbit der Simulation bereits wieder verlassen haben und „in eine Phase der Entsimulierung"[31] eingetreten seien. Herausgefordert durch die Ereignisse im Osten – „Hurra! Die Geschichte ist wiederauferstanden!"[32] – entwirft Baudrillard das Szenario einer geschichtlichen Zeitlichkeit, die sich nicht, wie Virilio und Kittler es nahelegen, in die digitale Prozessualität selbstreferentieller Echtzeitspeicher aufgelöst, sondern in eine „retroaktive Form der Geschichte"[33] transformiert hat. Aus der Perspektive einer in sich zurücklaufenden, nicht mehr am Zielhorizont der Zukunft, sondern an der „Dimension des Vergangenen"[34] ausgerichteten Geschichtskonzeption, die Baudrillard von Benjamin übernimmt und gegen Heidegger ausspielt, präsentiert er die Konzeption der von seinem christlichen Kollegen Virilio verteidigten linearen Geschichtszeit als „ein gewaltiges Simulationsmodell"[35].

Diese interessante Wende, die das Denken Baudrillards neuerdings genommen hat, erklärt auch, daß er in dem Aufsatz über ›Die Rückwendung der Geschichte‹, der im vorliegenden Band abgedruckt ist, das posthistorische Grundtheorem seines bisherigen Denkens explizit verabschiedet: „Es gibt also weder ein Ende der Geschichte noch eine 'Post-Histoire', sondern nur Inversion und Rückwendung der Geschichte."[36] Problematisch an Baudrillards neuem Theorem von der Rückwendung der Geschichte, das an die Stelle von Virilios Destruktionsthese die nicht minder radikale Vorstellung von einer totalen Umkehrung der geschichtlichen Zeitlichkeitsstrukturen stellt, ist der Versuch, zeittheoretische Ansätze, die in Chaostheorie und Selbstorganisationsforschung im naturwissenschaftlichen Bereich entwickelt worden sind, unmittelbar auf die Geschichte zu übertragen.[37] Was dabei herauskommt, ist der melancholische Versuch, eine neue historische Meta-Erzählung zu begründen. Baudrillard glaubt sich mit diesem neuen Einheitsentwurf gegen den „‚postmoderne[n]' Individualismus"[38] einer „Theorie der Differenz"[39] wenden zu müssen, die „zur Opferreligion der Leistung, der Effektivität, des Stresses und des Timings"[40] konvertiert sei.

Gegen Baudrillard ist herauszustellen, daß sich in dem von ihm kritisierten postmodernen Zeitdenken ein pragmatischer Kern verbirgt, der – recht verstanden – die Möglichkeit für eine kreative transdisziplinäre Zeitforschung eröffnet. Denn ein radikal verzeitlichtes Zeitdenken, das die alte Obsession einer einheitlichen Zeit- und Geschichtstheorie hinter sich gelassen hat und inmitten der faktischen Pluralität individueller und kollektiver, phänomenologischer und technologischer Zeitkonzepte operiert, stellt eine notwendige Bedingung für eine genauere Analyse dar, wie sie angesichts der Komplexität der gegenwärtigen Verflechtungsverhältnisse von Zeit, Medien und Wahrnehmung nottut.[41] Zu diesem Zweck sei hier ein orientierendes Raster der unterschiedlichen Verflechtungsebenen entfaltet, die für das Verhältnis von Zeit, Medien und Wahrnehmung von zentraler Bedeutung sind.

Die neueren zeitanalytischen Ansätze der modernen Kommunikationswissenschaft sowie die aktuellen Zeitforschungen der empirischen Medienpsychologie sind zu einem großen Teil von Thesen, die im Bereich der "media fiction" zirkulieren, provoziert worden. Ausgangspunkt dieser Untersuchungen ist gleichwohl nicht die starke These von einer radikalen *Destruktion* der menschlichen Zeitlichkeit durch die elektronischen Medien, sondern die vorsichtigere Annahme einer medien-induzierten *Transformation* unserer Zeitwahrnehmung. Im Unterschied zu dem einseitig technischen Zeitverständnis, das bei Virilio und Kittler zugrunde liegt, konzentrieren sich die kommunikationswissenschaftlichen und medienpsychologischen Untersuchungen auf Aspekte bewußter und objektiv meßbarer Zeiterfahrung. Diese Aspekte werden als 'Zeiterlebnis', 'Zeitwahrnehmung', 'Zeitschätzung', 'Zeitorientierung' oder 'Zeitbewußtsein' beschrieben und von der objektiven (als bloß gedachter, aber nicht erlebbarer) Zeit abgegrenzt.[42] Damit werden Zeit und Zeiterfahrung in einem Sinn, der von Virilio und

Kittler systematisch übergangen bzw. für irrelevant oder obsolet erklärt wird, thematisiert.

Die folgenden unterschiedlichen Ebenen der medienbezogenen Relevanz von Zeitfragen sind aus kommunikationswissenschaftlicher und medienpsychologischer Sicht zu unterscheiden:

1. Ausgehend von dem externen Maßstab der objektiv meßbaren Zeit beginnen die einschlägigen Analysen mit der statistischen Ermittlung der täglichen Fernsehnutzungsrate. Der Infratest Medienforschung und andere Mediennutzungsuntersuchungen[43] stellten für die 70er und 80er Jahre fest, daß sich die Bürger in der Bundesrepublik täglich ca. 6 Stunden den Massenmedien zuwandten; davon 4 Stunden den elektronischen Medien. Wenn man diese Nutzungszeiten hochrechnet, dann verbringt der männliche Durchschnittsbürger etwa 17½ Jahre seines Lebens und die weibliche Durchschnittsbürgerin aufgrund ihrer höheren Lebenserwartung ca. 19 Jahre ihres Lebens mit der Rezeption von Massenmedien. Durch diese Zahlen werden auf einer rein quantitativen Ebene die Einflüsse markiert, die die Medien auf unsere alltägliche Zeitgestaltung erlangt haben. Hier setzen die unterschiedlichen Verfahren der empirischen Zeitbudget- und Tagesablaufforschung an.[44] Damit ist freilich noch nichts über die qualitativen Veränderungen gesagt, die sich aufgrund der Nutzung von Medien für unsere Zeiterfahrung ergeben.

2. Um diesen Einfluß untersuchen zu können, ist es wichtig, sich vor Augen zu führen, daß die verschiedenen Erscheinungsformen der modernen Massenmedien auf jeweils unterschiedliche Weise zeitlich verfaßt sind. In der Forschung wird zu diesem Zweck die occasionale Zeitform ereignisfixierter Ad-hoc-Medien (Flugblätter, Flugschriften, die 'Neuen Zeitungen' im 15. Jahrhundert), die zyklische Zeitform der periodisch erscheinenden Medien (zu Beginn des 17. Jahrhunderts wöchentlich, in dessen zweiter Hälfte bereits z. T. täglich) und die abstrakt-lineare Zeitform der kontinuierlich sendenden Rundfunk-Medien (Radio, Fernsehen) unterschieden. Sowohl gegen die These von der radikalen Destruktion als auch gegen die Vorstellung einer totalen Umkehrung unserer Zeiterfahrungsmuster spricht der Sachverhalt, daß das Verhältnis der verschiedenen Medien und ihrer Zeitformen keinesfalls als Verdrängungs- und Auflösungsverhältnis erscheint. Es ist vielmehr komplementär zu fassen. So wie die periodischen Medien die Ad-hoc-Medien und die Simultanmedien die periodischen nicht verdrängt, sondern ergänzt haben, so ergänzt die zyklische Zeit die occasionale und die lineare Zeit die zyklische.[45] Die unterschiedlichen Zeit- und Medientypen existieren nebeneinander. Mehr noch: der occasionelle und der zyklische Zeittyp treten im Rahmen der linearen Zeitform der Rundfunk-Medien ihrerseits erneut auf.[46]

Mit der linearen Kontinuität der Ausstrahlung verbindet sich bei den Rundfunkmedien ein weiterer Zeitaspekt, der sie von den Print-Medien deutlich abhebt: ihre Aktualität. Der Zeitfaktor, der bei den Print-Medien Produktion und Distribution sowie Geschehen und Vermittlung voneinander trennt, tendiert in Radio- und Fernseh-Direktübertragungen gegen Null. Zugleich steigt die Informationsdichte in den Telemedien erheblich an; einerseits im unterschwelligen Bereich der Wahrnehmungskonstitution (Virtualität des Bildes, Geschwindigkeit der Bildfolge etc.), andererseits im Blick auf die Dichte der überproportional schnell wechselnden Sinnzusammenhänge (Wechsel der Einstellungen, Zoom, Schwenks, Kamerafahrten etc.). In diesem Zusammenhang hat die Kommunikationspsychologin und Medienpädagogin Hertha Sturm gezeigt, daß die Rezeption elektronischer Medien im Verhältnis zur alltäglichen Wahrnehmung durch „fehlende Zeitintervalle im Umgang mit den jeweiligen Wahrnehmungsreizen"[47] gekennzeichnet ist. Bekannt geworden ist Sturms Diagnose unter dem Stichwort der „fehlenden Halbsekunde". Die Dramaturgie des Fernsehens, so ihre These, läßt für die Antizipation des Kommenden und die Herstellung von Sinnkontinuität nicht ausreichend Zeit. Mediale Zeiterfahrung ist punktuelle Zeiterfahrung. Sie ist durch die Irritation des Unerwarteten, die Gewalt des Diskontinuierlichen und den Schock des Plötzlichen gekennzeichnet.

Prima facie scheinen die Ergebnisse von Hertha Sturm den von Virilio herausgestellten bedrohlichen Charakter des telematischen Zeitregimes zu belegen. Doch ist es wichtig, auch hier die Differenzen präzise zu markieren. Zum einen schreibt Sturm die fehlende Halbsekunde nicht einer schicksalhaften Militär-Ontologie der abendländischen Technik, sondern der spezifischen Dramaturgie der TV-Produkte zu. Dem setzt sie die Forderung nach einer „zuschauerfreundlichen Mediendramaturgie"[48] entgegen. Und zum anderen identifiziert Sturm nicht, wie Virilo und Kittler dies tun, die Verfassung der Medienzeit ohne weiteres mit der Verfassung unserer Alltagszeit. Ihre Analyse betont vielmehr gerade die Unhintergehbarkeit der Differenz von medialer und nicht-medialer Zeiterfahrung.

3. Einen Schritt weiter als Hertha Sturm ist in diesem Zusammenhang Peter Winterhoff-Spurk gegangen. In seinen medienpsychologischen Studien über den „Einfluß der Medien auf Zeit-, Raum- und Personenschemata"[49] hat er die Frage untersucht, ob und in welcher Weise die Zeitschätzung und Zeitwahrnehmung in nicht-medialen Situationen im Verhältnis zur Häufigkeit der medial beschleunigten Zeiterfahrung eine empirisch nachweisbare Veränderung erfährt. In seiner Untersuchung der Zeitwahrnehmungsmuster von 58 Schülerinnen und Schülern, die er 1983 an einer Mannheimer Schule durchgeführt hat, kommt er zu eindeutigen Resultaten: Medientypische Zeitvorstellungen werden im Regelfall nur auf Medienprodukte selbst bezogen und nicht ohne weiteres auf die Alltagswelt übertragen.[50]

Die Forschungsresultate sowohl der kommunikationswissenschaftlichen als auch der medienpsychologischen Zeitforschung relativieren nicht nur die ihnen zugrundeliegende Ausgangshypothese von der medialen Transformation unseres Zeiterlebens, sondern auch Virilios starke These von der medialen Destruktion unserer zeitlichen Basissynthesen. Umgekehrt ergibt sich aus philosophischer Perspektive jedoch zugleich eine Relativierung der Aussagekraft auch der empirischen Resultate; beziehen sich diese doch auf ein wissenschaftliches Konstrukt von Zeit als subjektivem Zeiterleben. Diese Konstruktion setzt als absolut und unveränderlich voraus, was erst auf seine innere Veränderungsdynamik hin zu untersuchen wäre, und damit ist keinesfalls die objektiv meßbare Zeit gemeint. Denn bei ihr handelt es sich um das heute technologisch implementierte Komplement zum subjektiven Zeiterleben. Was auf seine eigenzeitliche Veränderungsdynamik hin zu untersuchen wäre, ist vielmehr diejenige Zeitdimension, die diesen beiden Konstrukten ihrerseits zugrunde liegt: das für das bewußte Erleben schon vorausgesetzte Zu-Erlebende, das zugleich mehr ist als ein nur gedachtes oder technisch implementiertes Konstrukt: die *gelebte* Zeit.

Mit der Differenzierung von erlebter und gelebter Zeit beziehen wir uns auf eine Formulierung, die der französische Psychiater Eugène Minkowski 1933 in seinem zweibändigen Werk ›Die gelebte Zeit‹ geprägt hat.[51] Im Erlebnis der Zeit wird Zeit als gelebte bewußt. Weil Leben sowohl im Sinne des vegetativ-animalischen Geschehens (Bergson) als auch im Sinne des existenzialen Zukunfts-Entwurfs (Heidegger) zeitlich verfaßt ist, Zeit also vor allem Erleben bereits gelebt und vollzogen ist, kann sie in einer selbst nicht linear-zeitlich zu verstehenden 'Nachträglichkeit' zum so oder so strukturierten und akzentuierten Erlebnis werden. Um der Konstruktion ihres Gegenstandsbereichs willen abstrahieren die zeitanalytischen Forschungsansätze der empirischen Kommunikationswissenschaft und der Medienpsychologie von den basalen Verflechtungsverhältnissen zwischen gelebter und erlebter Zeit. Hier liegt ihr blinder Fleck.

Ähnliches gilt in anderer Weise für Virilio, Kittler und Baudrillard. Die starke Destruktionsthese von Virilio und Kittler blendet die Strukturen gelebter Zeitlichkeit zugunsten eines rein technischen Zeitverständnisses aus. Baudrillards These von der Rückwendung der Geschichte bringt zwar die sich im Zeitalter medialer Zeitsimulakren wandelnden Strukturen gelebter Zeitlichkeit mit in den Blick; dies geschieht jedoch im Rahmen einer spekulativen Meta-Erzählung, die die konkreten Formen unseres empirischen Zeiterlebens, die sich mit der gelebten Zeit rückkoppeln, unberücksichtigt läßt und die komplexen Transformationsprozesse, die auf der individuellen und kollektiven Ebene faktisch stattfinden, statt dessen in ein historisches Umkehrungsschema preßt.

Die Analyse und präzise Binnendifferenzierung der komplexen Verflechtungsverhältnisse, die zwischen erlebter Zeiterfahrung, gelebter Zeitlichkeit und technologischen Zeitsimulakren bestehen, kann mithin nur gelingen, wenn die Kluft zwischen "media fiction" auf der einen Seite und kommunikationswissenschaftlicher und medienpsychologischer Analyse auf der anderen Seite in einer transdisziplinären Kooperation überwunden wird. Materialien für eine solche Kooperation stellen die im vorliegenden Band abgedruckten Beiträge bereit. Sie sind aus Vorträgen und Diskussionen des ›Ersten Bamberger Philosophischen Meisterkurses‹ über ›Die Wiederentdeckung der Zeit‹ hervorgegangen, der im Juni 1993 an der Otto-Friedrich-Universität Bamberg stattfand.[52]

Das Spektrum der aktuellen Debatte um Zeit, Medien und Wahrnehmung wird im vorliegenden Band durch die *Grundpositionen* markiert, die Jean Baudrillard, Helga Nowotny und Hermann Lübbe im ersten Teil des Buches beziehen. Die drei Autor(inn)en beschreiben die durch die elektronischen Medien ausgelöste Transformation der Grundstrukturen gelebter Zeitlichkeit aus jeweils unterschiedlichen Perspektiven. Baudrillard und Lübbe fassen sie von den Veränderungen her, die unser Verständnis der geschichtlichen Zeit auf diesem Hintergrund erfährt. Nowotny konzentriert sich demgegenüber auf die individuellen Zeitigungsformen und pluralen Zeitumgangsstile der Subjekte.

Die *Detailanalysen*, die Götz Großklaus, Eckhard Hammel und Irene Neverla im zweiten Teil des Bandes vorlegen, stehen zu den markierten Grundpositionen in einem jeweils unterschiedlich akzentuierten Spannungsverhältnis. Während die kommunikationshistorischen und technikgeschichtlichen Untersuchungen von Großklaus und Hammel von den Diagnosen Baudrillards und Lübbes inspiriert sind, bewegt sich die empirische Studie von Neverla im Horizont von Nowotnys „Eigenzeit". Dabei halten sich Großklaus und Hammel (gegen Virilio und Kittler) explizit an die auf Ernst Kapp zurückgehende Organprojektionstheorie[53] und an Marshall McLuhans anthropologische These, daß es sich bei den elektronischen Medien um "extensions of man" handele.[54]

Die von Dieter Thomä, Thomas Anz und Richard Sennett im Schlußteil entfalteten *Kontexte* stecken das Feld ab, innerhalb dessen die Verflechtungsverhältnisse von Zeit, Medien und Wahrnehmung philosophisch, gesellschaftlich, literarisch und historisch zu verorten sind. Während Thomä die aktuelle Debatte um Ende und Wiederentdeckung der „Erzählung" mit dem Postulat konfrontiert, es gelte „auszuloten, wie innerhalb und außerhalb" der neuen Medien „Spielräume zu eröffnen sind"[55], weist Anz die „literarische Moderne um und nach 1900"[56] als sensiblen Seismographen der sich medial beschleunigenden Zeit- und Wahrnehmungsverhältnisse auf. Abschließend stellt Richard Sennett am Beispiel des Urchristentums das Verhältnis von Zeit, Medien und Wahrnehmung in zweifacher Hinsicht in einen größeren Rahmen: Zum einen zeigt er, wie die christliche Zeitvorstellung einer ständigen Wanderschaft die Wahrnehmung des eigenen Körpers transformiert, zum anderen verdeutlicht er am Beispiel der Basilika und des Martyriums, wie der architektonische Raum als Medium der Institutionalisierung von Zeit fungiert.

Wir denken im Übergang. Damit wird auch und gerade das Denken von Zeit Übergangsdenken. Wenn die diesem Band zugrunde liegende Annahme einer von den elektronischen Medien auf unsere Wahrnehmungsformen und Zeitlichkeitsstrukturen ausstrahlenden Veränderungsdynamik zutrifft, wird sich in dem, was wir heute noch „Zukunft" nennen, ein anderes Muster des Zeitdenkens entfalten. Der vorliegende Band bietet Übergänge dazu an.

Anmerkungen

1 Wichtige Schlüsseltexte der Zeitphilosophie des 20. Jahrhunderts haben wir in dem Band ›Klassiker der modernen Zeitphilosophie‹ zusammengestellt (Zimmerli/Sandbothe, 1993).

2 Außerhalb der erwähnten Theorietraditionen ist insbesondere auf das Werk Walter Benjamins hinzuweisen, in dessen Rahmen sich erste philosophische Thematisierungen des Einflusses der Medien auf unsere Zeiterfahrung finden.

3 Zur Geschichte der modernen Zeitsoziologie vgl. Bergmann (Bergmann, 1981), Pronovost (Pronovost, 1989) und Nassehi (Nassehi, 1993).

4 Eine wichtige Initialfunktion kommt in diesem Zusammenhang den Arbeiten von Anders (Anders, 1956) und McLuhan (McLuhan, 1968) zu.

5 Vgl. Virilio, 1989 a/b, 1992, 1994; Baudrillard, 1985, 1987.

6 Vgl. Flusser, 1985, 1993; Moravec, 1990, 1995.

7 Vgl. z.B. Schivelbusch, 1977; Winterhoff-Spurk, 1989; Hömberg/Schmolke, 1992; Neverla, 1992; Gendolla, 1992; Dohrn-van Rossum, 1992; Burckhardt, 1994.

8 Als Ausnahmen sind hier die Arbeiten von Nowotny (Nowotny, 1989), Lyotard (Lyotard, 1989) und Lübbe (Lübbe, 1992) zu nennen.

9 Rheingold, 1994.

10 de Kerckhove, 1993.

11 Flusser, 1993.

12 Zimmerli, 1990.

13 Virilio, 1986.

14 Virilio, 1980; Virilio/Lotringer, 1984.

15 Virilio, 1992, S. 49.

16 Virilio, 1994.

17 Virilio, 1991, S. 336.

18 Virilio, 1989 a/b.

19 Virilio, 1989 b, S. 151.

20 Virilio, 1989 b, S. 163.

21 Kittler, 1994, S. 182.

22 Kittler, 1994, S. 8.

23 Kittler, 1993, S. 188.

24 Kittler, 1993, S. 188.

[25] Kittler, 1993, S. 188.
[26] Kittler, 1994, S. 182.
[27] Kittler, 1994, S. 201.
[28] Kittler, 1994, S. 201.
[29] Kittler, 1994, S. 201.
[30] Kittler, 1994, S. 201.
[31] Baudrillard, 1994, S. 89. Vgl. hierzu auch Baudrillard, im vorliegenden Band, S. 11.
[32] Baudrillard, 1994, S. 51.
[33] Baudrillard, 1994, S. 179. Vgl. hierzu auch Baudrillard, im vorliegenden Band, S. 2.
[34] Baudrillard, 1994, S. 38.
[35] Baudrillard, 1994, S. 18.
[36] Baudrillard, im vorliegenden Band, S. 7.
[37] Zur Kritik an diesem nicht nur bei Baudrillard auftretenden Kurzschluß vgl. Sandbothe (Sandbothe, 1994, 1995).
[38] Baudrillard, 1994, S. 165.
[39] Baudrillard, 1994, S. 168.
[40] Baudrillard, 1994, S. 164.
[41] Einen Überblick über die auf Kant und Heidegger zurückgehende Entstehungsgeschichte eines solchen Denkens sowie über die Ansätze, die von Richard Rorty, Jacques Derrida und Jean-François Lyotard in diesem Zusammenhang entwickelt worden sind, gibt Sandbothe (Sandbothe, 1993, 1995).
[42] Vgl. z. B. Wilke, 1992.
[43] Infratest Medienforschung, 1978, sowie Berg/Kiefer, 1987.
[44] Vgl. Waldmann, 1992 sowie im Überblick Neverla, 1992, S. 101 ff.
[45] Hömberg, 1990, S. 12.
[46] Neverla, 1990, S. 6; 1992, S. 61 ff.; im vorliegenden Band, S. 81 f.
[47] Sturm, 1984, S. 61.
[48] Sturm, 1984, S. 63.
[49] So der Untertitel seiner Studie über ›Fernsehen und Weltwissen‹ (Winterhoff-Spurk, 1989).
[50] Winterhoff-Spurk, 1989, S. 64 ff.
[51] Minkowski, 1971/1972.
[52] Die Veranstaltung wurde von der Fritz-Thyssen-Stiftung und der Wissenschaftlichen Buchgesellschaft finanziert.
[53] Kapp, 1877, S. V f., 28 ff. et passim.
[54] McLuhan, 1968.
[55] Thomä, im vorliegenden Band, S. 105.
[56] Anz, im vorliegenden Band, S. 111.

Literatur

Agentur Bilwet (1993): Medien-Archiv, Bensheim (zuerst: Amsterdam 1992).
Anders, Günther (1956): Die Antiquiertheit des Menschen. Über die Seele im Zeitalter der zweiten industriellen Revolution, Bd. 1, München.

Baudrillard, Jean (1987): Die Abschreckung der Zeit, in: Tumult. Zeitschrift für Verkehrswissenschaft, Nr. 9, S. 109–118.
Baudrillard, Jean (1985): Die fatalen Strategien, München (zuerst: Paris 1983).
Baudrillard, Jean (1994): Die Illusion des Endes oder: Der Streik der Ereignisse, Berlin (zuerst: Paris 1992).
Berg, Klaus/Kiefer, Marie-Luise (Hrsg.) (1987): Massenkommunikation III. Eine Langzeitstudie zur Mediennutzung und Medienbewertung 1964–1985, Frankfurt a. M.
Bergmann, Werner (1981): Die Zeitstrukturen sozialer Systeme. Eine systemtheoretische Analyse, Berlin.
Burckhardt, Martin (1994): Metamorphosen von Raum und Zeit. Eine Geschichte der Wahrnehmung, Frankfurt a. M.
Dohrn-van Rossum, Gerhard (1992): Die Geschichte der Stunde. Uhren und moderne Zeitordnung, München.
Flusser, Vilém (1985): Ins Universum der technischen Bilder, Göttingen.
Flusser, Vilém (1993): Lob der Oberflächlichkeit. Für eine Phänomenologie der Medien, in: Ders., Schriften, Bd. 1, hrsg. von Stefan Bollmann und Edith Flusser, Bensheim.
Gendolla, Peter (1992): Zeit. Zur Geschichte der Zeiterfahrung, Köln.
Hömberg, Walter (1990): Zeit – Zeitung – Zeitbewußtsein, in: Publizistik. Vierteljahresheft für Kommunikationsforschung, Jg. 35, Heft 1, S. 5–17.
Hömberg, Walter/Schmolke, Michael (Hrsg.) (1992): Zeit, Raum, Kommunikation, München.
Infratest Medienforschung (1978): Kommunikationsverhalten und Buch. Eine Untersuchung im Auftrag der Bertelsmann Stiftung, München.
Kapp, Ernst (1877): Grundlinien einer Philosophie der Technik. Zur Entstehungsgeschichte der Cultur aus neuen Gesichtspunkten, Braunschweig (fotomechanischer Nachdruck: Düsseldorf 1978).
Kerckhove, Derrick de (1993): Touch versus Vision. Ästhetik neuer Technologien, in: Die Aktualität des Ästhetischen, hrsg. von Wolfgang Welsch, München, S. 137–168.
Kittler, Friedrich A. (1993): Geschichte der Kommunikationsmedien, in: Raum und Verfahren, hrsg. von Jörg Huber und Alois M. Müller, Basel, S. 169–188.
Kittler, Friedrich A. (1994): Draculas Vermächtnis, Technische Schriften, Leipzig.
Lübbe, Hermann (1992): Im Zug der Zeit. Verkürzter Aufenthalt in der Gegenwart, Berlin/New York/Heidelberg.
Lyotard, Jean-François (1989): Das Inhumane. Plaudereien über die Zeit, Wien (zuerst: Paris 1988).
McLuhan, Marshall (1968): Die magischen Kanäle. Understandig Media, Düsseldorf/Wien (zuerst: New York 1964).
Minkowski, Eugène (1971/1972): Die gelebte Zeit, 2 Bde., Salzburg (zuerst: Neuchâtel 1933).
Moravec, Hans (1990): Mind Children. Der Wettlauf zwischen menschlicher und künstlicher Intelligenz, Hamburg (zuerst: Cambridge [Mass.] 1988).
Moravec, Hans (1995): Mind Age. Transcendence Through Robots, London/New York [im Druck].
Nassehi, Armin (1993): Die Zeit der Gesellschaft. Auf dem Weg zu einer soziologischen Theorie der Zeit, Opladen.

Neverla, Irene (1990): Der soziale Zeitgeber Fernsehen. Das elektronische Medium als Komponente und Agens der abstrakt-linearen Zeit unserer Gesellschaft, in: Medien und Zeit. Forum für historische Kommunikationsforschung, Bd. 5, Heft 1, S. 3–11.

Neverla, Irene (1992): Fernseh-Zeit. Zuschauer zwischen Zeitkalkül und Zeitvertreib, München.

Nowotny, Helga (1989): Eigenzeit. Entstehung und Strukturierung eines Zeitgefühls, Frankfurt a. M.

Pronovost, Gilles (1989): The Sociology of Time, in: Current Sociology. The Journal of the International Sociological Association, Bd. 37, Nr. 3, S. 4–129.

Rheingold, Howard (1994): Virtuelle Gemeinschaft. Soziale Beziehungen im Zeitalter des Computers, Bonn/Paris/Reading (Mass.) u. a.

Sandbothe, Mike (1993): Zeit und Medien. Postmoderne Medientheorien im Spannungsfeld von Heideggers 'Sein und Zeit', in: Medien und Zeit. Forum für historische Kommunikationsforschung, Bd. 8, Heft 2, S. 14–20.

Sandbothe, Mike (1994): Die Verzeitlichung der Zeit. Grundtendenzen der modernen Zeitphilosophie und die aktuelle Wiederentdeckung der Zeit, in: Glaube und Denken. Jahrbuch der Karl-Heim-Gesellschaft, Bd. 7 [im Druck].

Sandbothe, Mike (1995): The Temporalization of Time in Modern Philosophy, in: The Problem of Time, ed. by Patrick Baert and Peter Coveney, London [im Druck].

Schivelbusch, Wolfgang (1977): Geschichte der Eisenbahnreise. Zur Industrialisierung von Raum und Zeit im 19. Jahrhundert, Frankfurt a. M.

Sturm, Hertha (1984): Wahrnehmung und Fernsehen: die fehlende Halbsekunde, in: Media Perspektiven, Heft 1, S. 58–65.

Virilio, Paul (1980): Geschwindigkeit und Politik, Berlin (zuerst: Paris 1977).

Virilio, Paul (1986): Ästhetik des Verschwindens, Berlin 1986 (zuerst: Paris 1980).

Virilio, Paul (1989 a): Der negative Horizont. Bewegung/Geschwindigkeit/Beschleunigung, München (zuerst: Paris 1984).

Virilio, Paul (1989 b): Die Sehmaschine, Berlin (zuerst: Paris 1988).

Virilio, Paul (1991): Die Ästhetik des Verschwindens. Ein Gespräch zwischen Fred Forest und Paul Virilio, in: Digitaler Schein. Ästhetik der elektronischen Medien, hrsg. von Florian Rötzer, Frankfurt a. M., S. 334–342.

Virilio, Paul (1992): Rasender Stillstand. Essay, München (zuerst: Paris 1990).

Virilio, Paul (1994): Die Eroberung des Körpers. Vom Übermenschen zum überreizten Menschen, München (zuerst: Paris 1993).

Virilio, Paul/Lotringer, Sylvère (1984): Der reine Krieg, Berlin (zuerst: New York 1983).

Waldmann, Norbert (1992): Stiehlt Fernsehen Zeit? Zeitbudget und Nutzungsallokation für das Fernsehen, in: Hömberg/Schmolke (Hrsg.), a. a. O., S. 55–62.

Wilke, Jürgen (1992): Mediennutzung und Zeitgefühl, in: Hömberg/Schmolke (Hrsg.), a. a. O., S. 257–276.

Winterhoff-Spurk, Peter (1989): Fernsehen und Weltwissen. Der Einfluß von Medien auf Zeit-, Raum- und Personenschemata, Opladen.

Zimmerli, Walther Ch. (1990): Prognosen als Orientierungshilfe für technisch-wissenschaftliche Entscheidungen, in: DVT-Schriften, hrsg. vom Deutschen Verband technisch-wissenschaftlicher Vereine, Nr. 24, S. 6–20.

Zimmerli, Walther Ch./Sandbothe, Mike (Hrsg.) (1993): Klassiker der modernen Zeitphilosophie, Darmstadt.

Grundpositionen

DIE RÜCKWENDUNG DER GESCHICHTE*

Von Jean Baudrillard

Es wird kein Ende geben, denn wir befinden uns in einem Exzeß des Endes – Exzeß des Endes: „transfini" – Exzeß der Finalitäten: Transfinalität. Es ist der Exzeß der Finalitäten, der endlos Turbulenzen erzeugt. Es ist genauso wie in der Chaostheorie, wenn auch die Prämissen und die Konsequenzen ganz anders sind. In der klassischen Chaostheorie ist es die Hypersensibilität gegenüber den Ausgangsbedingungen, die zu Störungen in der Regulierung des Prozesses führt, zu einem Sturz aus der linearen Ordnung und dadurch zu einer globalen Unbestimmtheit (der Unmöglichkeit, die zukünftige Entwicklung und das Ende vorauszusehen). Hier scheint jedoch der gegenteilige Folgesatz zutreffend zu sein. Aufgrund einer Art Hypersensibilität gegenüber den Endbedingungen beschleunigen sich die extremen Phänomene, die modernen Prozesse, und bewegen sich schnell auf ihr Ende zu, wie durch einen Zwang zur Vollendung und zum Verschwinden, wie in einem irrsinnigen Taumel, in dem sie ihr eigenes Ende überschreiten. Hypertelie und Katastrophe im wörtlichen Sinn. Bei der Annäherung an das eigene Ende (oder einfach das Ende des Jahrhunderts, symbolischer Endpunkt eines Jahrtausends?) krümmt sich der Verlauf der Geschichte durch ihre Beschleunigung und zerfällt in vielfältige Wirbel und Strudel, die in Unordnung in die entgegengesetzte Richtung streben (Phaseninversion) oder sich auf die Tiefe des Wirbels zubewegen (zum Ursprung? – die Effekte versuchen, zu ihrer eigenen Ursache zurückzukehren). Mit der Beschleunigung der Geschichte kommt es zu einer chaotischen Turbulenz, die jeder Linearität ein Ende setzt, und dadurch jedem denkbaren Ende. (Und ›A descent into the Maelström‹ von Edgar Allan Poe lehrt uns, daß man sich in diesem wirbelnden Sog zum Abgrund besser nicht an die großen Trümmer klammern sollte, sondern eher an leichte Dinge, die weniger schnell sinken.)

Das Jahr 2000 wird nicht stattfinden, weil die Geschichte irgendwann in den 80er Jahren des 20. Jahrhunderts eine Wendung in die Gegenrichtung genommen hat. Wenn einmal der Zenit der Zeit überschritten ist, der Gipfel der Evolutionskurve, die Sonnenwende der Geschichte, dann beginnt das

* Aus dem Französischen übersetzt von M. Sedlaczek und I. Uchtdorf.

Abrutschen der Ereignisse, der Ablauf in entgegengesetzter Richtung ... Genauso wie es eine Krümmung des kosmischen Raumes gibt, genauso wird es wohl eine Krümmung des geschichtlichen Zeit-Raums geben. (Und es wird chaotische Effekte auch bezüglich der Zeitlichkeit geben – die Dinge laufen immer schneller ab, wenn sie sich ihrer Entscheidungsphase nähern, genauso wie das Wasser mysteriöserweise seinen Lauf beschleunigt, wenn es sich dem Wasserfall nähert.)

Im euklidischen Raum der Geschichte ist die schnellste Verbindung zwischen zwei Punkten die gerade Linie, die Linie des Fortschritts und der Demokratie. Aber das gilt nur für den linearen Raum des Aufklärungsdenkens – in unserem Fall, dem nicht-euklidischen Raum des Endes dieses Jahrhunderts, lenkt eine unheilvolle Krümmung alle Bahnen unaufhaltsam in die Irre. Höchstwahrscheinlich gebunden an die Kugelform der Zeit (wie auch der Erde, die beide nur am Ende sichtbar werden, die eine am Horizont am Ende des Tages, die andere am Horizont am Ende des Jahrhunderts) oder an die subtile Distorsion des Gravitationsfeldes.

Das Ende der Linearität wird von Ségalen aufgezeigt, wenn er sagt, daß auf der Erde als Kugel jede Bewegung, die uns von einem Punkt entfernt, gleichzeitig der Beginn einer Annäherung an den gleichen Punkt ist. Was für den Raum gilt, gilt auch für die Zeit. Jede wahrnehmbare Bewegung der Geschichte (im linearen Sinne des Fortschritts) führt uns unmerklich ihrem Antipoden näher und vielleicht sogar ihrem Ausgangspunkt ... In dieser Perspektive gibt es keine Zukunft mehr. Aber auch kein Ende. Denn durch diese Rückwendung («rétroversion») der Geschichte entkommt das Jahrhundert selbst seinem Ende. Durch diese Rück-Wirkung («rétroaction») der Ereignisse in Gegenrichtung entgehen wir unserem eigenen Tod. Wir sind also virtuell unsterblich, und das symbolische (Verfalls-)Datum (das Jahr 2000) wird nicht stattfinden. Ganz gleich, ob wir uns jenseit des Todes bewegen (jenseits des Endes), oder diesseits des Todes (diesseits des Endes) – Hypertelie oder Hypotelie – wir werden unsterblich. Folgende Varianten sind möglich: entweder überschreitet man sein eigenes Ende, oder man entkommt ihm durch eine rückwärts gerichtete Wendung (was keine Regression ist, die ja noch eine Linearität in umgekehrter Richtung voraussetzt). Auf jeden Fall ist die Unmöglichkeit, zu einem Ende zu kommen, sein Ende zu erreichen, an seine Grenzen zu gelangen, eine Art und Weise, dem Tod zu entgehen. Sie scheint für unsere Kultur und ihre Geschichte charakteristisch zu sein, der es nicht einmal gelingt, zu einem Ende zu kommen, und die sich auf diese Weise eine indefinite Wiederkehr («récurrence indéfinie»), eine Unsterblichkeit im entgegengesetzten Sinne sichert. Bisher war die Unsterblichkeit eher eine Sache der Zukunft, eine Unsterblichkeit des Jenseits – wir hingegen erfinden eine Unsterblichkeit im entgegengesetzten Sinne, eine des Diesseits, eine der unendlichen Rückläufigkeit («récession») des Endes.

Daß wir in eine rück-wirkende («rétroactive») Form der Geschichte eintreten und daß sich alle unsere Ideen, unsere Philosophien, unsere mentalen Techniken nach und nach an dieses Modell anpassen, das ist vielleicht im Grunde genommen ein Abenteuer, da ja das Verschwinden des Endes, jeglichen Endes, an sich eine originäre Situation darstellt. Was aber ein Endergebnis betrifft, so ist von vornherein klar, daß er eine verlorene Sache ist. Denn den absoluten Beginn, das ursprüngliche Chaos, den Big Bang, den Urknall werden wir niemals erleben. Das ist eine längst abgeschlossene Sache, und wir waren nicht dabei! Was jedoch den Endpunkt betrifft, den Big Crumb, konnten wir die Hoffnung aufrechterhalten, daß wir ihn erleben. Das Ende genießen, da wir den Ursprung nicht genießen konnten. Nur diese zwei Momente sind interessant, und da uns der erste vorenthalten wurde, wenden wir nun unsere ganze Energie um so mehr dafür auf, das Ende zu beschleunigen, die Dinge in Richtung ihres definitiven Verlustes voranzutreiben, dessen Schauspiel zu konsumieren uns zumindest vergönnt sein würde.

Dieser Möglichkeit hatten wir uns mit dem Atomzeitalter angenähert. Das Gleichgewicht des Schreckens hat jedoch das finale Ereignis zunächst in der Schwebe gelassen und dann aufgeschoben, und jetzt, nachdem die Abschreckung gelungen ist, muß man sich an den Gedanken gewöhnen, daß es kein Ende gibt, daß es kein Ende mehr geben wird und daß die Geschichte selbst endlos geworden ist, aber als Unsterblichkeit in der Form von Wiederkehr («récurrence») und nicht endendem Koma.

So sieht es auch aus mit dem „Ende des Politischen“, dem „Ende der Ideologien“, dem „Ende des Sozialen“ etc. Nichts von alldem ist wahr. Das Schlimmste daran ist gerade, daß es für *nichts ein Ende* gibt, oder vielmehr daß alles sich in langsamer, widerlicher Art und Weise auflösen wird, in Form von Viren, AIDS, in Form des Verlusts der Ozonschicht, durch Umweltschäden, in einem Prozeß des Zerfließens etc. Und da all dies im Grunde bereits tot ist, aber kein Ende – eine glückliche oder tragische Auflösung – findet, werden wir nur ein verhindertes und zurückgedrängtes Ende erleben, ein *homöopathisches* Ende, das sich tröpfchenweise in allen Metastasen der Zurückweisung des Todes manifestiert.

So verhält es sich auch mit dem gegenwärtigen Ereignis des Zusammenbruchs der Imperien. Die große Illusion besteht darin zu glauben, daß jetzt der Weg offensteht für die weltweite Demokratie und für eine neue Ära der Freiheit. Diese neue Freiheit drückt sich zwar aus durch eigenartige Zukkungen der Identitätssuche, durch eine Bewegung des Rückfalls in ethnische, nationalistische Formen, wie sie vor dem großen „Imperium“ bestanden (und man wird dessen Zerfall noch manches Mal bedauern!). Aber all das, diese Bewegung des Rückfalls («mouvement relapse»), ist nur ein einfacher Lapsus, eine bedauerliche Episode in einer ganz neuen Geschichte, die schnell auf dem Königsweg (!) der Neuen Weltordnung vorübergehen wird. So lautet die neue große Erzählung zum Ende dieses Jahrhunderts. All das ist nur eine Halluzination. Die wahrscheinlichste Hypothese ist die, daß der *Zusammenbruch des Imperiums nur eine Zerstreuung des Imperiums* bedeutet. Wir haben es hier nicht mit einem Verschwinden zu tun, sondern mit einer Metamorphose, mit einer Miniaturisierung und einer fraktalen Wucherung des Imperiums in all den Mikroimperien auf lokaler, Provinz- und Territorialebene, die sich unendlich vermehren werden. Der Spiegel des Imperiums ist zerbrochen, aber jeder Splitter davon bewahrt das ganze Bild. Es handelt sich hier um die gleiche Homologie des Details gegenüber dem Ganzen wie in einem Hologramm.

Man könnte auch sagen, daß diese Auswüchse, diese Anomalien des demokratischen Zeitalters nichts von einer Wiederauferstehung des Archaischen an sich haben und genaugenommen nicht einmal den Anspruch der Identitätsfindung. Und überhaupt, was bedeutet denn Identität? Das Problem ist hier ebenso schlecht gestellt wie in bezug auf den postmodernen Neo-Individualismus, der nichts mehr zu tun hat mit dem modernen Individuum, das als Ausgangspunkt eine gewisse Form von Freiheit und Befreiung hat – er gründet auf *der Liberalisierung* der Vernetzungen und der Kreisläufe, d. h. auf einer intern-individuellen Multiplikation der programmierten Gesamtheiten. So verwandeln sich die Makro-Strukturen durch Zersplitterung in unzählige Teilchen, die alle Eigenschaften der Vernetzungen und Kreisläufe jeweils in sich tragen, von denen jedes eine Mikrovernetzung und ein Mikrokreislauf ist, in dem das Problem der Freiheit nicht einmal mehr gestellt werden kann, da jedes Teilchen den nun nutzlosen Totalitarismus des Ganzen für sich, in seinem Mikro-Universum, zu neuem Leben erweckt.

Das gleiche spielt sich ab auf der Ebene der Makro-Politik. Zwar haben sich die großen Imperien, die großen Systeme aufgelöst (dieser Vorgang ist im übrigen noch nicht zu Ende; lassen Sie erst einmal das amerikanische Imperium zu Ende gehen, die organisierten Nationen, jegliches Prinzip wirtschaftlicher und politischer Realität im allgemeinen), denn sie haben nicht einmal mehr Kraft genug, um ihre Reproduktion oder ihr inneres Gleichgewicht sicherzustellen, aber sie haben eine Möglichkeit für ihre Fortführung in anderer Form gefunden, nicht wie bisher durch eine Art dynastischer Abfolge, sondern durch eine fraktale Zersplitterung, durch eine Einzellern ähnliche Form der Fortsetzung des Gleichen ins Unendliche im Detail ... Mikro-Imperium, Mikro-Diktaturen, Mikro-Autarkien, die in sich alle Merkmale der Makro-Strukturen tragen, alle Übel des Imperiums.

Es handelt sich also keinesfalls um einen plötzlichen Sprung in der Geschichte und auch nicht um ein neues Ereignis, es handelt sich um die Fortsetzung der gleichen Knechtschaft, diesmal mit Selbststeuerung auf der Ebene der Identität (sei es die des Individuums oder der Gruppe oder der Ethnie oder des Unternehmens). Das Ende der Imperien bedeutet die unbegrenzte Herrschaft der sich selbst unterjochenden Mikro-Systeme (nach dem Vorbild der autonomen Computersysteme, mit denen all das in einem gewissen Zusammenhang steht). Schauen Sie sich die jungen europäischen Republiken an, die jungen afrikanischen Staaten, und auch die mögliche Verbreitung von Atomwaffen und damit Zerstreuung der Abschrekkung.

Und wo bleibt das Politische in alldem? Das Politische ist mit den großen Imperien gestorben. Ihr Fortbestehen unter anderen Formen, ihre „Vervirung" («viralisation»), ihre heimtückische demokratische Verstrahlung, ihre „Interstitialisation" (das Molare wurde nicht besiegt und dekonstruiert durch das Molekulare, sondern das Molare hat sich in das Molekulare verwandelt, die Revolution des Molekularen nach Guattari hat wohl stattgefunden, hat aber zu paranoiden Molareinheiten geführt, die auf diese Weise weiterleben) – all das gehört nicht mehr in den Bereich des Politischen, sondern zum Bereich des Transpolitischen. Eine schlaffe, kraftlose, dezentrierte Form des Transpolitischen, in dem die ideologischen Optionen gleichgültig sind, die reelle politische Gewalt minimal ist und das aus diesem Grunde zu unendlicher Dauer verurteilt ist.

Das Politische ist in seiner Substanz mit den großen historischen Leidenschaften gestorben, die durch die großen Ideen und die großen Imperien geweckt wurden. Das Transpolitische kennt nur eine einzige (apathische) Leidenschaft: die verfehlte Trauerarbeit über den Tod der großen Imperien (die Intellektuellen kennen ihrerseits das gleiche Ereignis: das der verfehlten Trauerarbeit in bezug auf die universale Moral und das universelle Bewußtsein). Es bleibt eine einzige unerschöpfliche Energie: die der Verwaltung der Überreste. Die neue Arbeitskraft, die am Ende des Jahrhunderts zutage tritt, ist die Trauer-Arbeits-Kraft. Eine Quelle unendlicher Energie ... man führt die Energie des Kadavers einem Recycling zu, wie Romain Gary die geistige Energie der toten Seelen recycelt (in ›Charge d'âme‹), wie Jarry die Toten in die Pedale treten läßt, die Toten, die nicht mehr müde werden, eben weil sie tot sind und aufgrund des Trägheitsgesetzes immer weiter die Pedale treten. „Das sich in sich selbst bewegende Leben des Todes" (Hegel).

Da diese Trauerarbeit mißlungen ist, kommt sie nie zu einem Ende, oder sie versandet in der Melancholie der homöopathischen und homöostatischen Systeme, wo selbst die Anerkennung des Todes, die Intuition des Todes (des Politischen) unmöglich ist, da diese Feststellung einen fatalen Virus in die virtuelle Unsterblichkeit des Transpolitischen wiedereinführen würde. Das gleiche Problem stellt sich in bezug auf die Freiheit: die kleinste Wiedereinführung einer Freiheitsproblematik, die verschwunden ist, ohne jemals gelöst worden zu sein, würde von neuem einen fatalen Virus in die Verknüpfung der Netzwerke einführen, denjenigen der freiwilligen Knechtschaft – eine gewaltlose, konsensuelle und ökologische Mikro-Knechtschaft, die überall die Nachfolge der totalitären Unterdrückung übernimmt.

Das Problem wird also zum Problem der Rückstände, des Mülls. Es stellt sich nicht nur auf der Ebene der materiellen Substanzen, einschließlich der atomaren, sondern auch in bezug auf die abgestorbenen Ideologien, die überholten Utopien, die toten Konzeptionen, die fossilen Ideen, die fortwährend für geistige Umweltverschmutzung sorgen. Der intellektuelle Müll stellt ein noch größeres Problem dar als der industrielle Müll – nichts wird uns vom Bodensatz der Dummheit des Jahrhunderts befreien. Was nun die Geschichte betrifft, diesen lebendigen Müll, dieses in Agonie befindliche Monster, das, wie der Leichnam bei Ionesco, nach seinem Tod noch weiterwächst, wie sollen wir den loswerden?

Das Ende der Geschichte, das ist auch *das Ende der Mülleimer der Geschichte*. Es gibt nicht einmal mehr Mülleimer, um die alten Ideologien, die alten Werte zu begraben. Und wohin werden wir vor allem den Marxismus wegwerfen, der ja gerade die Mülleimer der Geschichte erfunden hat? (Es gibt aber doch noch eine Gerechtigkeit, denn diejenigen, die die Mülleimer erfunden haben, sind selbst hineingefallen.)

Konklusion: Wenn es keine Mülleimer der Geschichte mehr gibt, dann deshalb, *weil die Geschichte selbst zum Mülleimer geworden ist*. Sie ist ihr eigener Mülleimer geworden. Wie auch unser Planet. „Wenn das Eis gefriert, kommen alle Exkremente an die Oberfläche, so war es auch, als die Dialektik zu Eis erstarrte, da konnte man alle die heiligen Exkremente der Dialektik aufsteigen sehen. Wenn die Zukunft tiefgefroren wird, oder auch schon die Gegenwart, dann sieht man alle Exkremente der Vergangenheit wieder emporsteigen."

Das Problem des Mülls ist jedoch nicht unlösbar. Es wurde gelöst durch die postmoderne Erfindung der Müllverbrennungsanlagen. Die großen Müllverbrennungsanlagen der Geschichte, die die Asche produzierten, aus der der Phönix der Postmoderne auferstanden ist! Besser noch: Wir müssen uns der Tatsache beugen, daß es für alles die Möglichkeit des *Recylings* gibt – nicht der Degradierung, nicht der Auslöschung, nicht einmal in den Krematorien der Endlösung, aber des Recyclings. Deshalb werden wir dem Schlimmsten nicht entkommen, nämlich *dem Wissen, daß die Geschichte kein Ende haben wird*, da die Überreste – die Kirche, der Kommunismus, die Demokratie, aber auch die Ethnien, die Konflikte, die Ideologien – in Unendlichkeit recycelt werden können. Wir wußten, daß die Geschichte aus der zyklischen Zeit ausgebrochen ist, aber in Wirklichkeit ist sie nur aus der Ordnung des Zyklischen herausgetreten, um in diejenige des Recyclings zurückzufallen (was sie den Fahrrad-Bergrennen bei Jarry ähnlich macht: der Kalvarienberg des Radfahrens («calvaire du cycle»), der Kalvarienberg des Recycelbaren («calvaire du recyclable»).

Der fundamentale Imperativ einer weltweiten Ökologie besteht darin, daß alle Abfälle wiederverwertet werden müssen. Sonst kreisen sie wie Satelliten um die Erde, die selbst zum Zustand eines kosmischen Mülls zurückkehrt. Was mit der Geschichte passiert, ist die Andeutung dieses Dilemmas: entweder unter dem nicht abbaubaren Müll zugrunde gehen, dem Müll der großen Imperien, der großen Erzählungen, der großen Systeme, die durch ihren Gigantismus morsch geworden sind, oder allen Müll wiederverwerten in der Form einer Geschichte, die ohne Zweifel weniger originell ist, die eine Geschichte des «déjà-vu» ist, die zunehmend sexualisiert und ektoplasmisch ist und aus all den ethnischen, linguistischen, tribalen, feudalen, ideologischen und politischen Phantomen der frühen Gesellschaften besteht – eine Art «Son et Lumière»-Schauspiel aus den fluoreszierenden Ruinen der abgestorbenen politischen Strukturen. Amnesie und Anamnese. Das Königtum wird überall recycelt werden, mit dem Feudalismus ist das schon an vielen Orten geschehen (er ist niemals wirklich verschwunden gewesen). Es ist wirklich unglaublich, daß nichts von dem, was als durch die Geschichte überholt gegolten hat, wirklich verschwunden ist, alles ist da, ist bereit, wieder an die Oberfläche zu kommen, alle archaischen, intakten und zeitlosen Formen, wie die Viren im Körperinnern. Das sagt viel aus über den *Fortschritt* und den *Sinn* der *Geschichte*. Die Demokratie selbst, diese weltweite Demokratie der Menschenrechte, ist bereits nichts als ein gigantisches Recycling auf der Ebene unseres Planeten. Sie besteht aus dem Bodensatz, der bei der Zersplitterung aller reellen Freiheiten übrigblieb, sie ist ein Konglomerat, ein Syntheseprodukt, das im Vergleich zum filigranen Wesen der Demokratie dieselben Charakteristika aufweist wie Recyclingpapier.

Wir haben es in der Tat mit einem paradoxen Prozeß der Umwendung («réversion») der Geschichte zu tun, wobei „Post-Moderne" nur ein leeres Wort ist zur Bezeichnung der rückwärtsgerichteten Krümmung, des Umkehreffekts der Moderne, die in einem katastrophenartigen und turbulenten Prozeß der Wiederkehr («récurrence») sich in ihre Grundelemente auflöst, nachdem sie ihre spekulative Grenze erreicht und alle ihre Entwicklungsmöglichkeiten ausgereizt hat. Und das gilt für die westliche Welt genauso wie für den Osten.

Es gibt also weder ein Ende der Geschichte noch eine «Post-Histoire», sondern nur Inversion und Rückwendung («rétroversion») der Geschichte.

Diese Rückwendung erinnert ein wenig an die Retroviren. Die Viren sind vergleichbar mit früheren Stadien der biogenetischen Substanz, die in Momenten der Schwäche, des Verlustes der Abwehrkräfte des Körpers unerbittlich wiederauftauchen – vielleicht sind die Krankheiten nur unsere früheren Zustände; der Krebs reproduziert z. B. den Zustand des rasanten Wachstums und der (Noch-)Undifferenziertheit der lebenden Zelle.

Könnte man sich nicht vorstellen, daß in der Geschichte selbst die früheren Zustände nie wirklich verschwunden sind, sondern sozusagen sukzessive immer wiederauftauchen und sich die Schwäche oder den Exzeß an Komplexität der aktuellen Strukturen zunutze machen? Diese früheren Formen kommen jedoch nicht genauso wieder, wie sie einmal waren, denn auch sie entkommen dem Schicksal der Verflüssigung, des flüssigen Zustandes nicht, der typisch ist für die extreme Moderne. Ihre Auferstehung ist selbst hyperreell. Die wiederauferstandenen Werte zeigen sich als flüssige, fließende, verhandelbare Werte, die den gleichen Fluktuationen unterliegen wie die Börsenkurse der Rohstoffe, der gleichen Spekulation wie das Kapital an der Börse. Auf diese Weise bekommt die Wiedererrichtung der alten Grenzen, der alten Strukturen, der alten Eliten einen anderen Sinn. Selbst wenn die Aristokratie und das Königtum ihren alten Status wieder erreichten, wären sie trotzdem „post-modern". Wir werden nicht wieder in die Vergangenheit eintauchen: das rückwärtsgerichtete Szenario wird sich völlig an der Oberfläche unserer Zeit abspielen, d.h. ohne die tiefen Dimensionen der Zeit, wie eine Überblendung aller Bilder, die aber nichts am Ablaufen des Filmes ändert.

All das ist im Grunde der Triumph von Walt Disney, des genialen Vorläufers eines Universums der spielerischen Promiskuität aller vergangenen und gegenwärtigen Formen, der mosaikartigen Wiederkehr («récurrence mosaïque») aller Kulturen (einschließlich der zukünftigen, die auch schon als wiederkehrend [«récurrent»] betrachtet werden) und des Ersetzens der „realen" Welt durch diese Surrogate. Wir haben lange geglaubt, daß dies nur eine Traumwelt sei, d. h. eine Ablenkung und Dekoration, kindisch und marginal. Aber wir werden feststellen, daß es sich hier um so etwas wie eine Andeutung der wirklichen Wendung der Dinge gehandelt hat – Disneyworld eröffnet uns die bestürzende Perspektive, wie in einem Film alle früheren Stadien noch einmal durchleben zu können, in der Erscheinungsform einer definitiven Jugendlichkeit – wie Disney selbst tiefgefroren in flüssigem Stickstoff: Magic Country, Future World, Gothic, Hollywood selbst 50 Jahre später in Florida wiederaufgebaut, die ganze Vergangenheit und Zukunft als lebende Simulation zu besichtigen. Walt Disney ist der wahre Held des Tiefgefrierens mit der Utopie, eines schönen Tages in der Zukunft in einer besseren Welt wieder aufzuwachen. Aber darin steckt die Ironie der Sache: Er hat nicht vorausgesehen, daß das Reale selbst und die Geschichte eine Kehrtwendung machen würden: er, der im Jahr 2100 wieder aufwachen wollte, wird dann vielleicht entsprechend seinem eigenen Märchenszenario im Jahr 1730 wieder aufwachen oder bei den Pharaonen oder in einer der zahlreichen Urweltszenen, die er der Welt wie eine Neurose des Imaginären auferlegt hat.

Wie weit kann dann aber diese Form der Retrospektive gehen, dieser

Traum am Ende des Jahrtausends? Gibt es nicht eine „Mauer der Geschichte", wie es eine Schallmauer oder Höchstgeschwindigkeit gibt, eine „Mauer", die die Geschichte in ihrer veränderten Bewegung nicht überschreiten kann?

Es sind in der Tat zwei Hypothesen über das Problem des Endes plausibel: die der exponentiellen Instabilität und die der exponentiellen Stabilität. Diese beiden scheinen aber nicht kompatibel zu sein.[1]

Die erste Hypothese, die hier ausführlich dargestellt wurde, ist die, daß die Beschleunigung der Linearität ein Ende setzt, daß die Turbulenzen die Dinge definitiv von ihrem Ende entfernen, d. h. von ihrer Bestimmung, von ihrem Ziel, das ihnen einen Sinn geben würde (und wenn es das Letzte Gericht ist). Das ist eine Version des Chaos, nämlich die der *exponentiellen Instabilität*. Die Rückwendung («rétroversion») der Geschichte wäre eine solche Turbulenz, die mit der exponentiellen Instabilität zusammenhängt, mit dem Sichüberstürzen der Ereignisse, welches diese umkehren («se repentir»)[2] bzw. eine gegenläufige Neigung («une pente inverse») finden läßt. Die zweite Hypothese ist die der *exponentiellen Stabilität*: es wird kein Ende geben, weil der Tod schon eingetreten ist. Das Problem des Endes und der Unmöglichkeit des Endes ist bestimmt durch die Tatsache, daß die Katastrophe schon stattgefunden hat.

„Die Bombe ist bereits vor langer Zeit explodiert, in Hiroshima. Der Prozeß der Entmenschlichung ist abgeschlossen, und die besondere Eigenart dieses Phänomens besteht offensichtlich darin, daß wir nicht mehr über die psychischen, ethischen und spirituellen Elemente verfügen, die es uns ermöglichten, uns dessen bewußt zu werden" (Romain Gary, Charge d'âme).

Das drückt auch E. Canetti in ›Provinz des Menschen‹ aus: „Eine peinigende Vorstellung: daß von einem bestimmten Zeitpunkt ab die Geschichte nicht mehr 'wirklich' war. Ohne es zu merken, hätte die Menschheit insgesamt die Wirklichkeit plötzlich verlassen; alles was seither geschehen sei, wäre gar nicht wahr; wir könnten es aber nicht merken. Unsere Aufgabe sei es nun, diesen Punkt zu finden, und so lange wir ihn nicht hätten, müßten wir in der jetzigen Zerstörung verharren."

Ein Fortschreiten der Katastrophe, die immer bereits stattgefunden hat. Ein Fortschreiben der Utopie, die immer schon realisiert wurde. Plötzlich sind wir unsterbliche Überlebende, da die zweite Existenz ohne Ende ist. Sie ist ohne Ende, da das Ende schon am Anfang steht. Das ist demnach eine paradoxe Unsterblichkeit.

In der klassischen Annahme ist die Unsterblichkeit die Eigenschaft dessen, was sich nach dem Tod abspielt, eine Eigenschaft dessen, was über das Leben hinausreicht («supravivant»). In der zeitgenössischen Version ist es eine Eigenschaft des (sich) Überlebenden («survivant»), d. h. dessen, das bereits tot ist und deshalb unsterblich wird, aber nicht mehr in der gleichen Weise. Es ist die banale Eigenschaft dessen, was nicht mehr vom Tod bedroht ist, weil es schon tot ist. Dessen, was kein Ende mehr hat, da es bereits sein eigenes Ende überschritten hat, in Hypertelie sozusagen oder in einem nicht endenden Koma.

Nicht nur die Individuen, sondern auch die Institutionen, die ihr Lebensprinzip verloren haben, leben trotzdem weiter nach einem Trägheitsprinzip, das ihnen zu einer ständig weiterlaufenden Bewegung verhilft. Genauso ist es mit der Religion: Als Glaube wurde sie abgeschwächt, nicht aber als Form, als Ritual. Vom Glauben her ist die Religion sterblich, was aber den Verlust allen Glaubens überlebt, ist unsterblich. Das ist eine sekundäre Religiosität, die nicht mehr Gefahr läuft, sich von innen heraus zu widersprechen, da sie bereits tot ist und da sie ihre Energie paradoxerweise aus dem Mangel an Glauben enthält. Sie verstärkt sich durch den Verlauf ihrer spirituellen Substanz und funktioniert dadurch um so besser (so ist es bei den aktuellen Formen des spiritistischen oder religiösen Revivals). Aber das gilt genauso für die Produktion: sie verliert jede rationale Zielsetzung, jegliche eigene Zweckbestimmung, aber plötzlich gelangt sie in einen sekundären Zustand, über-referentiell, selbst-referentiell. Sie funktioniert um so besser, da sie nicht mehr durch die Hypothek irgendeiner Zielsetzung belastet ist. Aber kann man das noch „Produktion" nennen? Kann man das noch „Religion" nennen? Vielleicht sind beide nur noch imaginäre Lösungen, und die Wissenschaft der imaginären Lösungen ist pataphysisch, wie wir seit Jarry wissen.

Um auf das Zitat von Canetti zurückzukommen: Man könnte denken, daß wir angesichts dieses blinden Punkts der Überschreitung der Geschichte in kollektive Panik ausbrechen und am Ende dieses Jahrhunderts versuchen würden, schnell den Rückwärtsgang einzulegen, um Geschichte wiederzufinden, um dieser Simulation in der Leere zu entkommen. Den Referenzbereich wiederzufinden, das vorherige Bild, den euklidischen Raum der Geschichte. So schienen die Ereignisse im Osten durch den Fall der Mauer die versperrten Türen der Geschichte wieder zu öffnen. So wollte der Golfkrieg den Raum des Krieges wieder öffnen, den Raum einer historischen Gewalt zur Begründung einer neuen Weltordnung.

Aber all das ist nicht gelungen. Diese panische Regression, diese Umkehr, dieses Revival von Formen, die verschwunden waren oder die dabei waren zu verschwinden, dieses Bemühen, der Apokalypse des Virtuellen zu entkommen, ist absurd und utopisch. Je mehr wir uns bemühen, etwas Reales und etwas Referentielles wiederzufinden, um so mehr geraten wir in die Simulation, verschüchtert diesmal und jedenfalls ohne Hoffnung.

Es sieht so aus, daß wir es müde sind, das Ende der Geschichte mit Simulakren zu nähren und daß wir es zulassen, daß sie rückwärts läuft, daß wir dieser langen Simulation der Moderne müde sind, besonders am Ende dieses Jahrhunderts, und daß wir mit all den Ereignissen der letzten Zeit, die im Osten eingeschlossen, in eine Phase der *regressiven Entsimulierung* eintreten, die eine Folge der langen Phase der *repressiven Entsublimierung* ist, die die letzten zwei Jahrhunderte des Fortschritts und der Befreiung darstellten. Diese Entsimulierung bringt eigenartige Ereignisse hervor, Ereignisse, die nicht wirklich stattfinden, die auf dem Kontrollbildschirm der Geschichteerscheinen, von denen man aber nicht weiß, ob sie einem realen Ereignis entsprechen. Der Golfkrieg und die Ereignisse im Osten gehören zu diesen quasi irrealen Ereignissen, die in der Schwebe gehalten sind und auf eine Bedeutung warten, die eine andere als die des Spektakulären und der PR/Werbung wäre, Ereignisse, die zwar keinen Sinn in sich selbst haben, die aber dennoch ein Ende machen mit Dingen, die schon seit langem keinen Sinn mehr hatten (dem Kommunismus in den östlichen Ländern, dem Kalten Krieg und dem Dritten Weltkrieg um den Golf). In diesem Sinne handelt es sich doch um Ereignisse, wenn auch um keine „historischen", so doch wenigstens um paradoxe. Orte der Rezession, des Zusammenbrechens, des Verschwindens.

Im Osten: zuerst eine Explosion der Freiheiten und der Menschenrechte, dann ein Bröckeln des Putzes und ein Sichtbarwerden der kaputten Fassade der Geschichte. Die neuen Ereignisse sind weniger historische Lösungen, sondern vielmehr Unsicherheitstests, und gerade aufgrund der Tatsache, daß sie nicht endgültig entscheidend/entschieden («indécidabilité») sind, sind sie von einiger Bedeutung und einigem Interesse. Es war daher aufregend, den Krieg selbst diesem Unsicherheitstest zu unterziehen, den (Golf-)Krieg der Summe der zufallsbedingten, virtuellen Dinge hinzuzufügen, die wir nur auf dem Bildschirm sehen und die deshalb nicht überprüfbar sind, die durch die Berichterstattung sofort an Substanz verlieren und schnell blaß und blutleer werden wie irgendeine Show.

Man hat sich gefragt, wozu dieses Ende des Jahrhunderts wohl gut sein könnte. Und das ist die Antwort: zu einem geschichtlichen Rückfall («relapse historique») als Versuch, dem Kollaps der Geschichte zu entkommen. Aber die eingefrorene und wieder aufgetaute Demokratie, die vorgetäuschten Freiheiten, die Neue Weltordnung unter Zellophan und die Ökologie unter Mottenpulver, mit ihren immungeschwächten Menschenrechten, all das ändert nichts an der melancholischen Melodie; denn diese plötzliche Zurückwendung des Jahrhunderts auf sich selbst bedeutet, daß wir dabei sind, gegenüber der Geschichte eine Trauerarbeit zu leisten, die unmöglich ist. Wir werden in Wirklichkeit niemals über das Jahrhundert hinauskommen, weil es sich inzwischen auf sich selbst zurückgewendet haben und in die umgekehrte Richtung aufgebrochen sein wird.

Daher rührt der Vorschlag, der darauf abzielt, die 90er Jahre zu streichen, da sie nur die Jahre des Rückfalls («relapse») sein können, die toten Jahre der Umkehr («repentir») – Ausverkauf der Geschichte, Ausverkauf all dessen, was zählt, Ausverkauf aller Hoffnung, Ausverkauf des Endes, Ausverkauf der Zukunft.

Das Wort am Ende wird vielleicht lauten: „Schlußverkauf". Schlußverkauf der Geschichte und des Endes der Geschichte. Schlußverkauf des Kommunismus und des Endes des Kommunismus. Der Kommunismus wird kein geschichtliches Ende gefunden haben, sondern er wird ein Posten des Schlußverkaufs sein. Die sowjetische Armee, die riesige russische Armee veranstaltet einen Schlußverkauf mit ihrem Material: das ist ein noch nie dagewesenes Ereignis, eine große Weltpremiere, und es ist ein Schlußverkaufs-Ereignis.

Wir verramschen das Jahrhundert, noch bevor es zu Ende ist. Auch das ist symptomatisch. Früher waren die Ausverkäufe nach den Festtagen, heute gehen sie ihnen oft voraus. Ungeduld, Vorwegnehmen des Endes. Alles muß weg, alles muß leergeräumt werden vor dem Stichtag. Gleichzeitig mit dem großen Ausverkauf der sowjetischen Armee erfahren wir, daß die privaten Industrielabors dabei sind, das menschliche Genom zum Ausverkauf anzubieten, sie lassen es patentieren und bringen es Sequenz für Sequenz zum Verkauf. Auch hier muß alles weg (auch wenn man nicht weiß, wozu diese Gene dann gut sein sollen). Es muß alles schnell gehen, man darf die Dinge nicht zu ihrem natürlichen Ende reifen lassen, sie müssen vorher fertig sein, damit ihnen eine virtuelle und lächerliche Unsterblichkeit gesichert ist.

Einen Moment lang hat es so ausgesehen, als ob wir unser Ende erreichen könnten, als nämlich die Weltraumwaffen installiert wurden. Wenn dies auch kein natürliches Ende gewesen wäre, so hätten wir es dennoch selbst zustande gebracht, und die Weltraumwaffen hätten, wie es scheint, dazu gedient, besser zum Ende zu kommen. Aber nein, in Wirklichkeit dienten sie dazu, *um das Ende loszuwerden* – dieses Ende, das wir nun ins Weltall verlegt haben, wie einen Satelliten – als Ebenbild aller Finalitäten, die früher transzendental waren und nun ganz einfach orbital geworden sind. Von jetzt an wird dieses Ende uns unablässig umkreisen, wie diese Kosmonauten von Ballard, die seit langem tot sind, aber die jeden Tag in ihrer Weltraumkapsel den Himmel durchqueren. Wir werden umkreist von unserem eigenen Ende, und wir sind nicht in der Lage, es wieder auf die Erde zurückzuholen. Das ist schon ein wenig das Schicksal jenes russischen Astronauten, der heute pausenlos um die Erde kreist – das einzige Teilstück des sowjetischen Territoriums, das ironischerweise ein deterritorialisiertes Rußland überfliegt.

Anmerkungen

[1] Ich sage „scheinen", denn unser System spannt sie ja sehr gut und simultan unter dem Zeichen der Exponentialität zusammen. Sie sind also in der Sache kompatibel, wenn auch nicht in der Logik. Unsere Situation verbindet nämlich eine Inflation, eine galoppierende Beschleunigung der Informationsvermittlung, eine schwindelerregende Mobilität und ein Übermaß der einfachsten Ausgangsbedingungen mit einer exponentiellen Tendenz zur totalen Entropie. Die exponentielle Stabilität definiert jenen Zustand, bei dem man immer beim Punkt A ankommt, egal, von welchem Punkt man ausgeht. Egal, wie die Ausgangsbedingungen, die ursprünglichen Besonderheiten beschaffen sind, alles strebt auf den Punkt Null zu – jenen seltsamen Attraktor. Keine der Potentialitäten entwickelt sich, während sie sich auf diabolische Weise extrapolieren. Unsere Systeme sind auf diese Weise doppelt chaotisch: sie funktionieren gleichzeitig in der exponentiellen Instabilität und der exponentiellen Stabilität (Ivar Ekeland, Au Hasard).

[2] Die Grundbedeutung des französischen Verbs «se repentir» lautet: „etwas bereuen". Das Spiel der Assonanzen zwischen «le repentir» (Reue) und «la pente» (Ab-/Hang, Neigung), von Baudrillard im folgenden mit «une pente inverse» realisiert, kann eine Entsprechung finden in der Doppelbedeutung des deutschen Verbs „umkehren": als konkretes (oder auch abstraktes) Wendemanöver einerseits und als Akt der Reue andererseits (Anm. d. Ü.).

DAS SICHTBARE UND DAS UNSICHTBARE: DIE ZEITDIMENSION IN DEN MEDIEN

Von Helga Nowotny

1. Die Philosophie hat Zeit – die Medien nie

Es gibt vielleicht keine größeren Gegensätze in der zeitlichen Wahrnehmung, in den Zeitstrukturen der jeweiligen Denk- und Arbeitsweise, als die zwischen Philosophie und den Medien. Warum gibt es keine schnelle Philosophie? So fragte kürzlich Roger-Pol Droit (übrigens in einem Interview, das er mit sich selbst führte). Der Mann, der es wissen müßte, denn er ist es, dem seit Jahren die Betreuung der Philosophie in der französischen Tageszeitung Le Monde obliegt. Die Philosophie benötigt Zeit, viel Zeit zur Ausarbeitung ihrer Gedanken, selbst wenn diese in ihrer Genese sich noch so übersprudeln mögen. Umgekehrt ist ein langsamer Journalismus geradezu undenkbar. Der Zeitpunkt der Aktualität überschattet alles, was Journalisten tun, und ihre Arbeit ist auf beinahe stündlichen Konsum abgestellt. Die Zeitlichkeit der Nachrichtenherstellung und Übermittlung war immer schon auf die Zeitlichkeit der Börsenkurse und des nicht abreißenden Flusses von scheinbar wenig zusammenhängenden Ereignissen abgestellt. Die Presse ist, stellvertretend für alle Medien, nicht nur die Druckmaschine, sondern auch die Eile, mit der ihre Erzeugnisse entstehen. Man ist pressiert. Die Philosophie hat Zeit, die Medien nie (Droit 1992).

Solcherart auf den Punkt gebracht, stehen sich zwei unterschiedliche Traditionen der Gedankenerzeugung, Ausarbeitung und Informationsvermittlung, eingebettet in unterschiedliche Zeitstrukturen, spannungsgeladen und scheinbar unüberbrückbar gegenüber. Doch die Gegensätze verdecken Wechselwirkungen und Widersprüche, gemeinsame Ansprüche und latente wie offene Konkurrenz am Markt der Öffentlichkeit. Philosophie, in weiten Strecken ihres Selbstverständnisses eingestandenermaßen ein elitäres Unternehmen, hat aber auch radikale Wurzeln, die sie einem allgemeinen verständlichen Zugang und der universellen Teilnahme verpflichtet. Die Frage nach der Verbreitung von Wissen und nach dem Geist der Kritik war nicht nur während der Aufklärung von brennender Aktualität.

Nicht der Philosophie ist es jedoch zuzuschreiben, daß sich die Orte der

Wissenserzeugung und die Mechanismen der Wissensübertragung in der Gesellschaft rasant vervielfältigt haben. Die explosionsartige Expansion der Verbreitung von Wissen geht vor allem auf die Erfolge der Naturwissenschaften und Technik zurück. Durch die ständige Erweiterung der Kompetenzbereiche der Nationalstaaten, der Anhebung des allgemeinen Bildungsniveaus und des Bedarfs nach immer mehr Expertenwissen wurden auch für die Sozialwissenschaften neue Orte der Abnahme und eine ebenso wachsende Nachfrage nach sozialwissenschaftlichem Wissen geschaffen. Im Gesamtspektrum der Wissensproduktion wurde dabei Philosophie eher an den Rand gedrängt. Die Diffusion von wissenschaftlichem Wissen in die Gesellschaft, die Verbreitung technischer Artefakte und das Entstehen großtechnischer Systeme mit der dazugehörenden Infrastruktur hat nicht zuletzt die neuen Informations- und Kommunikationstechnologien zu einem weiteren Faktor der Beschleunigung und Expansion eben dieser Prozesse gemacht. Wissenserzeugung selbst ist heterogen geworden und entsteht in sehr unterschiedlichen gesellschaftlichen Anwendungskontexten, ja sogar im Prozeß der Verbreitung von Wissen selbst. Wissenserzeugung, Umsetzung und Abnahme vermischen sich zusehends auf Märkten des Wissens und tragen ihrerseits zur weiteren Beschleunigung der Wissensgenerierung bei. Die Langsamkeit der Philosophie droht selbst zu einem Anachronismus zu werden.

Doch der Anschein von unüberbrückbaren Gegensätzen zwischen einer sich der gesellschaftlichen Zeitstruktur nicht unterwerfen wollenden, auf ihrem Recht auf Langsamkeit beharrenden Philosophie und der Schnelligkeit der Medien, deren sich auch andere Wissenssparten bedienen, trügt. Vermischungen sind längst an der Tagesordnung. Der Büchermarkt ist voll von Beispielen einer florierenden und expandierenden Kulturproduktion, von der die sogenannten Geisteswissenschaften ebenso kräftig profitieren. Längst schreiben auch Philosophen (und nicht nur Marx und Hegel) für die vielgeschmähte Presse und sind am Publikations- und Ausstellungsmarkt präsent. Meisterdenker sind allseits gefragt und als verläßliche, weil jederzeit aufrufbare Kommentatoren für welt- wie tagespolitisch bedeutsame Ereignisse präsent (auch wenn es die Ereignisse, die es zu kommentieren gilt, in einer nur mehr simulierten Wirklichkeit gar nicht mehr geben darf). Philosophie ist aber auch dort gefragt, wo der beschleunigte und unvorhersehbare Innovationsdruck der Biowissenschaften und Biotechnologie, aber auch der politische Handlungsdruck, der im Umweltbereich durch wissenschaftliche Unsicherheit entsteht, neue Dilemmata produzieren. Sie äußern sich in Fragen nach der Definition von Leben und nach immer wieder neu vorzunehmenden Grenzziehungen, einschließlich der Grenzen der wissenschaftlich-technischen Möglichkeiten und dem, was tatsächlich gesellschaftlich tragbar erscheint. Das Selbstverständnis der wissenschaftlich-technischen Kultur und des Individuums ist hier in einem öffentlichen

Diskurs und auf der kritischen Suche nach neuem Orientierungswissen ständig neu gefordert. In diesen unter Innovations- und Handlungsdruck stehenden Bereichen des öffentlichen Diskurses gibt es, wie Beispiele aus der aktuellen Diskussion zeigen, kaum Möglichkeiten für ein Moratorium, keine selbstverordneten Denk- und Reflexionspausen, die weltweit zu einem Einfrieren der Forschung führen würden, auch wenn solche Forderungen immer wieder gestellt und in einem Fall, dem Asilomar-Moratorium, auch ausprobiert wurden. Hier, wie in anderen Diskurszusammenhängen, die die Öffentlichkeit mit Recht bewegen und wo gesellschaftspolitische wie philosophisch-ethische Reflexion gefordert ist, begibt sich Philosophie in soziale Kontexte, in denen es Eile und Abgabefristen für die Berichte von Ethikkommissionen gibt. Auch Philosophie ist hier dem politischen Termindruck voll ausgesetzt, unter dem sie die Spannung zwischen Wissen und Nichtwissen, zwischen Handeln und Nichthandeln in einer Atmosphäre von risikoreicher Unsicherheit immer wieder neu ausbalancieren muß.

Es gibt also zunehmend Situationen und Diskurszusammenhänge, in denen auch das philosophische Denken nolens volens gezwungen ist, schneller zu werden. Diese zeitlichen Vorgaben erfolgen einerseits durch den Rhythmus der naturwissenschaftlich-technischen Innovationsdynamik und der öffentlichen Reaktion darauf, andererseits durch den Markt und die mit ihm verflochtenen Medien. Um am Büchermarkt präsent zu sein, um durch Rundfunksendungen einen größeren Teil der Öffentlichkeit zu erreichen, muß auch Philosophie sich an Abgabetermine halten und die auf Minuten berechnete Sendezeit genau einhalten. Mag sein, daß diese Invasion der Flüchtigkeit dem philosophischen Denken nicht gut bekommt und daß die unter Verlegerdruck jährlich erscheinenden Printprodukte deutliche Spuren von Qualitätsverlust aufweisen. Mag sein, daß die dem öffentlichen Selbstbild zuwiderlaufende tiefe Verflechtung mit dem Markt zu einer schnellen, manche mögen sagen: zu schnellen, Philosophie geführt haben. Als Fazit jedoch bleibt, daß die auf ihrem Recht zur Langsamkeit bestehende Philosophie längst zu Formen der Vermischung gefunden hat, in der auch sie bereit ist, sich dem sogenannten Zeitdruck der Medien zu beugen.

2. Die Strategie der Unsterblichkeit oder der Streik der Ereignisse

Diese hautnahe Beziehung zu den Ereignissen und ihren Erzeugern, die Erkenntnisse aus erster Hand mit sich bringen, mögen mit dazu beigetragen haben, die Philosophie zur Beschäftigung mit den Medien anzuregen. Die Zeitstruktur der Medien ist als ein besonders provokant empfundenes Phänomen nicht unbemerkt an der Philosophie vorübergegangen. Medientheorie ist „in“. Regis Debray konzentriert sich auf die Veränderung des Blicks in der Geschichte des Westens und unterscheidet zwischen drei Zeiträumen des Blicks: der Logosphäre, die der Entdeckung der Schrift folgte, der Graphosphäre, die an die Entdeckung des Buchdrucks anschloß, und dem heutigen allgegenwärtigen Zeitraum der Videosphäre, die mit dem Regime der audiovisuellen Medien begann. Jeder dieser Zeiträume, jeder dieser Herrschaftsbereiche eines dominanten Blicks ist durch bestimmte Existenzweisen, durch unterschiedliche Einstellungen zur Autorität, durch andere Zeitbegriffe, Arbeitsnormen, Kultobjekte, geographische Zentren, in denen sie ihre Hauptausprägung erfahren, aber auch durch verschiedene pathologische Erscheinungsformen, Sozialbeziehungen, Zielsetzungen und Formen der Aura geprägt. Im Zeitraum der Videosphäre ist, Debray zufolge, die dominante Existenzweise eine virtuelle, Autorität geht von der Maschine aus, Ziele werden durch Information und Innovation bestimmt, Aura ist Animation. Sozialbeziehungen werden durch Konkurrenz bestimmt, und Schizophrenie ist die vorherrschende Pathologie des Video-Reiches. Zur linearen und zyklischen Zeitform tritt als dritte die punktuelle hinzu und löst die beiden ersteren ab. Unser Zeithorizont wird durch den Druck der Aktualität bestimmt. Die Immaterialität des Bildschirms drängt die materielle Welt zurück (Debray 1992, 226–7). Das Sichtbare wird dem Wirklichen gleichgesetzt und dieses wiederum dem Wahren. Wir sind die erste Zivilisation, schreibt Debray, die sich durch ihre Apparaturen für autorisiert hält, das zu glauben, was sie sieht. Und die einfache Frage an das nächste Jahrtausend lautet schlicht: „Wie läßt sich sehen, was um einen ist, ohne zuzugeben, daß es daneben, darüber und darunter unsichtbare Dinge gibt? Nicht notwendigerweise Engel oder Astralleiber, aber ideale Wirklichkeiten, Mythen, Begriffe, Allgemeinheiten oder Universalien, Immaterialitäten oder Symbole, die niemals visuelle Übersetzungen finden werden, es sei denn virtuelle, in einem Cyberspace. Wie kann es ein Hier ohne ein Dort, ein Jetzt ohne ein Gestern und ein Morgen, ein Immer ohne ein Niemals geben?“ (Debray 1992, 396).

Aus solchen und ähnlichen Fragen ist offenkundig, daß sich die Medienphilosophie schwertut, die Hartnäckigkeit und Resistenz des Materiellen in der alles blendenden – im Sinn von unselektiv mischenden – und ausblendenden – im Sinn von selektiv entmischenden – Immaterialität der neuen Medien einzuordnen. Wie schon Mike Sandbothe ausgeführt hat, läßt der „postmoderne“ Ansatz, der das Zeitproblem im Fokus der Medientheorie untersucht, wenig Raum für immanente Hoffnung und positive Utopien. Alle schlechten Prognosen haben Vorrang vor den guten. Die durchgängige These, obwohl unterschiedlich stark zwischen den bekanntesten Autoren der postmodernen Medientheorie akzentuiert, geht von der medialen Modifikation beziehungsweise Destruktion der Zeitlichkeit im Sinn einer tiefgreifenden Destabilisierung der zeitlichen Grundverfassung aus (Sandbothe 1993, 15). Wenn ich im folgenden näher auf einige der Thesen von Jean Baudrillard eingehe, so deshalb, weil bei ihm die mediale Überproduktion, die nicht enden wollende Flut von Bildern, überschwappt in die Endlosigkeit der Geschichte und unsere Unsterblichkeit (siehe dazu auch den Beitrag von Baudrillard in diesem Band). Im Gegensatz zu Debray kann für Baudrillard keines der medial produzierten Ereignisse Glaubwürdigkeit oder den Status der Wiedergabe von sozialer Wirklichkeit beanspruchen. Dazu ist die Übertragungsgeschwindigkeit zu schnell geworden, die den Empfänger längst zu einem „erkalteten Stern“ hat werden lassen. In einer Art magisch-symbiotischem Übertragungseffekt greift die Unabnützbarkeit technischer Artefakte, etwa der CD, auf den Benutzer über. «Si les objets ne veillissent plus à votre contact, c'est que vous êtes mort.»

Doch das eigentliche zivilisatorische Opfer einer historischen Umkehr, die zu einer Unumkehrbarkeit wird, sind die Ereignisse selbst. Der Untertitel seines Buches ›L'illusion de la fin‹ drückt die Hauptthese aus: «la grêve des événements», der Streik der Ereignisse. Verdienst und historische Errungenschaft der Moderne war es, daß sie „alle Ereignisse, die vorhergingen, zur Revision, zur Reue zwang“. So erst wurde der eigentliche historische Wert der Ereignisse, ihre Irreversibilität, ja ihre Geschichtsfähigkeit, begründet. Heute hingegen haben die Ereignisse diese Qualität verloren, sie wurden reversibel. Sie finden gar nicht wirklich statt, es scheint nur so. Als Beispiel für die empirische Untermauerung dient Baudrillard das mediale Faszinosum kritischer Intellektueller schlechthin, nämlich der Golfkrieg und, weniger glamorös, der Zusammenbruch des kommunistischen Großreiches in Osteuropa. Letzteres deutet er, weil mysteriös in der Form und in den Ursachen, als ein „virales“ Ereignis. Man weiß nicht recht, wie es dazu gekommen ist und was sich tatsächlich abgespielt hat (vielleicht gar, weil die Inszenierung durch CNN nicht möglich war?). Der Golfkrieg, und damit ist der mediale Golfkrieg gemeint, habe gezeigt, daß der Krieg durch Zeichen des Krieges ersetzt werden könne und solcherart irreal geworden ist. Bilder werden erzeugt, um den Ereignissen Glaubwürdigkeit zu verleihen, doch es stellt sich der gegenteilige Effekt ein. Die Geschichte hat definitiv eine chaotische Richtung genommen, ihre Rückwendung mit eingeschlossen, die die ganze Morosität unserer postmodernen Existenz erklärt. Was Baudrillard der „Chaosform“ der Geschichte entgegenzusetzen hat, ist wenig überzeugend: ihre „Poesieform“, die als Antwort auf die „entzauberte Konfusion“ der Gegenwart präsentiert wird (Baudrillard 1992).

Ich bin deshalb so ausführlich auf diese Autoren eingegangen, weil sie sich bei aller Unterschiedlichkeit als Theorieentwürfe präsentieren, als „schnelle“ Philosophie gewissermaßen, die den medialen Zeitstrukturen adäquat sein will. Im Vergleich dazu erscheinen die detaillierten empirischen Untersuchungen, die sich einer soziologischen oder kommunikationstheoretischen Sichtweise verpflichtet fühlen, von geradezu aufreizender Langsamkeit. Fragen nach Mediennutzung und Nutzungsallokation für und durch das Fernsehen, die detaillierte Analyse von Zeitstrukturen, wie sie in den Massenmedien zu finden sind, oder Zeit als die Determinante von Medienwirkung, die Binnenzeit der Medien oder die Veränderung von Kommunikations-, Erlebnis- und Erfahrungsräumen und -zeiten durch die neuen Informationstechnologien, wie sie in dieser Forschungstradition gestellt werden (Hömberg/Schmolke 1992), könnten geradezu als Beweis für die „Antiquiertheit des Menschen", wie es Günther Anders treffend nannte, herangezogen werden.

Daß die empirischen Forschungsresultate der Medienforschung die Ausgangshypothesen und Schlußfolgerungen der postmodernen Medienphilosophie über die mediale Veränderung des Zeiterlebens zu widerlegen scheinen, kann dahingehend interpretiert werden, daß sie der starken These von der medialen Destruktion der Zeitverfaßtheit den empirischen Boden entziehen. Es kann aber auch gezeigt werden, daß die Aussagekraft der empirischen Ergebnisse selbst relativiert werden muß, wenn man bereit ist, das diesen zugrundegelegte wissenschaftliche Konstrukt von „Zeit" als subjektivem Zeiterleben durch die Dimension von „gelebter" Zeit zu ergänzen (Sandbothe 1993, 17). Doch nicht um die Aufhebung dieser scheinbaren Widersprüche geht es mir hier, sondern um die These der Unsterblichkeit und der damit einhergehenden Verleugnung der Ereignisse, die Baudrillard propagiert.

Baudrillards Thesen, ich gestehe es offen, haben mich irritiert. Wie kann man von einem Streik der Ereignisse sprechen, wenn diese schon vor dem Augenblick, in dem sie der medialen Büchse der Pandora entkommen, sich ungeniert und brutal über die gesamte Welt ausbreiten? Denn wenn die dramatischen, und nicht nur dramatisierten, Ereignisse der letzten Zeit etwas gezeigt haben, dann ist es ihre prinzipielle Unwilligkeit, sich konfinieren zu lassen. Sie wirken im geopolitischen Raum und in der historischen Zeit, sie bedienen sich der Hysteresis und anderer nicht-linearer Verknüpfungen, um Wirkungen in unbeabsichtigter und unvorhersehbarer Weise zu entfalten. Am Bildschirm sind sie nicht viel mehr als ein Flackern und Flimmern von Eindrücken, die buchstäblich in der nächsten Minute von ihren medialen Konkurrenten abgelöst werden. Jenseits des Bildschirms sind sie virulent, und nicht nur virtuell aktiv.

Gewiß ist das, was wir über die Ereignisse wissen, wie wir sie sehen und auf sie reagieren, heute stark an Bilder gebunden und an den Informations- und Emotionsgehalt, mit denen sie uns überliefert werden. Bilder treten mit dem ihnen eigenen Glaubwürdigkeitsanspruch auf – doch welches Übertragungsmedium täte dies nicht, angefangen von der Iliade und anderen Heldengesängen bis zu Tolstois ›Krieg und Frieden‹? Gewiß hat die Moderne mit teilweise enorm hohen sozialen Kosten erfolgreich versucht, die Ereignisse in ihren Bann zu zwingen und sie zu domestizieren, indem sie alles daransetzte, sie vorhersehbar und kontrollierbar zu machen. Die Ereignisse wurden so definiert und gesellschaftlich konstruiert, daß sie sich möglichst reibungslos in die politisch-militärisch-ökonomische und ideologische Maschinerie einpassen ließen, die eine Kontrolle der Ereignisse als wesentlichen inhaltlichen Bestandteil von Modernität ermöglichen sollte. In der gegenwärtigen postmodernen, „entzauberten Konfusion“ ist auch das in Frage gestellt, weil die alte, den zentralistisch und hierarchisch geführten und ausgerichteten Produktions- und Effizienzprinzipien gehorchende Maschine nicht mehr das zu leisten vermag, was sie einst im Sinn der ungebrochenen Fortschrittsmetapher versprochen hatte: die Unterwerfung der Ereignisse unter eben dieses, alles beherrschende Paradigma.

Es sind daher nicht die Ereignisse, die in Streik getreten sind, sondern die Zentralmacht ist nicht mehr in der Lage, die Ereignisse in ihren Dienst zu zwingen. So sind sie, um nicht arbeitslos zu werden, in die Dienste neuer Herren eingetreten. Sie arbeiten jetzt auf einem Medienmarkt, der von Konkurrenz beherrscht wird, in dem sich Privatsender untereinander und gegenüber öffentlichen Sendern durchzusetzen versuchen und in dem alle Ereignisse, und was als solches gilt, um Seherzahlen und Einschaltquoten zu kämpfen haben, und in genau berechneten Sendezeiten mit Werbezeiten in einem Gesamtzeitbudget Platz finden müssen. Auch das gehört zur Analyse der Zeitstruktur der Medien, ebenso wie die Schnelligkeit oder Flüchtigkeit der Bilder, oder wie diese ihren Anspruch auf Glaubhaftigkeit und Wirklichkeitsstatus geltend machen. Mag sein, daß die Ereignisse mit dem Ende des staatlich geschützten Monopols auf die Machbarkeit der Geschichte auch ihren Status der Irreversibilität verloren haben. So verkaufen sie sich jetzt als reversibel. Sie arbeiten den gesetzlichen Vorschriften entgegen, aber von Streik kann keine Rede sein.

Doch so leicht macht es sich die postmoderne Medientheorie nicht. Solange die Ereignisse irreversibel sind, kann nichts ungeschehen gemacht werden, was einmal geschehen ist, und so lange können die Ereignisse Terror ausüben: sie können mit ihren unbeabsichtigten Wirkungen Wirklichkeit erzeugen. Aus postmoderner Sicht müssen sie daher reversibel gemacht werden. Doch mehr noch: Ereignisse stören die proklamierte „Unsterblichkeit“, in der wir uns, so Baudrillard, alle befinden, ja zu der wir verdammt worden sind. Doch was steckt hinter dem postmodernen Credo der Destruktion unserer Zeitlichkeit, die uns angeblich unsterblich macht? Zygmunt Bauman spricht davon, daß es zwei Arten von Strategien gibt, um dem Tod zu begegnen. Die moderne Strategie besteht darin, die Brücke, die es irgendwann zwischen Leben und Tod zu überschreiten gilt, nicht zu verleugnen, aber diesen Augenblick hinauszuzögern. Die postmoderne Strategie hingegen verwandelt das ganze Leben in ein Spiel des Brücken-Überschreitens. Alle Brücken sind sich ähnlich, wir lernen sie täglich zu überschreiten und keine kann den Status der „allerletzten“ Brücke für sich beanspruchen. Brücken zu überqueren wird zur Gewohnheit, manchmal sogar vergnüglich, und das um so mehr, als sich bislang gezeigt hat, daß keine eine Einbahn darstellt. Alles wird als reversibel erlebt, und so erscheint nichts als für immer verschwunden. Was schiefging, kann nächstes Mal bessergemacht werden, und kein Verlust ist unwiederbringlich (Bauman 1992a, 173).

Durch die täglich eingeübte, gewohnheitsmäßig routinisierte Vorwegnahme des Todes kann die Wirklichkeit des Todes geleugnet werden. Und indem die störenden Ereignisse entweder zur Reversibilität gezwungen werden oder in den von Baudrillard deklarierten Streik geschickt werden, kann auch soziale – und brutale – Wirklichkeit im Medienschein zum Verschwinden gebracht werden. Debrays Diagnose der Schizophrenie als die besondere Pathologie eines Zeitraums, in dem das Bild im Namen der numerischen Simulation „visioniert“ wird, findet auf diese Weise ihre – unbeabsichtigte – Bestätigung. Bauman hat an anderer Stelle Kritik an Baudrillard geübt als an jemandem, der über das schreibt, was nicht ist, was abwesend oder nicht mehr ist, und dessen einzige Quelle sein Fernsehschirm zu sein scheint. “The world he paints seems to be one likely to be seen by a person glued to the television screen; a person who replaced with TV screens the windows in the apartment he inhabits and in the car in which he travels to his university lectures; a person whose attention is at its sharpest during the commercial breaks in the constant flow of the televised images he so avidly ingests” (Bauman 1992b, 154). Im Unterschied zu Baudelaire, so meint Bauman, und dessen Art, die Welt als «flâneur» zu erfahren. “Personal experiences can be enclosed by the frame of the television screen. One doubts whether the world can. One suspects, pace Baudrillard, that there is life after and beyond television. To many people, much in their life is anything but simulation. To many, reality remains what it always used to be: tough, solid, resistant and harsh. They need to sink their teeth into some quite real bread before they abandon themselves to munching images” (Bauman 1992b, 155).

3. *Sichtbar machen heißt unsichtbar machen*

Im Gegensatz zur landläufigen Meinung bringen die neuen Medien keine Komplexitätsverringerung mit sich, sondern eine Komplexitätssteigerung. Auch wenn die meisten Menschen weiterhin zuerst ihr „wirkliches“ Brot essen – nachdem sie es sich zunächst einmal verdienen mußten –, so sind sie doch nach dem Essen zum Bilderverzehr bereit. Simulation ist eine äußerst effiziente und mächtige Technik. Sie erfordert neues Sehunterscheidungs- und Wahrnehmungsvermögen, ganz so wie sich der «flâneur» im geschäftigen Treiben des verwirrenden Großstadtlebens gegen Ende des 19. Jahrhunderts andere Geh- und Sehgewohnheiten zulegen mußte. Das, was „visioniert“ wird, was sichtbar über den Bildschirm in die Wohnzimmer gebracht wird, muß mit dem in Bezug gesetzt werden, was unsichtbar bleibt oder unsichtbar gemacht wird.

Von Medien zu sprechen heißt immer auch, Bilder zu sehen. Die visuelle Wahrnehmung muß rückgeführt und in die narrative Struktur der Sprache übersetzt werden. Sie zwingt zu bestimmten Sequenzen und zu Argumentationszusammenhängen, während die Bilder in loser Assoziation einander umkreisen mögen. Sprache bringt ihren eigenen Begriffsapparat ein, appelliert an ein mächtiges gedanklich-begriffliches Abstraktionsgebäude, das weitgehend dekontextualisiert werden kann. Bilder hingegen sind unmittelbar kontextabhängig, sie kennen keine ihnen innewohnende Sequenzierung, und wo diese eingeführt wird, geschieht es in Anlehnung an die narrative Struktur der Sprache oder der Erzählung, der “story-line”. Beim Reden gibt es das Nicht-Gesagte, doch selbst das Schweigen kann noch beredt sein. Beim Bild gibt es das Sichtbare, doch das Unsichtbare wird erst durch große Anstrengung sichtbar.

Das Sichtbare vermeinen wir hinlänglich zu kennen. Die eigene Anschauung wird durch hinlänglich viele empirische Untersuchungen gestützt. Es ist die immer wieder beschriebene Bilderflut, insbesondere, wie sie aus dem Fernsehschirm in die Köpfe und in den Gefühlshaushalt der Menschen strömt. Es ist eine bildhaft konstruierte, simulierte Wirklichkeit, die sich für eine andere, die „wahre“ soziale Wirklichkeit ausgibt.

Was ausgeblendet wird, ist zunächst die Konstruktionsmaschinerie selbst, das Wissen und die bewußte und unbewußte Manipulation, die auf der Kenntnis des Funktionierens der Wahrnehmungsmechanismen beruht. Doch ist dies nicht Teil jeder Konstruktion, genauso wie die Selektion, wo doch nicht alles gezeigt und verwendet werden kann? Weder Shakespeare noch Proust, weder Michelangelo noch Picasso haben uns Gebrauchsanleitungen hinterlassen, wie die Wirkungen, die sie erzeugten, zustande kamen und in immer wieder neuen Konfigurationen zu anderen Zeiten und mit anderen Auditorien und Interpretationskontexten weiterleben.

Unsichtbar bleibt auch, was nicht gesehen wird, weil wir etwas anderes sehen. Diese scheinbar banale Aussage ist dennoch ein Grundelement des allgemein empfundenen Zeitmangels, der Zeitnot, unter der wir alle leiden. Sie nimmt mit der Fülle der gebotenen alternativen Möglichkeiten ständig zu. Jede Entscheidung, die getätigt wird, ist eine zerstörte Möglichkeit. Den Menschen ist vor allem durch die modernen Kommunikationsmittel bewußter geworden, wie sie ihre Tage oder Stunden sonst verbringen könnten.

Sie erleben daher den Mangel an Zeit deutlicher. Wann immer sie sich auf eine Information konzentrieren, versagen sie sich die Möglichkeit, sich auf eine andere zu konzentrieren. „Sie sind sich vermehrt bewußt, daß es andere Orte auf der Welt gibt, wo sie sein könnten, zusammen mit anderen Männern oder mit anderen Frauen, in anderen Zusammenkünften, bei anderen Konferenzen oder Ausstellungen, auf anderen Wanderwegen. Sie könnten andere Bücher lesen, in anderen Mondnächten", beschrieb M. Young das wohlbekannte Dilemma (Young 1988, 217). Das Fernsehen hat hier zumindest in seiner Binnenzeitstruktur in geradezu ingeniöser Weise gekontert und die punktuelle, fragmentierte Zeit- und Sehweise eingeführt, indem es die Möglichkeit des "zapping", des Hin- und Herspringens von einem zum anderen Kanal, erfand. Nun ist es fast möglich, alles zu sehen – in Annäherung an die Struktur der illusionären Gleichzeitigkeit und vorausgesetzt, man bleibt in der Zeitstruktur dieses einen Mediums. Unsichtbar, weil unerschlossen, bleiben dabei trotzdem andere Bilder, die Wege zu anderen Erlebnis- und Kommunikationsräumen eröffnen könnten.

Trotz aller Speichertechniken, die uns die modernen Informations- und Kommunikationstechnologien zur Verfügung stellen, trotz der weiterhin steigenden Vervielfältigung eines Angebots an gleichzeitigem Zugriff zu multiplen KommunikationspartnerInnen entgehen wir letztlich nicht der quantitativen Beschränktheit eines 24-Stunden-Tages. Freilich verändert sich die Qualität der Zeit durch neue technische Möglichkeiten. Ich habe es den Einzug der „Laborzeit" in das Alltagsleben genannt, mittels deren durch die technischen Objekte und Artefakte und die damit verbundene großräumig angelegte, dezentralisierte Infrastruktur, auf der die Informations- und Kommunikationstechnologien beruhen, die charakteristischen Merkmale der wissenschaftlichen Innovationsdynamik Einzug halten in die Gesellschaft. Immer mehr technischen Objekten haftet etwas von der Laborzeit an. Was sie kennzeichnet, ist die kontinuierliche Präsenz der Objekte und ihre ständige zeitliche Verfügbarkeit. Sie sind rund um die Uhr vorhanden und lassen sich in ihren Zeitabläufen kontrollieren, programmieren, artikulieren. Nach Wunsch können sie beliebig beschleunigt oder verlangsamt werden, variiert oder wiederholt werden. Technische Artefakte bieten Verfügbarkeit an, aber verlangen auch Verfügbarkeit von den Menschen, die sie bedienen oder denen sie zu Diensten sein sollen. Der Prozeß der Interdependenz zwischen den Maschinen und den Menschen beginnt sich erneut aufzuschaukeln. Mit dem Ende einer Epoche, in der die strikt lineare „Maschinenzeit", die mit der Industrialisierung ihren Einzug hielt, den gesellschaftlichen wie individuellen Zeitrhythmus über mehr als hundert Jahre vorgab, tritt keine zeitliche Freisetzung ein, sondern eine Akkomodierung an die „Laborzeit", die in den neuen Technologien präsent ist (Nowotny 1989, 94–95).

Unsichtbar, weil eliminiert, bleibt bei der Zeitstruktur der neuen Medien jedoch auch die Pause und die Zeit der Übergänge schlechthin. Das Fernsehen beispielsweise kennt im Vergleich zum Theater, zum Konzert und ähnlichen sozial-ritualisierten Situationen keine Zwischenzeiten. Es ist ein Medium ohne Pausen. Seine Übergänge sind künstlich und der gedrängten zeitlichen Abfolge unterworfen. Pausen kosten Sendezeit, und so wollen sie ausgefüllt werden. Übergänge und Übergangszeiten verlangen nach anderen zeitlichen Qualitäten, die das Medium nicht bieten kann. Um andere Zeitqualitäten einzuführen, ist der Benützer derzeit auf das Auf- und Abdrehen, das Umschalten beschränkt. Zwischen "exit" und "voice", also Abdrehen und Mitsprache auch im Sinne einer dialogischen Kommunikation, gibt es – noch – keine Wahl. Haben wir es hier mit einer inhärenten Beschränkung des Mediums zu tun oder mit der bisherigen Beschränkung der medialen Kommunikationskultur?

4. Von den ungenützten Möglichkeiten der Visualisierung

Spätestens hier ist die Frage angebracht, ob die kritische Konzentration auf die Zeitstruktur und auf andere Charakteristika der neuen Medien, die sich vorwiegend am Fernsehen „aufhängt", nicht eine Einengung des medialen Sichthorizonts darstellt. Es drängt sich mir zunehmend die Vermutung auf, daß das Fernsehen vielleicht nur das profanste, das am wenigsten entwickelte, wenn auch durch seinen weltweiten Gebrauch das am meisten verbreitete visuelle Medium ist. Es repräsentiert nur das unterste Ende eines breiten Spektrums von bisher ungenützten Möglichkeiten von Visualisierung, die den neuen Medien, besonders wenn sie im künstlerischen und wissenschaftlichen Bereich eingesetzt werden, eigen ist. Wer würde schon, um einen naheliegenden Vergleich zu gebrauchen, die Möglichkeiten der Fotografie und die ihr eigenen Wahrnehmungs- und Wiedergabestrukturen ausschließlich anhand der in millionenfacher Auflage hergestellten Amateurbilder beurteilen wollen? Vielleicht werden die neuen Medien sogar kontraproduktiv verwendet und schleppen die Vergangenheit ihrer technisch-bürokratischen Vorläufer mit sich herum, so wie die ersten Eisenbahnwaggons bloß umgebaute Postkutschen auf Schienen waren. Doch Technologien verändern weitaus mehr als nur unsere alten Gewohnheiten. Gernot Böhme hat auf einige der grundlegenden Strukturveränderungen durch die technische Zivilisation verwiesen, darunter die Veränderung der Menschen zu sich selbst. Sie ist durch Verwissenschaftlichung geprägt, d. h., daß wir zunehmend eine Haltung zu uns selbst einnehmen, die ihren Ursprung in der wissenschaftlichen Distanzierung hat. In der technischen Zivilisation zu leben, heißt in einer Umgebung zu leben, die einem eine objektive, nichtemotionale Haltung abverlangt. Ein Großteil der emotionalen Kapazität der Menschen liegt entweder brach oder wird in eine abgekoppelte, imaginäre Welt verlagert, die der Fiktionen, die ständig durch die Massenmedien produziert wird und deren Hauptfunktion darin besteht, emotionale Bedürfnisse zu befriedigen.

Um so wichtiger ist es daher, technische Gegenstände gerade in ihrer zivilisatorischen Bedeutung zu begreifen. Das Leben in der technischen Zivilisation kann nicht einfach als besseres Leben, noch als ein, wie es die Tradition der Kulturkritik will, bloß durch Verluste markiertes, gekennzeichnet werden, sondern es ist eine andere Art des Lebens. Telefonieren ist eben nicht bloß ein Fern-Gespräch, sondern hat eine andere Art der Kommunikation eingeführt und die Gesprächskultur verändert. Autofahren ist eben nicht beschleunigtes Wandern und Fotografie nicht eine präzisere Art des Malens. Sie ist zu einer eigenen Kunstgattung avanciert, die völlig neue Möglichkeiten eröffnet hat (Böhme 1992, 17–30). Und der Gebrauch der neuen Medien, das Arbeiten, Denken und Leben mit ihnen ist mehr und etwas anders als bloßes Fernsehen. Es gilt also, sich damit vertraut zu machen, daß Arbeit, Freizeit, Sehen, Empfinden, Erleben mit den neuen Medien die eingeübten Wahrnehmungs- und Empfindungsmöglichkeiten, die Zeiterfahrung grundlegend verändern. Die Evolution fortgesetzter und neuartiger Benützerpraktiken schafft andere Sinnzuschreibungen und Wahrnehmungsmuster, sie verändert menschliches Verhalten, Beziehungen zu sich selbst und den anderen und letztlich ganze Gesellschaften. Wenn es zutrifft, daß die visuellen Medien sich selbst (genügend?) Wirklichkeit sind, so ist nach der Beschaffenheit dieser Wirklichkeit zu fragen und danach, wie sich diese in ihren Raum- und Zeitstrukturen ausdrückt.

Drei Überlegungen sind es, die ich zum Schluß – spekulativ und zum Weiterdenken – anbieten möchte. Zwischen dem Medium Fernsehen und der virtuellen Realität des Cyberspace liegen buchstäblich andere Welten, die zur Zeit im künstlerischen und wissenschaftlichen Bereich ausprobiert und weiterentwickelt werden. Sie reichen von audiovisuellen Performances zu Computersimulationen, die in vielen Wissenschaftsbereichen wie etwa in der Quantenphysik nicht nur zur Darstellung von Theorien und Ergebnissen verwendet werden, sondern als Werkzeug weiterer Theoriebildung und als Ersatz oder Vorbereitung für Experimente fungieren. Sie eröffnen Möglichkeiten der Wahrnehmung und der Vorstellung – ganz im Sinn einer räumlichen Positionierung eines imaginären Konstrukts oder Gegenstandes –, die Lichtjahre entfernt sind von der bunten Bildersequenz, die das Fernsehen vorführt. Das Fernsehen, vergleichbar der Postkutsche auf Schienen, erzählt Geschichten, die vorwiegend der Unterhaltung dienen, die zwar in Form von Bildern präsentiert werden, die aber bezeichnenderweise ohne den untermalenden Text und die Begleitmusik nicht auskommen.

Wie sieht also die in den neuen Medien angelegte, aber noch nicht voll realisierte und daher noch nicht sichtbar gewordene andere Zeitstruktur aus?

Zunächst ist eine Verräumlichung des Denkens und der Anschauung oder, besser gesagt, eine neue Zusammenführung und Synthese von Raum- und Zeitstruktur zu erwarten. Indem die Vorstellungskraft angesprochen und gefordert wird, also das In-den-Raum-Positionieren des Imaginierten oder Visionierten, kehrt die räumliche Intuition in das Repertorium der kreativen Denk- und Sehweisen und als mögliches Mittel der Begriffsbildung zurück. In einer Epoche, als es noch Bilder gab, die für die Welt standen und die daher buchstäblich Weltbilder waren – man denke etwa an die Gesamtschaubilder der frühen Neuzeit –, waren Raum und Zeit in diesen Bildern noch vereint, allerdings unter dem Zeichen einer universelle Gültigkeit beanspruchenden Ewigkeit. Was die Einsteinsche Relativitätstheorie für die Physik und die kulturell-sozialen Umwälzungen der Moderne für das gesellschaftliche Zeitverständnis geleistet haben, nämlich „Zeit" als einen Begriff, der ohne Referenzrahmen keine Bedeutung hat, aufzulösen und in eine Pluralität von „Zeiten" überzuführen, eben das werden die neuen Medien für die Vielzahl von „Räumen" leisten, in die sich die Beobachterwirklichkeit auflösen und in unendliche vervielfältigen kann. Zeit und Raum verdichten sich dabei auf eine Weise, die jedem Beobachter, Benützer und Mit-Produzenten von Wirklichkeit eine ihnen eigene raum-zeitlich begründete Wirklichkeit zugesteht. In die gesellschaftliche Raum-Zeit übertragen bedeutet dies wohl eine weitere Zunahme der Pluralität und der Multiperspektivität.

Die zweite Veränderung der Zeitstruktur, die durch die neuen Medien sichtbar werden wird, kommt durch ihre Anschaulichkeit und durch den Platz, den diese der Intuition einräumt, zustande. Bilder sind nicht an logische Abstraktionen gebunden und deren vermeintliche oder angestrebte Zeitlosigkeit. Bilder haben vielmehr, wie Bachelard ausführte, Anteil am Unbewußten. Die Vorstellungskraft, die bei der plötzlichen, unerwarteten Eingebung mitwirkt, partizipiert gleichermaßen an der Funktion des Wirklichen und des Unwirklichen. Das Bild, das die poetische Vorstellung oder die wissenschaftliche Intuition kreiert, entsteht spontan und hat anscheinend keine Vorläufer und keine Geschichte. Die Überraschung, die es zu erzeugen vermag, hat damit zu tun, daß solche kreativen Bilder aus dem Unbewußten emporsteigen und daß es daher keine Kausalbeziehungen gibt, die sie an etwas binden könnten, das in der Vergangenheit existiert hat. Da das Bild an nichts anknüpft und nichts wiederholen kann, was bereits war, ist es neu. Doch um „wirklich" zu werden, muß es kommunikabel sein. Es muß Resonanzen, Begeisterung oder Ablehnung, jedenfalls Reaktionen in jenen erzeugen können, die es weder vorher gesehen noch davon gehört haben und die doch tief berührt davon etwas wiedererkennen, das auch in ihrem Unterbewußtsein vorhanden ist. Denn nur so kann es mangels gelebter Erfahrung in der gemeinsamen Vorstellung entstehen (Bachelard 1958).

Was Bachelard hier beschreibt, hat mit der Einbettung von Bildern in Kommunikationsvorgänge zu tun. Bilder müssen, um vermittelbar zu sein, nicht narrativ, sondern diskursiv werden, sie müssen eine diskursive oder argumentative Struktur annehmen. Damit erhalten sie jedoch eine zeitliche Struktur, die der diskursiven Praxis, der Konstruktion sozialer Wirklichkeit mittels sozialer Diskurse, zuzurechnen ist, während es gerade die vorzeitliche Struktur des Schöpfens aus dem Unbewußten ist, die ihre Neuheit und ihre Aktualität zu konstituieren vermag. Ich behaupte nicht, daß die neuen Medien die bildliche Anschaulichkeit erfunden hätten – wohl aber, daß es gelingen könnte, diese auf eine weitverbreitete gesellschaftliche Basis zu stellen und dadurch neue Zugänge zum Kreativitätspotential vieler Menschen zu eröffnen.

Die dritte Veränderung der Sichtbarwerdung einer jetzt noch unsichtbaren Zeitstruktur hängt mit der ersten zusammen und bedarf doch der Hervorhebung. Es ist kein Zufall, daß zwar nicht die Geschichte, deren Ende verfrüht gefeiert wurde, aufhört, wohl aber das Erzählen von Geschichte. Die Geschichtsschreibung und damit jede Orientierung an einer Universalperspektive ist in eine tiefe Krise geraten. Sie oszilliert, kontrovers umkämpft, zwischen bewußter Fiktion und Desavouierung durch kulturelle und ethnische Minderheiten. Der Fakten beraubt, wird sie zur historiographischen Metareflexion, auch wenn dies noch so sehr beklagt werden mag (Himmelfarb 1992). Was bleibt, ist die Möglichkeit des Erzählens von vielen Geschichten, die alle in ihre Raum-Zeit-Perspektive eingebettet sind. Ich erwarte zwar nicht, daß die neuen Medien demnächst die florierende Produktion von Geschichtsschreibung und Antigeschichtsschreibung, den Kampf zwischen Fakten und Fiktion, ersetzen werden. Doch sie werden durch die Verbildlichung von Vergangenheit und Gegenwart zu einem wichtigen formalen wie inhaltlichen Element der Gegenwartsdiagnose. Wo es keine geordnete Sequenzierung und Historiographisierung der Weltereignisse und ihrer Ursachen mehr gibt, treten die vielen Teilperspektiven die Nachfolge an. Sich mit der Gegenwart zu beschäftigen, eine Deutung der gegenwärtigen, so offenkundigen Orientierungslosigkeit zu versuchen wird dort ein Ausweichen auf Bilder nahelegen, wo die Begriffe an Legitimierung verloren haben. Bilder jedoch bedürfen, um glaubhaft zu werden, der Kommunikation, des argumentativen Diskurses.

Je unglaubwürdiger die lineare Sequenz der geschichtlichen Zeit, je inhaltsleerer die universelle Chronologie angesichts einer globalisierten Multiperspektivität, desto mehr gewinnen Bilder an Attraktivität für eine andere Form der Kommunikation. Doch Bilder, wenn sie nicht als Propaganda mißbraucht werden, sprechen nicht für sich selbst. Sie bedürfen vielmehr der

Kommunikation in diskursiven sozialen Zusammenhängen, die selbst immer wieder erneut einzubetten sind in die Zeit- und Raumstruktur einer komplexitätsgesteigerten Gegenwart. Um sich der neuen Ressourcen bedienen zu können, die in den noch unsichtbaren Zeitstrukturen der neuen Medien angelegt sind, bedarf es daher auch neuer diskursiver Praktiken.

Literatur

Bachelard, Gaston (1958): La Poetique de l'Espace, Paris.

Baudrillard, Jean (1992): L'illusion de la fin, Paris; dt. Übersetzung: Berlin 1994.

Bauman, Zygmunt (1992a): Mortality, immortality & other life strategies, Cambridge.

Bauman, Zygmunt (1992b): Intimations of postmodernity, London and New York.

Böhme, Gernot (1992): Technische Zivilisation, in: Gotthard Bechmann und Werner Rammert (Hrsg.), Technik und Gesellschaft, Jahrbuch 6, Frankfurt a. M./New York, 17–39.

Debray, Regis (1992): Vie et mort de l'image. Une histoire du regard en Occident, Paris.

Droit, Roger-Pol (1992): Philosophie rapide et longue duree. Entretien d'un chercheur avec un chroniqueur, in: Le Debat, novembre-decembre, numero 72, 242–248.

Himmelfarb, Gertrude (1992): Telling it as you like it. Post-modernist history and the flight from fact, in: Times Literary Supplement, October 16, 12–15.

Hömberg, Walter/Michael Schmolke (Hrsg.) (1992): Zeit, Raum, Kommunikation. Schriftenreihe der Deutschen Gesellschaft für Publizistik- und Kommunikationswissenschaft, Bd. 18, München.

Nowotny, Helga (1989): Eigenzeit. Entstehung und Strukturierung eines Zeitgefühls, Frankfurt a. M. (Le temps à soi, Paris: Maison des Sciences de l'Homme, 1993.)

Sandbothe, Mike (1993): Zeit und Medien. Postmoderne Medientheorien im Spannungsfeld von Heideggers Sein und Zeit, in: Medien & Zeit. Forum für historische Kommunikationsforschung, Jg. 8, Heft 2, 14–20.

Young, Michael (1988): The Metronomic Society. Natural Rhythms and Human Timetables, London.

ZIVILISATIONSDYNAMIK.
ÜBER DIE AUFDRINGLICHKEIT DER ZEIT IM FORTSCHRITT

Von Hermann Lübbe

Vorweg möchte ich einen Begriff präsentieren, der für die Beschreibung moderner zivilisationsspezifischer Temporalstrukturen nützlich sein mag. Der Name des Begriffs ist „Gegenwartsschrumpfung". Dieser Begriffsname hat eine leicht drollige Anmutungsqualität, und entsprechend forderte er freundlich gemeinten Spott meiner Studenten heraus, die mir bei Gelegenheit einer Geburtstagsfeier eine Hausapotheke überreichten – wohlgefüllt mit allerlei unfehlbar wirkenden Mittelchen wider die von mir analysierten Zivilisationsgebresten, darunter auch ein Mittel zur Bekämpfung der „Präsentialzirrhose".

Was ist gemeint? Gegenwartsschrumpfung – das ist der Vorgang rückläufiger Extension des Zeitraums, für den wir in einem gegebenen System mit einiger Konstanz der Verhältnisse rechnen können.

Der charakterisierte Begriff der Gegenwartsschrumpfung läßt sich leicht mit Anschauung füllen. Dafür eignet sich exemplarisch der jedem wissenschaftspraktisch Tätigen vertraute Vorgang abnehmender Halbwertszeit wissenschaftlicher Literatur. Mit zunehmender Dynamik des Forschungsprozesses verkürzt sich die Zahl der Jahre, die vergehen, bis die Hälfte des Lehrbuchs letzter Auflage in einer Fachdisziplin als veraltet zu gelten hat. Was es freilich heißen soll, daß in einem Theorie-System einige Elemente bereits veraltet sind, andere aber nicht und wie man das eine vom anderen unterscheiden kann: zu versuchen, das inhaltlich zu beantworten, würde einen alsbald sich in wissenschaftstheoretischen Reflexionen verheddern lassen. Entsprechend folgt man in der Absicht, den Begriff der Halbwertszeit wissenschaftlicher Literatur praktikabel zu halten, gern einem Vorschlag der Bibliothekare, die die Benutzungshäufigkeit wissenschaftlicher Literatur in Abhängigkeit von ihrem Erscheinungsdatum messen können und mit dem Ergebnis solcher Vermessungen die momentan geltende Halbwertszeit jeweiliger Fachliteratur angeben. Mit dem Ausdruck ironischer Verzweiflung notierte kürzlich ein britischer Bibliothekar, daß für die Bände einer hochspezialisierten molekularbiologischen Zeitschrift, die in der ganzen Welt verbreitet ist, gilt, daß, sobald sie zehn Jahre alt geworden sind, ein einziges Exemplar genügt, um die Gesamtnachfrage im Vereinigten Königreich zu bedienen. Wissenschaftskulturell bedeutet das übrigens, daß nie zuvor eine wissenschaftsgeschichtliche Gegenwart so sehr wie unsere eigene von bereits veralteten Informationen erfüllt war. Das in Kombination mit einer bibliothekarischen Expansionsrate, nach der wir gegenwärtig alle zwanzig Jahre mit einer Verdoppelung der Bibliotheksbestände zu rechnen haben, eröffnet interessante ökonomische und technische Perspektiven aufs künftige Bibliothekswesen. Das relativ neue Stichwort „Speicherbibliothek" steht für einen Vorschlag, wie man das Bibliothekswesen der Zukunft dem Neuerungsdruck gewachsen machen könnte. Diesen Vorschlag zu erläutern ist hier nicht die Gelegenheit.

Zusätzlich möchte ich, was mit „Gegenwartsschrumpfung" gemeint ist, noch mit einem technikhistorischen Vorgang veranschaulichen. Noch um die Mitte des vorigen Jahrhunderts erlaubte es der damalige Stand des Werkzeugmaschinenbaus einem südwestdeutschen oder nordostschweizerischen Textilunternehmer, seine neu angeschafften Weberei- oder auch Spinnereimaschinen zu nutzen, bis sie gebrauchsabhängig verschlissen waren – selbstverständlich bei guter Wartung des Maschinenkapitals. Ersatzinvestitionen wurden dann nach etwa dreißig Jahren fällig. Wenn aber alsdann, also gegen Ende des 19. Jahrhunderts, dieselben Unternehmer ihre Maschinen abermals für etwa dreißig Jahre hätten stehen lassen wollen, wären sie inzwischen erbarmungslos aus dem Markt katapultiert worden. Inzwischen hatte sich nämlich die Technik des Werkzeugmaschinenbaus derart dynamisiert, daß zur Nutzung der Produktivitätsvorteile der Maschinen der jeweils jüngeren Generation ein Austausch des Maschinenparks fällig wurde, längst bevor die fraglichen Maschinen gebrauchsabhängig verschlissen gewesen wären. Dieser Vorgang, dessen ökonomische Pragmatik auch dem Laien sofort einleuchtet, hat für unser modernitätsspezifisches Verhältnis zur Zeit sehr erhebliche Konsequenzen. Das Wörtchen „alt" bekommt nämlich, unter den skizzierten Bedingungen, eine ganz neue, zuvor unbekannt gewesene Bedeutung. „Alt" – das war in Epochen, die ein Bewußtsein ihres evolutionären Charakters noch nicht entwickelt hatten, bei Werkzeugen eine Eigenschaft, die sie gebrauchsabhängig bis zu ihrer Unbrauchbarkeit hin gewinnen, so daß es schließlich nötig wird, sie durch neue Werkzeuge, nämlich desselben Typs, zu ersetzen. Unter Bedingungen aufdringlich gewordener Zivilisationsdynamik wird hingegen „alt" das genannt, was ganz unabhängig von Verschleißgraden durch leistungsfähigeres Neues überboten worden ist.

Die zweite Bedeutung des Wörtchens „alt" gehört einer Zivilisation an, die ein Bewußtsein ihrer eigenen evolutionären Dynamik gewonnen hat. Das legt es nahe, die Frage zu stellen, seit wann denn unsere Zivilisation überhaupt ihren evolutionären Charakter angenommen habe. Die fällige Antwort auf diese Frage mag manchen überraschen. Sie lautet: Evolutionsdynamik prägt die menschliche Zivilisation, soweit wir sie mit historischen Mitteln zurückzuverfolgen und zu rekonstruieren in der Lage sind, seit eh und je. Von unseren Ur- und Frühgeschichtlern stammt die anspruchsvolle Behauptung, der Grad der Beschleunigung der zivilisatorischen Evolution sei eine historische Konstante. Geändert hätte sich dann stets nur die Geschwindigkeit zivilisatorischer Abläufe, und das legt die Zusatzfrage nahe, wann denn etwa diese Geschwindigkeit der evolutionären Fortbewegung unserer Zivilisation den Zivilisationsgenossen auffällig geworden ist. Auf diese Zusatzfrage haben die Historiker des historischen Bewußtseins bekanntlich die Antwort gegeben, daß erst im 18. Jahrhundert, und zwar speziell in seiner zweiten Hälfte, das Bewußtsein der Historizität der eigenen Kultur sich zu einem kulturepochenspezifischen Gemeinbewußtsein entwickelt hat.

Man darf auch eine Vermutung riskieren, welche kulturellen Bestände es denn wohl gewesen sein mögen, an denen man die gerichtete, selbstverständlich nicht zielgerichtete Bewegtheit der eigenen Zivilisation aufdringlich gefunden hat. Philosophen, Intellektuelle – das sind Leser. Buchhistoriographisch wissen wir, wie sprunghaft insbesondere im 18. Jahrhundert die Literaturproduktion anstieg, und in zahllosen literarischen Dokumenten des 18. Jahrhunderts begegnet uns die Klage über die steigende Bücherflut.

Von den umwälzenden kulturellen Konsequenzen dieses Vorgangs – von den Veränderungen im Leseverhalten bis hin zur Herausbildung des spezifisch modernen, nämlich temporalen Begriffs der Klassik als eines Begriffs relativ alterungsresistenter kultureller Bestände – kann hier nicht die Rede sein. Die Absicht ist vielmehr, einige zeitumgangskulturelle Konsequenzen aufdringlich gewordener Zivilisationsdynamik plausibel zu machen. Von der Modernität der Sekundärtugend der Pünktlichkeit soll die Rede sein, von der modernitätsspezifischen Fälligkeit der Zeit-Planung und schließlich vom zeiterfahrungsabhängig wachsenden Zwang zu selbstbestimmter Lebensführung.

Ein deutscher Ministerpräsident hat die Pünktlichkeit unter die KZ-Wächter-Tugenden verrechnet. Das lasse man als Ausdruck historisch bedingter, neurotisch getönter deutscher Sekundärtugendphobie auf sich beruhen. Was es mit der zivilisationsspezifischen Modernität der Tugend der Pünktlichkeit tatsächlich auf sich hat, kann man, ausführlich, bei Norbert Elias nachlesen, oder auch bei David S. Landes, dessen Beschreibung der industriellen Entwicklung von 1750 bis zur Gegenwart sich in folgende Punkte zusammenfassen ließe: Erstens gehört zu den Nötigkeitsbedingungen der Pünktlichkeit als einer der Verhaltenstugenden im Umgang mit Zeit der bereits erläuterte Bestand der dramatisch verlaufenden Erhöhung der Innovationsrate im wissenschaftlichen und technischen System. Zweitens gehört zu diesen Voraussetzungen die Verkürzung der Fristen zwischen wissenschaftlich-technischer Innovation einerseits und ihrer wirtschaftlichen Nutzung andererseits. Drittens haben in diesem Zusammenhang die technischen Innovationen ihrerseits zu einem nicht unerheblichen Teil den Sinn, die Produktivität, das heißt die Produktionsgeschwindigkeit oder auch die pro Zeit-Einheit produzierbare Gütermenge zu erhöhen. Viertens erzwingen die wirtschaftlichen Vorzüge der damit erreichbaren Produktionskostenabsenkung über Mechanismen wirtschaftlicher Konkurrenz generell die Teilnahme an den einschlägigen Modernisierungsprozessen. Fünftens erhöht sich über die Menge der zu verteilenden Produkte und ihre in Abhängigkeit von modernen Produktionsverfahren dramatisch zunehmende Spezifikation die regionale und soziale Reichweite der Märkte. Sechstens erhöht sich damit die Extension des Transports, und zwar eines Massentransports von Gütern und Personen, die, als eine Extension im Raum, nur durch Erhöhung der Transportgeschwindigkeit kompensiert werden kann. Siebtens: Allein das schon erzwingt wie nie zuvor Standardisierung der Zeit als des Mediums der Handlungskoordination von Personen und Institutionen, die über sich erweiternde soziale und regionale Räume hinweg real voneinander abhängig werden. Es genügt, in diesem Zusammenhang an die Entwicklung des Eisenbahnsystems zu erinnern, die es in vielen europäischen Staaten, zuerst in Großbritannien, tatsächlich gewesen ist, die die Entwicklung von Standardzeit und ihre institutionelle Normierung erzwungen hat. Achtens erzwingt dann die wachsende Aufdringlichkeit der Zeit als berücksichtigungsbedürftiges Medium der Handlungskoordination die Veränderung der Verhaltensweisen. Die Tugend der Pünktlichkeit gewinnt jetzt an Nötigkeit. Unpünktlichkeit bewirkt Ausschluß von sozialen Kooperationschancen. Das wäre nicht nur für unpünktliche Individuen nachteilig. Es läßt sich auch unter moralischen Gesichtspunkten schwer verständlich machen, wieso man eine moderne Sekundärtugend verschreien kann, deren Nicht-Beachtung Andere mit mannigfachen unangenehmen Folgen warten macht. Es ist in diesem Zusammenhang, daß die moderne Omnipräsenz der Uhr plausibel wird. Daß sie, wie noch vielfach im 19. Jahrhundert, als Prestigeobjekt Verwendung fände, ist inzwischen zur kulturellen Marginalie geworden. Als Gerät der Zeitmessung hat sie eine alltagsverbringungspraktische universelle Unentbehrlichkeit gewonnen. Demgegenüber die Uhr, mit Rückgriff auf zumeist unverstandene ethnologische Auskünfte über die Zeitkultur vormoderner Zivilisation, als „Mühle des Teufels“ zu denunzieren ist Ausdruck einer zivilisationskritischen Attitüde, desgleichen die in einigen Milieus verbreitete Art, demonstrativ keine Uhr zu tragen. Zeitsouveränität, auch „Eigenzeit“ ließe sich auf diese Weise keinesfalls restituieren, und zwar deswegen nicht, weil sich die gesellschaftlichen Verhältnisse nicht restituieren lassen, in denen sich unsere Existenz Leistungen aus Handlungen verdankte, in bezug auf die der Bedarf an temporaler Koordination noch sehr gering war.

Kulturelle Omnipräsenz hat, über die Uhr als Gerät der Zeitmessung hinaus, auch der Kalender als Instrument der Zeitplanung gewonnen. Die Verlaufsstatistik dieses Vorgangs ist in der Tat eindrucksvoll. Es erübrigt sich hier, das auszubreiten. Jedermann kennt die zumeist kulturkritisch getönten Klagen darüber, daß Zeitverbringungsagenden, Kalender also, heute bereits im Schülermilieu verbreitet sind, bei Hausfrauen sogar, deren Tätigkeit uns doch traditionellerweise gewohnheitsgeregelt und entsprechend zeitplanungsunbedürftig zu sein schien.

Hier soll, was den Kalender anbetrifft, auf eine spezielle, jüngste Entwicklung eingegangen werden. Es handelt sich um die Expansion der Zukunftszeiträume, die mit Hilfe moderner Kalender durchgeplant werden können. Traditionellerweise waren Kalender zumeist Jahreskalender. Inzwischen gibt es keine Firma mehr, die auf sich hält, die als Präsent zum Jahreswechsel nicht wenigstens Anderthalbjahreskalender anböte. Schon hat man Beispiele für Dreijahreskalender, und das bekannte Dienstleistungsunternehmen "Prognos" offeriert seinen Geschäftspartnern bereits Kalender "for your personal long-range planning up to the year 2010". Angehörige älterer Generationen könnten in diesen Kalender bereits, wenn sie ihn kennten, den Tag ihrer Beerdigung eintragen.

Wie erklärt sich diese am Exempel der Kalenderentwicklung ablesbare Expansion der Zukunftszeiträume, die wir heute bereits in unserem gegenwärtigen Handeln berücksichtigen? Nicht, daß nicht auch in vormodernen Kulturepochen Handeln auf sehr entfernte Zukunftsräume sich gar nicht bezogen hätte. Jedem Waldbauer, Eichenwaldbauer gar, der seinen Kahlschlag aufzuforsten hatte, war klar, daß die Ernte aus diesem aufwendigen Tun erst fünf bis sieben Generationen später stattfinden werde und Nachfahren zugute komme, für die es im Katalog unserer Kennzeichnungen für Verwandtschaftsverhältnisse nicht einmal einen Namen gibt. Nichtsdestoweniger handelte es sich bei diesem auf große Zukunftszeiträume sich beziehenden Tun nicht um ein zeitplanungsgeleitetes Tun, und zwar deswegen nicht, weil zu den Prämissen dieses Tuns die zeitbezogene, übrigens realistische Annahme einer weitgehenden strukturellen Konstanz generationenübergreifender Lebensverhältnisse gehörte.

Zeitplanung und näherhin Langzeitplanung wird in demselben Maße unvermeidlich, in welchem in Abhängigkeit von der wachsenden Zivilisationsdynamik gerade von der strukturellen Änderung der Lebensverhältnisse ausgegangen werden muß, entsprechend zur Sicherung der Rationalitätsbedingungen gegenwärtigen zukunftsbezogenen Handelns, die auch unabhängig von diesem Handeln sich ändernden Realitätsbedingungen zu prognostizieren sind und darauf die einzelnen Handlungsschritte einzurichten.

Die Fälligkeit von Zeitplanungshandlungen nimmt also einerseits in Abhängigkeit von der evolutionären Dynamik der modernen Zivilisation zu.

Sie nimmt zugleich andererseits zu in Abhängigkeit von der Komplexität moderner Handlungssysteme, über die sich der Zeitrahmen berücksichtigungsbedürftiger Folgen und Nebenfolgen des Handelns ausdehnt. Exemplarisch heißt das: Nach der physikalischen Natur der Sache müssen abgebrannte Kernenergieträger über Tausende von Jahren sicher verwahrt werden. Als Lagerstätten werden daher vorzugsweise Geotope ins Auge gefaßt, die ihrerseits eine dazu passende temporale Charakteristik haben, nämlich die der geophysikalisch maximalen Konstanz oder Änderungsresistenz möglichst weit über die benötigten Zeiträume hinaus. Salzstöcke scheinen nach allem, was unsere Geologen wissen, diese Eigenschaft zu haben. Dabei ist der naturale Aspekt der Sache nicht einmal der einzige, der in Langfristplanungen zu berücksichtigen bleibt. Technische Einrichtungen – in diesem Falle also eine Endlagerstätte – bedürfen der dauerhaft gewährleisteten lokalen Identifizierbarkeit, überdies und vor allem der Wartung und der Beachtung sachangemessener Umgangsregeln. Diese sind in Betriebsanleitungen, Warntafeln etc. präsent zu halten. Niedergeschrieben wird das natürlich in der jeweils gegenwärtig herrschenden Sprache, die sich in Abhängigkeit von modernitätsspezifisch intensivierten Kommunikationsvorgängen rascher verändern, als Sprachen das auch früher schon taten. Entsprechend läßt sich das Kommunikationssystem der Betriebsanleitungen, Warnungen etc. nur funktionsfähig halten, indem es zugleich, und zwar über die besagten Tausende von Jahren hinweg, für Sprachgenossen weit entfernter künftiger Generationen lesbar und verständlich gehalten wird. – Gewiß: Das ist ein extremes Exempel, aber doch eines, für das die entsprechenden Reflexionen in der einschlägigen Fachliteratur längst ausgebreitet sind.

Abschließend sei noch von einer dritten Folge moderner Zivilisationsdynamik für unsere Zeitumgangskultur die Rede. Unter Bedingungen dieser Dynamik wird Zeit nicht nur zum knappen Gut. Zeit, als Lebenszeitanteil, wird über Produktivitätssteigerung auch als Freizeit freigesetzt, das heißt, die Lebenszeiträume dehnen sich für die Mehrzahl der modernen Zivilisationsgenossen immer weiter aus, in denen nichts geschähe, wenn es nicht selbstbestimmt geschähe. Eben das macht wie nie zuvor die Fähigkeit zu produktiver Selbstbestimmung, das heißt die Fähigkeit zu produktiver, lebensglückträchtiger Zeitverbringung nötig, und es ist daher kein Zufall, daß die Lebensorientierungsgröße „Selbstverwirklichung“ im Kontext des Wertewandels dominant wird – bis in die Lebensberatungsspalten der Familien- und zumal auch der Frauenpresse hinein.

Generell darf unserer Gegenwartskultur bescheinigt werden, daß sie in Reaktion auf die Erfahrung der Zeit als notwendigkeitsentlasteter, durch Produktivitätsfortschritte befreiter Zeit sich als schöpferisch erwiesen hat. Die Schilderungen dessen könnte man unter die schöne Überschrift „Blüte der Alltagskultur“ stellen – von der unverändert blühenden Lesekultur über die Renaissance der Hausmusik, auch der Gartenkultur bis hin zur produktiven Nutzung beruflicher Kompetenzen in den besagten Zeitfreiräumen im Kontext der sogenannten Schattenwirtschaft. Die Kehrseite solcher schönen alltagskulturellen Bestände gibt es natürlich auch: die psychischen und sozialen Folgen der Selbstbestimmungsunfähigkeit, in der das Individuum, anstatt sich zu entfalten, sich selbst zum größten Problem wird und sich als Opfer der Verhältnisse erfährt. Die entscheidende Frage ist, wovon abhängt, ob man zu solcher Selbstbestimmung fähig sei oder nicht sei. Die Faktoren der Selbstbestimmungsfähigkeit sind mannigfaltiger Art. In jedem Falle gehört zu diesen Faktoren als notwendige, wenn nicht schon als hinreichende Bedingung gerade eine Erziehung in Orientierung an Tugenden, auch sekundären Tugenden, die über allen kulturellen Wandel hinweg sozusagen klassische Geltungskonstanz behauptet haben – einschließlich der sogenannten sekundären Tugenden von der Ordnungsfähigkeit über die Disziplin bis hin zur Pünktlichkeit oder auch der keineswegs mehr sekundären, vielmehr durchaus primären Tugend der Mäßigkeit. – In der Zusammenfassung bedeutet das: Die der geschilderten Zeitverknappung komplementäre Freisetzung notwendigkeitsentlasteter Lebenszeit verschafft nicht nur Beliebigkeitsspielräume, in deren Zusammenhang sich die Individuen nach ihren Kulturniveaus differenzieren. Sie macht komplementär dazu zugleich auch die Orientierung an kulturellen Beständen nötig, die über den kulturellen Wandel hin gerade durch Konstanz ihrer Geltung ausgezeichnet sind.

Detailanalysen

MEDIEN-ZEIT

Von Götz Grossklaus

I

Zivilisationsgeschichtlich mußte ein weiter Weg zurückgelegt werden, bis die Kulturen aus dem „Gefängnis der erlebbaren, [physiologischen] Zeit“[1] ausbrechen konnten und ein Zeitbewußtsein entwickelten, das den „engen artspezifischen angeborenen Rahmen“ individueller Lebenszeit – als Zeit von zwei bis drei Generationen – überstieg.[2] Die Dehnung der Zeithorizonte vollzog sich mühsamer als die entsprechende Weitung der Raumhorizonte. Die zeichenmäßige Repräsentation von Raum-Verhältnissen z. B. in Karten, Itineraren, Globen und Atlanten – möglicherweise auch schon frühgeschichtlich in den Punktreihen und Liniennetzen eiszeitlicher Kulthöhlen – speichert und strukturiert Daten der sich erweiternden räumlichen Erfahrung und Wahrnehmung. Über Raum-Zeichen wird ferner Raum jenseits der lebensweltlichen Grenzen der Wahrnehmung verfügbar. Die zeichenmäßige Repräsentation ferner Zeit – als vergangen oder zukünftig – über die Grenzen eines unmittelbaren Erlebens von Gegenwart hinaus entfaltet sich erst langsam im Rahmen von Zeit- und Geschichtsentwürfen, die – wie das christlich-jüdische Modell – eindeutig Anfangs- und Endpunkte und damit historische Intervalle bezeichnen. Die zeichenmäßige Repräsentation von Raum und Zeit jenseits des jeweiligen Mesokosmos unmittelbarer Wahrnehmung und Erfahrung aber bleibt gebunden an den jeweiligen Stand der medialen Kulturtechnik. Die Geschichte der Medien ist eine Geschichte wachsender symbolischer Verfügung über nicht-anwesende ferne Zeiten und ferne Räume. Das Aufkommen der technischen Bild-Medien im 19. Jahrhundert hat das über Jahrhunderte stabile System symbolischer Repräsentation von Raum und Zeit erschüttert. Die neuen Medien revolutionieren die über die alten Medien konventionalisierten Muster raumzeitlicher Darstellung – im Medium des Buches: die erzählte Geschichte, die Chronik, die Biographie, das Tagebuch etc. – im Medium des Tafelbildes: das Portrait, die Landschaft etc.

Schon die Fotografie als erstes technisches Bild-Medium setzt eine neue Codierung von Raum und Zeit durch: das fotografische Bild bestätigt uns über die materiale Spur, die das 'Wirkliche' hinterlassen hat, die Authentizität dessen, „was gewesen ist" (Barthes) und zeigt uns das 'Wirkliche' (von Personen und Räumen) „in vergangenem Zustand" als Erscheinung in „unmittelbarer Präsenz" (Barthes).[3] Das Fotoalbum bewahrt 'Zeit' in dieser neuen Form von Gleichzeitigkeit eines vergangenen Zustandes und seiner präsenten Erscheinung.

Auch im Medium der Literatur kann das epische Präteritum das erzählte Geschehen in die Zeitform eines fiktiven Präsens übersetzen, so daß für den Leser der Eindruck entsteht, *als ob* er dem erzählten Geschehen gegenwärtig beobachtend beiwohne: niemals jedoch kann der Sprach-Text – so wie es die fotografische Bild-Oberfläche ist – direkte „Emanation des vergangenen Wirklichen"[4] sein.

Schon die Fotografie zielte auf die gleichzeitige Anwesenheit aller Vergangenheiten und Gegenwarten – verstreut im Universum der Bilder, von Mal zu Mal gesammelt und ausgewählt in Alben und Archiven. Zur gleichen Zeit: in einem identischen Gegenwartspunkt gerate ich als momentaner Betrachter eines Fotos von August Sander – des 'Berliner Tapeziermeisters' von 1929 etwa oder der 'Bürgerlichen Familie von 1923'[5] in einen magisch zu nennenden Kontakt zu jenen Menschen der zwanziger Jahre. Die Fotos als reale „Emanation des vergangenen Wirklichen" – wie R. Barthes es sagt –, als konkrete Spur einer vergangenen Existenz erzeugen einen Zustand 'magischer Präsenz': magischer Zeugenschaft; sie öffnen somit das Zeitfenster auf 'die Erscheinung einer Ferne, so nah oder präsent sie sein mag'. In diesen Akten der medialen Vergegenwärtigung kommt es einerseits zur Auslöschung des zeitlichen Zwischenraums, der den Zeitpunkt der Aufnahme von dem der Betrachtung des Fotos trennt; andererseits aber ist das gelöschte Intervall in Form äußerster Verdichtung 'anwesend'. Derselbe Vorgang fotografischer Vergegenwärtigung läßt sich als Verschwinden historischer Zwischenzeit und als 'Verdichten': als Akkumulation von Zwischenzeit beschreiben. Im Foto ist die vergangene Zeit 'magisch' aufgehoben: das Foto ermöglicht uns einen augenblicklichen Zugang zu dem, „was gewesen ist".[6]

Ohne Verzögerung (ohne Grenzüberschreitung) treten wir ein in das Haus des Vergangenen. Zwischenzeit erscheint geschrumpft oder verdichtet nicht nur zwischen den Zeitpunkten von Aufnahme und Betrachtung, sondern auch zwischen den unterschiedlichen Zeitpunkten von Einzelaufnahmen im Korpus z. B. eines Familienalbums. Ganze Lebensläufe präsentieren sich in zeitlicher Raffung prägnanter Bild-Augenblicke, die als fotografische Notate im Album wie zeitüberspringende Einzeleinstellungen in der filmischen Montage zu betrachten sind.

Das Phänomen von Schrumpfung und Verdichtung, von Löschung und Akkumulation von Intervallen wurde zuerst an einer neuen Raumwahrnehmung im Kontext beschleunigter Eisenbahn-Reisen beobachtet. Schivelbusch beschreibt anhand von zeitgenössischen Quellen „die Veränderung der räumlichen Verhältnisse durch die Geschwindigkeit der Eisenbahn" als dialektischen Vorgang „der Raumverkleinerung und der Raumerweiterung".[7] „Die Zusammenziehung der Nation zur Metropolis ... erscheint umgekehrt als Erweiterung der Metropolis" [zur Nation].[8]

Entsprechend läßt sich für die Zeit sagen: die Zusammenziehung der Geschichts-Zeit zur Gegenwarts-Zeit erscheint umgekehrt als Erweiterung der Gegenwartszeit zum ganzen 'Raum der Geschichte'. Oder: die Verdichtung der Welt-Zeit-Gegenwarten zur Gleichzeitigkeit einer (real-time-)Gegenwart erscheint umgekehrt als Erweiterung einer (real-time-)Gegenwart zu allen Weltzeit-Gegenwarten.

H. Lübbe erfaßt nur eine Seite des dialektischen Prozesses, wenn er allein vom „Effekt der Gegenwartsschrumpfung" spricht.[9]

Historisch gleichzeitig seit den 30er und 40er Jahren des 19. Jahrhunderts bewirken die neuen Bewegungsmaschinen (Eisenbahn, Dampfschiff) und die neuen Bild- und Kommunikationsmedien (Fotografie, Telegrafie, Phonografie) die Tilgung räumlicher Distanzen und Zwischenräume und die Auslöschung zeitlich-geschichtlicher Intervalle – mit dem doppelten Effekt der zeiträumlichen *Zusammenziehung* zu prägnanten Punkten oder der *Erweiterung* und *Vernetzung* dieser Punkte zu Zeit- und Raumfeldern. Die alten Intervalle sind in diesen Feldern oder Netzen zu kurzen Schaltwegen, superschnellen Signallaufzeiten, instantanen Zugriff- und Abrufvorgängen, zu live- und real-time-Prozessen in der Tat geschrumpft, bei gleichzeitiger Expansion der Netze.

Die frühe Daguerreotypie, dann die Fotografie stehen am Anfang dieser Veränderung des zeiträumlichen Bewußtseins und bedeuten – wie Barthes es ausdrückt – jene „Zäsur, die die Geschichte der Welt spaltet".[10]

Die Fotografie unternimmt erstmals den Versuch einer nicht-narrativen Vergegenwärtigung dessen, was gewesen ist – einer Vergleichzeitigung allen Geschehens, einer Wiederholung des Gewesenen – jenseits des Mythos.

Somit liefert die Fotografie schon die Leitbegriffe des mediengeschichtlichen Wandels des Zeitbewußtseins:
- magische Präsenz,
- magische Zeugenschaft,
- Verdichtung zu Punkten intensiver Gegenwart,
- Verwischung der alten Zeitgrenzen,
- Verschwinden der Intervalle,
- Dehnung zu Feldern gleichzeitiger Gegenwarten/Vergangenheiten.[11]

Die telekommunikativen Maschinen der zweiten, dritten und vierten Generation: vom Film zum Fernsehen, vom Grammophon zum Magnetband, vom Telegrafen zum Telefon und schließlich u. a. zu Video und zum Computer als 'Universalmaschine' haben diesen Wandel in den sich frühzeitig abzeichnenden Bahnen beschleunigt.

Im beschleunigten Tempo erscheinen Bilder, Zeichen, Daten, Punkte und Pixel im Gegenwarts-Zeitfenster der Monitore – und verschwinden ebenso beschleunigt von den Schirmen, sinken ab in die Speicher, aus denen sie ebenso augenblicklich in beliebig wiederholbarer Vergegenwärtigung wiederauftauchen können.

Beschleunigt erscheint gegenüber der Fotografie die gesamte televisionale Verbildlichungsleistung pro Zeiteinheit und damit die Verdichtung der Bild- und Zeichenflüsse. Beschleunigt ist der gesamte Vorgang des Bild- und Zeichentransfers. Das zeitliche Intervall, das traditionell Produktion und Rezeption von Botschaften trennt und begrenzt, schrumpft bei Übermittlung in Lichtgeschwindigkeit gegen null. Im Übergang von der Fotografie zum Film und dann zum Fernsehen beschleunigt sich die visuelle Zerlegung von gesehener Wirklichkeit in Phasen und Segmente. Das Foto bietet noch einen homogenen Ausschnitt, dessen Zeitlichkeit bestimmt ist durch das Zugriffstempo der Belichtung. Der Film zerlegt den homogenen Bildausschnitt des Fotos in 24 Bildphasen/Segmente pro Sekunde, während das Fernsehen pro Sekunde 13 Millionen Bildpunkte aufleuchten und verlöschen läßt – und damit die Zerlegung des Bildes in seine elektronischen Grundbausteine vollendet. Der beschleunigten elektronischen Zerlegung entspricht die beschleunigte elektronische Wiederzusammensetzung; schließlich steht der vollständigen Digitalisierung der in elektronische Bausteine, Signale oder Pixel zerlegten Welt aller optisch-akustischen Ereignisse nichts mehr im Weg. Zeitlich gesehen bedeutet der Übergang von analoger zu digitaler Übertragungstechnik noch einmal eine Raffung und Verkürzung der Abtastungs- und Zerlegungsvorgänge. An die Stelle einer stufenlos-kontinuierlichen Übertragung von Bild- oder Tonsignalen tritt eine stufenförmige, in diskrete Einzelschritte aufgelöste Übersetzung, die mit Zeitsprüngen operiert. Das heißt: Sprach-, Bild- und Tonsignale werden nicht lückenlos übertragen, sondern nach Abtast-Stichproben, die dann die Form binärer Werte 0–1, ja–nein) erhalten. Die zeitliche Beschleunigung des Digitalverfahrens zeigt sich im Überspringen von Zeitintervallen, die zwischen den Einzel-Abtastungen – 40000/sec. bei Musik, 8000 bei Sprache – ursprünglich liegen. Das Tempo von Zerlegung, Abtastung und Übertragung löscht auch hier Zeitintervalle im Nanosekundenbereich. Zeitgrenzen werden diffus.

Was haben diese technischen Vorgänge zeitlich immens beschleunigter Aufzeichnung der Welt mit der Zeitlichkeit unserer Existenz, mit unserem kollektiven Zeitbewußtsein und unseren sozialen Zeitmustern zu tun?

Die interne Zeitlichkeit von technischen Vorgängen der Abtastung, Zerlegung, Übertragung und Digitalisierung von Wirklichkeit in den fortgeschrittensten Medien kann von der externen Zeitlichkeit sozialer Wirklichkeitsentwürfe nicht geschieden werden. Medien modulieren unser Zeitbewußtsein. Auf den unterschiedlichen technischen Niveaus waren die Medien im Laufe der Kulturgeschichte immer Instrumente der „kognitiven Meisterung von Zusammenhängen in Raum und Zeit" (Elias); mit der technisch sich steigernden Leistung der Medien- und Zeichensysteme, immer größere räumliche und zeitliche Entfernungen zu überbrücken und körperliche Präsenz an entfernten Orten des Geschehens zu ersetzen durch die Präsenz der Bilder und Laute, nimmt das Ausmaß der Synchronisierung von Daten im Gegenwartsfeld zu. Erfahren werden diese Vorgänge als zeitliche Entgrenzung.

Mit den technisch sich beschleunigenden Tempi der Übertragung von Zeichen zwischen unterschiedlichsten Sendern und Empfängern nimmt der Grad der Verdichtung von Zeichenflüssen im Gegenwartsfeld ebenfalls zu.

Das heißt: die schnellen elektronischen Medien saugen alles Geschehen – so entfernt es zeitlich und räumlich auch sein mag – in das enge Sichtfenster des Momentanen und Aktuellen. So sieht es zunächst aus. Umgekehrt läßt sich dieser ständige Synchronisierungsdruck raumbildlich eben auch als 'Feld-Verdichtung' oder als Dehnung der Gegenwart zu einem Feld verstehen. Damit wäre in der Tat die im linearen Zeitmodell gegebene Vorstellung von Gegenwart als (Grenz-)Punkt überholt.[12]

„Die Weltgesellschaft synchronisiert sich in der Gegenwart, und das ist nur mit Hilfe der Massenmedien möglich, die die Koordinierungszeit fast auf den Moment verkürzen."[13] Luhmann beschreibt damit die Vergleichzeitigungs-Vorgänge – bedingt durch die Beschleunigung des medialen Zeichentransports auf Lichtgeschwindigkeit. Er macht an anderer Stelle des zitierten Aufsatzes von 1975 aufmerksam auf die „ganz eigentümlichen, historisch unvergleichbaren Temporalstrukturen", an denen sich die moderne Gesellschaft orientiert: „die Zukunft erscheint ihr als offen für andere Möglichkeiten, als prinzipiell unterschieden von der Vergangenheit. Die Gegenwart wird dadurch zum Umschaltpunkt zwischen Vergangenheit und Zukunft, zur momenthaften Aktualität, in der allein etwas geschehen kann."[14]

Luhmann konstatiert den Wandel der historisch vertrauten Temporalstrukturen, bestimmt aber die neue Gegenwärtigkeit noch punktuell auf der gedachten Linie der Zeiten.

Punkt und Linie, die traditionellen Zeitfeldgrenzen, beschreiben die sich ausbildende neue Zeitlichkeit der Medien nicht mehr adäquat.

Die Prozesse der Synchronisation zeiträumlich entlegener Vorgänge und der ständigen Verknüpfung globaler Daten über Medien verlaufen nicht linear, sondern eher in netzförmiger Verzweigung. Statt von Punkt und Linie ist angemessener von Punkten und Feldern zu sprechen; im Zeitfeld kommt es zu wechselnden Konstellationen einer Vielzahl von Zeitpunkten.

Von hier aus gesehen drängen sich Vergleiche zwischen medialen und neuronalen Prozessen auf. Wenn sich mediale Prozesse beschreiben lassen als nicht-lineare Vorgänge der Vergleichzeitigung und Verzweigung – so wird man in der Beschreibung neuronaler Prozesse auf gleiche oder ähnliche Schlüsselbegriffe stoßen.

So hebt der Neurophysiologe Eccles die Gleichzeitigkeit hervor, in der eine große Zahl von Moduln im Gehirn aktiviert werden und an der Bildung unterschiedlichster raumzeitlicher Muster beteiligt sein können. Er vergleicht diesen neuronalen Vorgang mit der gleichzeitigen Aktivierung mehrerer Töne zu einem Akkord.

Aber: „Bei einem Akkord ist die höchstmögliche Anzahl von Tönen zehn, bei den Modulen können es Tausende sein.“[15]

Es kommt zur Ausbildung „modulärer Verknüpfungsnetze“ (Eccles).[16] Der Neurophysiologe W. Singer betont, daß alle „Wechselwirkungen im Gehirn“ als „hoch-nichtlinear“ anzusehen seien.[17]

Schließlich verwendet Eccles selbst eine Medienmetapher, um die Aktivierungsintensität der Moduln zu verdeutlichen: das Bild des aktiven Gehirns als Lichtmuster: „Wenn wir ... die Moduln auf der Oberfläche des Neocortex aufleuchten sehen könnten, dann wäre zu irgendeinem bestimmten Zeitpunkt auf einer Fläche von 50 cm^2 ein erleuchtetes Muster aus Moduln mit 0,25 mm Durchmesser zu sehen, die von dunkel über düster und heller bis zu leuchtend alle Schattierungen einnehmen. Und dieses Muster würde sich ständig, von Augenblick zu Augenblick, durch das Aufleuchten und Erlöschen einzelner Moduln verändern und ein funkelndes Gewebe aus 4 Millionen Moduln ergeben. Einen passenden Vergleich bietet ein Fernseh-Monitor, bei dem das Bild aus bis zu einer Million [sic!] Einheiten zusammengesetzt ist.“[18]

In Erweiterung einer Passage bei dem Neurophysiologen Singer zum visuellen System läßt sich sagen: „Durch Interaktionen zwischen Gehirn und Umwelt [zwischen Medien und Umwelt] werden Merkmale und Gesetzmäßigkeiten der Umwelt neuronal [und medial] repräsentiert.“[19]

Die Prozesse dieser ‘Repräsentation’ sind sicherlich in einigen Punkten – besonders in Hinsicht auf ihre Zeitlichkeit – vergleichbar.

Kehren wir mit der Medienzeit zur neuronalen Innenzeit, zum komplexen Präsens unseres Gehirns zurück? Gleicht sich der Entwurf einer sozialen Zeit den Strukturen der neuronalen Zeit an?

McLuhan hat bekanntlich mit zwei Kernthesen eine Antwort zu geben versucht, die im Lichte der neurophysiologischen Forschung neue Aktualität gewinnt:

– “all technologies are extensions of man”,
– “communication technologies are extensions of the central nervous system of man.”[20]

Wenn auf diese Weise in den Kommunikations-Medien unser zentrales Nervensystem nach außen gestülpt erscheint, wäre es kein Wunder, in den Medien unsere eigene Innerzeitlichkeit als Prozesse gleichzeitiger Verzweigung wiederzufinden, in denen die Grenzen zwischen Vergangenheit, Gegenwart und Zukunft aufgehoben sind.

II

Die Befunde sollen überprüft werden: zunächst am Beispiel des Nachrichtentransfers im Fernsehen.

(1) Die schematische Darstellung nebenan unterscheidet zeitlich vier Phasen des technisch-elektronischen Transfers von Daten und Bildern aus dem Bereich empirischer (Erst-)Wirklichkeit in den Bereich von Medien-(Zweit-)Realität:

- Aufzeichnen/Selektieren (I),
- Aktualisieren/Inszenieren (II),
- Speichern (III),
- Reaktualisieren (IV).

Die Phasen folgen im Normalfall zeitlich aufeinander; die Phasen der Aufzeichnung (I), der Speicherung (III) und die einer möglichen Reaktualisierung (IV) stehen gegenüber der dominanten Phase der Aktualisierung (II) im Verhältnis eines Früher bzw. Später. Bei Live-Schaltungen können bekanntlich die zeitlichen Intervalle zwischen 'Aufzeichnen' + 'Inszenieren': Auftauchen im Medienzeitfenster der Gegenwart und Absinken in den Speicher gegen null schrumpfen; das Intervall zwischen dem Verschwinden aus dem Gegenwartsfenster, dem Verweilen im Speicher und dem Zeitpunkt eines möglichen Wiederauftauchens im Medienzeitfenster einer späteren Gegenwart dagegen kann sich zu unbestimmter Länge dehnen.

Je nachdem also, wie die Intervalle zwischen den Phasen zu bestimmen sind: gegen null schrumpfend oder als zeitlicher Abstand wahrnehmbar, kann von tendenzieller Gleichzeitigkeit der Phasen (I), (II) und (III) oder von Zuständen des Früher (I) und Später (III) gegenüber einem Feld absoluter Gegenwärtigkeit (II) gesprochen werden. Die mögliche Reaktualisierung der *nach* einem Aufenthalt im Gegenwartszeitfenster der Monitore erschienenen Bilder aus dem Speicher stiftet ein neues Zeitverhältnis: der erneute Zugriff auf das abgesunkene, gespeicherte Bild, das die Geschichte seiner Aufzeichnung und Aktualisierung schon hinter sich hat, ereignet sich wiederum zukünftig früher als das folgende Wiederauftauchen auf einem Monitor zu einem späteren Gegenwartszeitpunkt. Die sich unbestimmt dehnende Verweildauer im Speicher erstreckt sich zwischen dem Zeitpunkt des Absinkens und dem des erneuten Zugriffs. Und es ist diese Zeitdauer, diese 'Geschichte', die sich dem reaktualisierten Bild eingeschrieben hat. Der

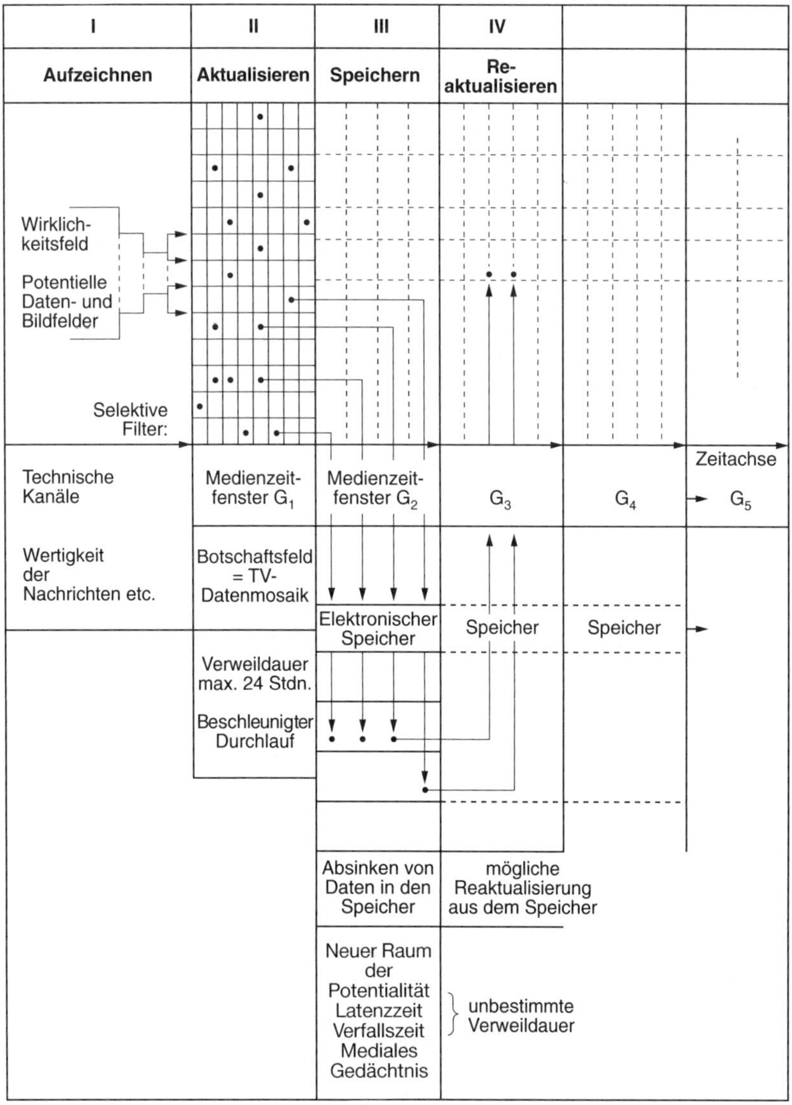

Symbolwert des aus dem Speicher reaktualisierten Bildes verändert sich gegenüber dem Wert, den es bei seiner Premiere im Medienzeitfenster einer schon vergangenen Gegenwart besessen hat. Bilder können mehrfach aus dem Speicher auftauchen und wieder präsent sein in späterer Gegenwart – sie können aber auch gänzlich dem Vergessen anheimfallen und schließlich mit dem Trägermaterial zerfallen. Eine mediale Zirkulation aber wird immer wahrscheinlicher: einmal aufgezeichnet durchlaufen die Zeichenströme immer wieder Phasen und Stationen ihres jeweils aktuellen Erscheinens in den Medienzeitfenstern und ihres zwischenzeitlichen Verschwindens in den Speichern. Die Beschleunigung dieses Prozesses von Erscheinen–Verschwinden–Erscheinen im jederzeit möglichen Replay verdeutlicht, was mit der medialen Dehnung des Gegenwartsfeldes gemeint ist. Der gerade vergangene Augenblick einer dramatischen Fußballtor-Szene wird aus dem Speicher des Recorders ohne zeitlichen Abstand reaktualisiert und der Gegenwart der Betrachtung wieder zugeführt. Im Replay ist das Intervall der Speicherzeit getilgt: zwischen einem Früher und Später bleiben kaum wahrnehmbare zeitliche Abstände. Für diesen technisch möglichen Fall der augenblicklichen Wiederholung einer live ausgestrahlten Szene über den eigenen Recorder können alle vier Phasen: Aufzeichnung (I) – Aktualisieren und Wiedergeben (II) – Speichern (III) – Reaktualisieren (IV) in einem verdichteten Gegenwartsfeld quasi gleichzeitig ineinander übergehen.

Intervall-Löschung ist das Prinzip von Vergegenwärtigung. Minimieren wir die zeitlichen Abstände zum Vergangenen und zum Zukünftigen, wird die Gegenwart zum alleinigen Schauplatz aller Zeiten. Überführen wir ständig Vergangenheit in die Gegenwart der Medienrealität – und Zukunft in die Gegenwart der Computer-Simulation –, so leben wir zunehmend im künstlichen Präsens abstandloser Augenblicke. Einzig und allein die Tatsache hartnäckiger Wiederkehr im Medienzeitfenster der Gegenwart sichert bestimmten Bildern (von Personen, Räumen, Ereignissen) eine gewisse zeitliche Dauer – über die ständige Bruchstelle von Erscheinen und Verschwinden, von Aufleuchten und Erlöschen hinweg. Andere Daten und Bilder bringen es nur auf wenige präsente Wiederholungen; ihre Zeichenspur auf den Monitoren bricht ab und verliert sich im Abgrund der Speicher. Die Zeitlichkeit des Speichers hat jene zwei Aspekte: einer Latenz-Zeit für diejenigen Aufzeichnungen, die im Medienzeitfenster späterer Gegenwart wieder erscheinen werden, und einer Verfallszeit für diejenigen Aufzeichnungen, die geringe oder keine Chancen haben, je reaktualisiert zu werden, bzw. einer selektiven Vernichtung anheimfallen.

(2) Die vier Phasen: Aufzeichnen (I) – Aktualisieren (II) – Speichern (III) – Reaktualisieren (IV) bezeichnen Zeitstufen oder besser Zeitschnitte im Gesamtprozeß der elektronischen Herstellung von 'Medienrealität'; Medienrealität erweist sich als ein Konstrukt *in der Zeit*; Medienrealität entwirft sich strikt gegenwärtig. Im Zeit-Konstrukt reiner Gegenwärtigkeit geraten die sich im Medienzeitfenster verdichtenden Zeichen- und Datenflüsse unter den Druck der Synchronisation. Verallgemeinernd gesagt erscheinen Zeichen, Daten, Bilder unterschiedlicher Herkunft in jeweils

einem gegenwärtigen Welt-Augenblick auf dem Bildschirm im Verhältnis der Gleichzeitigkeit. Die Aufzeichnungsphase (I) hat auf ihre Weise durch die Beschleunigung aller Vorgänge der elektronischen Bild-Ton-Aufzeichnung und der Übertragung durch hochfrequente Wellen Anteil an der technischen Herstellung von Präsenz.

Die Nachrichtensendungen des Fernsehens verschaffen allen Daten- und Bildflüssen, die die unterschiedlichen selektiven Filter passiert haben, in einem Zeitfeld von maximal 24 Stunden Dauer den Punkt ihrer Aktualisierung (II). Die besonders prominenten Daten und Bilder erfahren ihre Aktualisierung auf den Schirmen bekanntlich ohne jede zeitliche Verzögerung: nämlich live. Im Zeittakt von maximal 24 Stunden – in der Regel noch rascher – veralten die eingespeisten Daten: sie fallen als nicht mehr aktuell aus dem Zeitfenster. Im Zeitfenster medialer Präsenz kommt es somit zu starken Verdichtungen, da große Mengen von audiovisuellen Daten ihre Aktualisierung im engen Zeitfeld der Gegenwart anstreben. Einmal über die Zeitgrenze des Feldes hinausgeschoben, ereilt sie das Schicksal augenblicklichen Veraltens.

Dem Zeitfeld punktueller Präsentation entspricht das elektronische Botschaftsfeld des Fernsehens: in Lichtgeschwindigkeit wird über 13 Millionen Bildpunkte pro Sekunde jeweils ein Punktbild auf dem Bildschirm aufgebaut und wieder abgebaut: Wenn das herkömmliche Konstrukt kontinuierlicher Geschichtsabläufe aufgelöst erscheint in diskontinuierliche Sprünge von Gegenwartsfeld zu Gegenwartsfeld, von Zeitfenster zu Zeitfenster – dann wird technologisch im Punktraster-Bild des Fernsehens die Zeitzerlegung vorangetrieben bis ins Extrem von Punkt-Sprüngen im Nanosekundenbereich.

Die beschleunigte Abfolge aber dieser Sprünge erzeugt jene Form von Medienpräsenz,[21] die sich als augenblickliche Vernetzung und Verzweigung zu erkennen gibt: als Plateau der Gleichzeitigkeit von Gegenwartspunkten – als nichtlineares Netzwerk – schließlich als Dehnung der Gegenwart. Nicht mehr Punkt und Linie sind hier die Elemente des Zeitentwurfs, sondern Punkt und Feld. Gerade die ins Extrem vollzogene Zerlegung erweist sich als Bedingung einer ebenso beschleunigten Wiederzusammensetzung zu Feldern großer Punktdichte. Dieses mediale Zeitkonstrukt, das auf *Beschleunigung, Zerlegung, Sprüngen* und *Intervallauflösung* 'ruht', verabschiedet sich radikal vom Konstrukt geschichtlicher Zeit. Aber nicht vom 'Ende der Geschichte' ist zu sprechen, sondern von der Verabschiedung eines Konstrukts.

Nun könnte man einwenden, daß 'Geschichte' gerade in Form unbestimmter elektronischer Speicherzeit (III) 'wiederkehrt'. Die in den Speicher abgesunkenen Daten und Bilder verweilen, gebunden an ihre unterschiedlichen Träger, in einer Art Latenzzeit, die bis zu dem Zeitpunkt ihrer Reaktualisierung andauert. Damit werden neue Zwischenzeiten entworfen:

entstehen neue Intervalle, neue Markierungen eines Früher und Später. Jedenfalls sieht es so aus. Im Extrem wäre dieses Intervall im Fall der augenblicklichen Wiederholung im Replay als geschichtliche Dauer, als Abstand nicht wahrnehmbar; im Fall aber des Wiederauftauchens aus den Speichern nach – sagen wir – 100 Jahren Verweildauer erleben wir in alten Bild- und Tonaufzeichnungen die plötzliche Anwesenheit ferner Vergangenheiten im Fremdkontext unserer Gegenwart. Der Wahrnehmungsreiz besteht wesentlich in der Vermessung des Abstandes – damit in der Überraschung durch die Nähe des Fernen. Die alten Bild- und Tonzeichen gewinnen an Differenzqualität – und damit an *ästhetischem Wert.*

Hat dies alles noch etwas mit der Wahrnehmung 'geschichtlicher Zeit' zu tun? Das Konstrukt 'geschichtlicher Zeit', eines geschichtlichen Kontinuums ist untrennbar verknüpft mit dem Medium des Buches: den großen Literaturen und den großen Erzählungen. Anfang, Mitte und Ende sind die Grundmarkierungen erzählter Zeit. Zwischen diesen Zeit-Marken auf der Zeitlinie fließt die Zeit der erzählten Geschichte ab: in Richtung auf ein Ende. Über die narrative Setzung der Zeitmarken werden Intervalle überhaupt erst entworfen; im jeweiligen Intervall dehnt sich geschichtliche Zeit als Handlungs- und Ereigniszeit.

Demgegenüber ist Speicherzeit *leere oder tote Zeit*: Daten, Bilder und Zeichen überdauern *verborgen* in einem Versteck der Zeit. Genau in diesem Sinne ist die Verweildauer im Speicher Latenzzeit. Latenzzeit erscheint als unstrukturierte Zeitdauer, was die Unbestimmtheit der Ausdehnung und was das Fehlen eindeutiger Intervallgliederung betrifft; Anfang, Mitte und Ende kann es für die Latenzzeit im Sinne einer kontinuierlichen zeitlichen Abfolge, der geschichtlichen Ausrichtung auf ein Ende, nicht geben. Abrupt, ganz und gar okkasionell und unvorhersehbar ereignet sich das Heraustreten der Zeichen und Bilder aus dem Versteck der Zeit (IV). So kann ein momentanes kollektives Interesse plötzlich dazu führen, daß Zeichen und Bilder, die unbestimmt lange im Speicher verborgen waren, wieder ans Licht treten: auf den Monitoren als Licht-Bilder wieder in Erscheinung treten, um Zeichenspuren eines längst vergangenen Ereignisses, eines längst Vergessenen oder Verstorbenen mit den Zeichenspuren jeweils aktueller Wirklichkeiten unmittelbar zu vermischen. Tote und Lebendige treten in ein und demselben Kontext der Medienrealität auf, sind auf gleiche Weise zeichenhaft präsent, haben denselben symbolischen Status. Die Wahrnehmung 'geschichtlicher Zeit' verkürzt sich zur Wahrnehmung 'musealer Präsenz' im Gegenwartszeitfenster der Medien. Das Medium Fernsehen totalisiert das filmästhetische Verfahren der Zeitmontage, die auf die gleichzeitige Anwesenheit unterschiedlicher Vergangenheiten und Gegenwarten zielte. Im Tempo der Montage löst sich die geschichtliche Zeitordnung der Wirklichkeit auf. Televisionale Bilder und Zeichen erscheinen auf der Zeitfläche eines Mosaiks oder Netzes und nicht mehr innerhalb eines linearen Entwurfs von Anfang, Mitte und Ende. Damit büßen sie ihren Wert als *sukzessive* (historische) Zeichen im Zeitfluß ein und gewinnen einen neuen Wert als *okkasionelle* (ästhetische) Zeichen eines momentanen Mosaiks. Die Sinnqualität des alten historischen Zeichens (z.B. eines alten Gegenstandes/eines alten Bildes) schlägt um in die Differenzqualität des reinen ästhetischen (okkasionellen) Zeichens: und in diesem neuen Wert ruht alle Lust am Musealen.

Die Zeitlichkeit des Mediums Fernsehen ist weder im 'Bild' des Zeit*kreises* noch der Zeit*linie* faßbar – auch nicht im 'Bild' des Zeit*punktes*, sondern am ehesten im 'Raumbild' der Zeit*fläche*. Das Konstrukt punktueller Zeit[22] aber kommt dem Konstrukt flächenhafter Zeit am nächsten – insofern nämlich, als diese Fläche als Punkt-Verdichtung vorgestellt werden kann. Auf einer Zeitfläche stellen sich zeitliche Verknüpfungsmuster her; Zeitpunkte unterschiedlichster Temporalität fügen sich zu Zeitgestalten. Verschiedene Gegenwarten und Vergangenheiten erscheinen im multitemporalen Mosaik der Monitore. Statt von *einer* Zeitlinie im Modell des linearen Zeitflusses ist von einem Netzwerk unterschiedlicher Zeitlinien auszugehen; statt von der Einheit eines einzigen Zeitflusses, der in Richtung des Zeitpfeils abfließt, ist von der Vielheit unterschiedlicher Flüsse mit unterschiedlichen Fließrichtungen zu sprechen.

Die Metapher aber des Zeit-Flusses ist aufzugeben: zu sehr ist sie verknüpft mit der Vorstellung der Kontinuität: mit der ununterbrochenen Folge. In die Metapher des Zeitmosaiks oder Netzwerkes muß die Vorstellung von diskontinuierlich, in Zeitsprüngen wechselnden Konstellationen oder Zeitgestalten eingehen, um dem neuen medialen Sachverhalt gerecht zu werden. Wir nehmen diese Konstellationen oder Zeitgestalten wahr als Formen der jeweiligen Aktualisierung im Zeitfenster der Medien.

Es fällt schwer, an dieser Stelle der Analyse, die der Zeitlichkeit des televisionalen Mediums gewidmet ist, nicht Benjamins Begriff der Aktualisierung und der Vergegenwärtigung als Momente der säkularen Moderne zu zitieren.

Auf den ersten Blick ist es erstaunlich, wie nahe eine Bemerkung Benjamins zur Zeitlichkeit des barocken Trauerspiels unserer Beschreibung medialer Zeitlichkeit kommt: „Denn" – schreibt Benjamin – „fürs Vergegenwärtigen der Zeit im Raum – und was ist deren Säkularisierung anderes, als in die strikte Gegenwart sie wandeln? – ist Simultaneisierung des Geschehens das gründlichste Verfahren".[23]

In der Tat ist es das barocke Trauerspiel – vornehmlich das des Andreas Gryphius –, das sich der Zeitlichkeit 'nachkopernikanisch' vergewissert und den poetischen Versuch unternimmt, Zeit allegorisch zu veranschaulichen: und zwar in der Form der Vergegenwärtigung bzw. der Vergleichzeitigung des Geschehens in dem hier zur Verfügung stehenden Medium-Raum der Schaubühne.

Auf den zweiten Blick also wird deutlich, daß die allegorische Technik des barocken Trauerspiels im Medium des Theaters und die elektronische Inszenierung von Wirklichkeit im Medium des Fernsehens durchaus, zumindest in diesem Punkt, das gleiche Ziel verfolgen: nämlich Zeit in strikte Gegenwart zu wandeln durch Simultaneisierung des Geschehens. Einmal ereignet sich diese Transformation von Zeit in strikte Gegenwart im Kontext des Verlustes *heilsgeschichtlicher* Zeit und Gewißheit – zum anderen in unserem Kontext des Verlustes *geschichtlicher* Zeit und Gewißheit. Beide Male vollzieht sich diese Transformation im jeweils fortgeschrittensten Medium: des barocken 'Maschinentheaters' und der elektronischen Television. Einmal stehen wir im 17. Jahrhundert an der Schwelle zu einem neuen säkularen Zeit- und Geschichtsbewußtsein, zum anderen befinden wir uns vermutlich im Augenblick vergleichbar in einer Phase des Übergangs zu einer neuen Zeitordnung.

Benjamin hält an dem Begriff der Aktualisierung als Kennzeichen der Moderne – bekanntlich in Absetzung vom „bürgerlichen Begriff des Fortschritts“[24] – fest. In seiner Beschreibung des aktualisierenden (dialektischen) Bildes tauchen dann dieselben Begriffe auf, die zunächst ganz unabhängig von Benjamin unsere Beschreibung des medialen Zeitmosaiks geleitet haben:

- Konstellation (Zeitgestalt),
- sprunghaft (in Zeitsprüngen),
- blitzhaft (plötzlich, okkasionell).

Bei Benjamin heißt es – und sein Begriff des 'dialektischen Bildes' sei sofort als Begriff des Medien-Bildes überhaupt gelesen –:

„Nicht so ist es, daß das Vergangene sein Licht auf das Gegenwärtige oder das Gegenwärtige sein Licht auf das Vergangene wirft, sondern Bild ist dasjenige, worin das Gewesene mit dem Jetzt *blitzhaft* zu einer *Konstellation* zusammentritt. Mit anderen Worten: Bild ist die Dialektik im Stillstand. Denn während die Beziehung der Gegenwart zur Vergangenheit eine rein zeitliche, kontinuierliche ist, ist die des Gewesnen zum Jetzt dialektisch: ist nicht Verlauf sondern Bild(,) sprunghaft.“[25]

Der utopische Sinn der Benjaminschen Botschaft würde gegenläufig 'eingelöst' in der ebenso konkreten wie alltäglich-banalen technischen Leistung der globalen Medien, das Weltgeschehen in intensiven Augenblicken zeiträumlich zu verknüpfen und zu verdichten.

Im Zeitmoment des Blitzhaften und Sprunghaften tritt das immens „beschleunigte Tempo der Technik“ (Benjamin) zu Tage, das momentane Konstellationen zuläßt, aber keine Kontinuitäten – rasche Synchronisationen, aber keine geschichtlichen Entfaltungen. Im vergegenwärtigenden Zeitbild der Medien verschmelzen das Gewesene (irgendeines reaktualisierten Bild-Datums) und das Jetzt (der vielen aktualisierten Bild-Daten dieses geschichtlichen Augenblicks) in der Tat zu *einer* Konstellation: zu einem kurzfristig aufscheinenden Mosaik. Nur kennen die elektronischen, mosaikhaften Bilder keinen Stillstand. Wenn von Dialektik die Rede sein soll, dann wird es nicht mehr eine 'Dialektik im Stillstand' sein, sondern eine Dialektik zwar nicht des Verlaufs, aber eine des permanenten Wechsels: der Zeitsprünge.

Überblicken wir die Mediengeschichte seit dem Aufkommen der Fotografie als eine Geschichte der raumzeitlichen Distanzauflösung, so ist unschwer zu sehen, wie sehr sich die Aktualisierungs-Leistung der Medien gesteigert hat. Immer mehr Felder des Gewesenen sind medial eingemeindet: überführt ins 'Universum der Bilder'. Oder anders gesagt: immer mehr Augenblicke, Phasen und Perioden des Gewesenen sind medial präsent; immer mehr Bild- und Tonspuren des Gewesenen ruhen in der Latenz der Medienspeicher und können jederzeit medial wiederkehren im Zeitfenster einer beliebigen Gegenwart. Der Fundus, aus dem jede Reaktualisierung schöpft, ist ständig gewachsen.

(1) Schon die frühe *Fotografie* verschaffte den Zeitgenossen einen augenblicklichen Zugang zu dem, was gewesen ist – wie etwa Atgets Ansichten des alten Paris –, und zu dem, was gegenwärtig ist, aber als fern und entlegen nicht unmittelbar zugänglich – wie etwa die Ansicht der Pyramiden, fotografiert von Du Camp 1852, oder Ansichten der Kaiserin Eugénie 1860 von Le Gray oder Victor Hugos auf dem Totenbett 1855 von Nadar.

Mit dem bürgerlichen Familienalbum privatisiert sich diese Lust an der aufgehobenen Distanz. Jederzeit kann mich der Anblick eines alten Fotos in jenen Zustand 'magischer Zeugenschaft' (Barthes) versetzen; ich trete über die Licht-Spur, die das Wirkliche hinterlassen hat, in magischen Kontakt mit dem Gewesenen. Aus seinem Licht-Bild blickt mich der längst verstorbene Vorfahr an; oder ich begegne mir selbst als Kind in fernen, längst verschwundenen Räumen meiner Kindheit. Allemal stiftet das fotografische Museum *ästhetische Präsenz*.

(2) Der frühe *Film* verknüpft gewissermaßen die fotografischen Augenblicke über die weiten zeitlichen Zwischenräume, die sich zwischen den Einzelbildern des Albums dehnen – und verbildlicht zunächst zeitliche Sukzession in der Montage der Einzeleinstellungen.

Der Film aber schreitet fort zur Entdeckung und Thematisierung von Gleichzeitigkeit. Die Einheitlichkeit und Abgeschlossenheit der fotografischen Gegenwart wird dabei aufgebrochen. Die sog. parallele Montage setzt in der Regel zwei Bild- und Handlungsreihen – und damit zwei Gegenwartsstränge – ins Zeitverhältnis der Gleichzeitigkeit.

Die Zeit-Montage dann des nicht-narrativen Kinos synchronisiert Bilder in einem eher universalen Zeitrahmen; dabei wird der lokalzeitliche und

-räumliche Rahmen der parallelen Montage überstiegen; die gleichzeitige Anwesenheit nunmehr verschiedener Vergangenheiten und Gegenwarten beruht auf einer weiteren Zusammenziehung der Zeiten und Vernichtung von Zwischenräumen und Intervallen. Nichts anderes ist ja unter Vergegenwärtigung zu verstehen – nur erfaßt das Verfahren der Zeitraffung – oder im Benjaminschen Sinne: der Simultaneisierung – jetzt mehr Zeit-Daten als je zuvor. Im Zusammenhang der Zeitmontage erscheinen die Zeitdaten schon 'flächig' ineinandergeschoben als gleich-zeitig und gleich-nah.

(3) Was für das Montagekino in der simultanen Vergegenwärtigung des zeitlich Auseinanderliegenden immer noch an die besondere Form einer bestimmten ästhetischen Botschaft gebunden war, löst sich im *Fernsehen* aus dieser Bindung an die Einzelform. Das Prinzip rigider Aktualisierung beherrscht die gesamte Inszenierung von Medienrealität. Damit gerät alles Zeit-Geschehen, das im historischen Bewußtsein als kontinuierlich ablaufend entworfen war, in den beschleunigten medialen Prozeß seiner Zerlegung in Punktelemente[26] und seiner mosaikhaften Wiederzusammensetzung auf der Oberfläche der Monitore. Hier entstehen nicht mehr linear sich entfaltende *'Texte'*, sondern zerfaserte *Bildflächen*, auf denen Benjaminisch „das Gewesene und das Jetzt blitzhaft zu einer Konstellation zusammentrifft" – und wieder zerfällt.

(4) Die Bild-Simulationen des *Computers* vollenden (vorläufig) das Projekt der Moderne: zeitliche und räumliche Distanzen zu vernichten, alles in die Sichtbarkeit des Gegenwärtigen zu überführen. Die Simulationen vergegenwärtigen vergangene Ereignisabläufe ebenso wie zukünftige: in aktuellen Szenarien.

III

Mit der synthetischen Bildwelt der Computeranimation (CA) betreten wir eine vollkommen neue künstliche Welt, deren Zeitlichkeit sich noch einmal von der aller vorhergehenden Medien-Bildwelten unterscheidet.

Die über die Computeranimation erzeugten Bildfolgen ruhen bekanntlich auf Rechenprogrammen, nicht auf Abtastung, Zerlegung und Wiederzusammensetzung von Vor-Bildern in der empirischen Wirklichkeit. Erzeugung tritt an die Stelle von Nachahmung und Inszenierung. Hergestellt werden 'eigene Wirklichkeiten' zweiten oder dritten Grades, deren mögliche Ähnlichkeit mit der Erstwirklichkeit unserer Wahrnehmung *programmatisch* und nicht *mimetisch* zustande kommt, im Rückgang auf abstrakte Grundstrukturen – und nicht in Orientierung an konkreten Erscheinungen. Das 'alte' mimetische Verfahren scheint endgültig aufgegeben zugunsten eines simulatorischen Verfahrens, das nicht mehr auf der Ebene der Erscheinungen operiert, sondern auf der Ebene der zugrundeliegenden Strukturen oder Codes.

Sind diese Strukturen widerspruchsfrei und eindeutig verstanden, lassen sich Regeln für den Aufbau eines Wirklichkeitsbildes formulieren und jene Rechenprogramme entwerfen, aufgrund deren bestimmte Objekte, Erscheinungen und Abläufe simuliert und schließlich in Bildfolgen visualisiert werden können. Dabei entspricht jeder Bildpunkt einem Rechenvorgang – und eben keinem irgendwie gearteten Abbildungs- oder Abtastungsvorgang. Die ganze Bildfolge erscheint als schrittweise Überführung einer abstrakten Tiefenstruktur in eine konkrete, visuelle Oberflächenstruktur. Was dann wahrnehmbar wird, ist ein *Modell von Wirklichkeit*.

Wie läßt sich die Zeitlichkeit von Wirklichkeits-*Modellen* beschreiben?

Die Verbildlichungen der CA können sich in ihren modellhaften Entwürfen auf Objekte, Erscheinungen und Abläufe beziehen, die
(1) nicht *mehr* sind (aber 'real' waren),
(2) *noch* nicht sind (aber 'real' möglich sind),
(3) *nicht* sind (aber 'simulatorisch' möglich sind).

Einmal geht es um die simulatorische Einbeziehung dessen, was *gewesen* ist (1), und dessen, was *sein wird* (2) – dann aber auch um die simulatorische Erweiterung dessen, was *gegenwärtig ist*, um zusätzliche neue Formen, Strukturen oder Bilder (3).

In der uns noch vertrauten Sichtweise könnte man also sagen: das Operationsfeld der Simulation ist zweifellos die 'ganze Zeit'. Die Modelle lassen programmatisch vergangene Abläufe oder untergegangene Objekte aktuell wiedererstehen – oder nehmen Erscheinungen, die zukünftig sein können, vorweg – oder fügen gegenwärtig bestimmte Szenarien hinzu, die weder gewesen sind noch real sein werden.

Auf den ersten Blick vollendet die Computersimulation jene 'kognitive Meisterung von Zusammenhängen in Raum und Zeit', von der bei Elias die Rede war. Auf den zweiten Blick stellt sich die Frage, ob diese endgültige Meisterung nicht mit der Auslöschung der alten Zeitgrenzen, mit dem Verschwinden von Vergangenheit und Zukunft im traditionellen Sinne überhaupt erkauft ist – wie es Flusser annimmt.[27]

Die Zeitlichkeit des 'reinen Modells' ist 'reine Gegenwart'.

Schauen wir etwas näher hin: über CA-Simulationen von Vergangenem (1) können wir uns auf der Zeitachse beliebig weit in die Tiefe der Zeit hineinbewegen – immer vorausgesetzt, daß genügend Strukturdaten zur Verfügung stehen, um die Erzeugung eines Wirklichkeitsmodells zuzulassen.

Eine relativ kurze geschichtliche Zeitspanne war für den 10minütigen CA-Film: 'Paris 1789' zur 200-Jahr-Feier der Französischen Revolution zu überwinden. Die Simulation führt den Zuschauer durch Pariser Straßenzüge von 1789 bis zur Bastille. In aufwendiger Modellierung und mit komplizierten Lichtverhältnissen ausgestattet[28], wird der historische Raum mit seinen Bauwerken visuell rekonstruiert. Wir gehen durch das alte Paris und befinden uns doch ganz in einem algorithmischen Raum.

Auf gleiche Weise können wir in der Simulation eine altägyptische Tempelanlage als vollkommen intakten, überdachten Gebäudekomplex betreten – und überspringen eine Zeitdistanz von ca. 3000 Jahren. Eine Computeranimation im Rahmen der Champollion-Ausstellung in Straßburg 1992 simulierte diesen Gang durch den Tempel – mit dem doppelten Effekt, einerseits den Eindruck zu gewinnen, *als ob* wir mit den Augen an einen geschichtlichen Ort zurückgekehrt seien; andererseits, *als ob* eine geschichtliche Szene komplett in unsere Gegenwartszeit hineinmontiert sei. In jedem Falle aber stellt sich – hier eher kurzfristig – das Gefühl verwischter Zeitgrenzen ein. Daß dieses Gefühl der Zeitdiffusion jederzeit zur Irritation zu steigern ist, zeigen die Erlebnisse, die in einer ganz und gar geschlossenen Simulationskabine – oder schließlich im 'Cyber-Space' möglich werden.

Wenn mich der künstliche Raum vollständig umschließt und mir keine Außendaten realitätsstützend zur Verfügung stehen, erfahre ich den simulierten Zeit-Raum als quasi real und gegenwärtig – gleichgültig, ob sich die Simulation auf fernste Vergangenheit oder fernste Zukunft bezieht.

Eine Variante der CA-Simulation von Vergangenheiten stellt die wissenschaftliche Visualisierung eines „theoretisch angenommenen Verlaufsmodells"[29] dar: so können z. B. „die Annahmen beim Zusammenbruch von Sternhaufen zu schwarzen Löchern rechnerisch simuliert und visualisiert" werden – „ein nicht beobachtbarer Prozeß, der sich real in Milliarden von Jahren abgespielt hat",[30] läßt sich somit gegenwärtig wahrnehmen.

Dieses Beispiel verdeutlicht in extremer Form das Prinzip der Vernichtung räumlicher Strecken und zeitlicher Intervalle. Ein ferner kosmischer Vorgang erscheint plötzlich *hier* auf dem uns *nahen* Monitor. Milliarden von Jahren sind in einer ungeheuren Zeitraffung verkürzt auf das Zeitmaß menschlicher Wahrnehmung: auf die schmale Zeitstelle des Jetzt verdichtet.

Zu erkennen gibt sich wieder der Januskopf medialer Meisterung von Raum und Zeit: einerseits in der bislang unvorstellbaren *Erweiterung* des raumzeitlichen Horizonts – andererseits in der ebenso extremen *Verdichtung* des raumzeitlich Auseinanderliegenden im Gegenwartsfeld.

Die CA-Simulation erscheint in dieser Hinsicht als das bislang letzte Glied der medialen Evolution seit Fotografie, Film und Fernsehen: Erweiterung und Verdichtung erreichen maximale Werte.

Wenn sich die Aktualisierungsleistung der Vorgänger-Medien wesentlich auf das bezog, was *ist* und was *gewesen ist*, erstreckt sich die simulatorische Vergegenwärtigung erstmals auch in den Bereich dessen, was *sein wird* oder *sein könnte*. Die Erweiterung des zeitlichen Horizonts wird somit weit in die Zukunft angestrebt. Wenn wir den Sachverhalt der antizipatorischen Simulation in diesen Worten ausdrücken, muß auffallen, wie indifferent gegenüber den traditionellen Zeitdimensionen die Simulation verfährt: ob die Simulation 'ein theoretisch angenommenes Verlaufsmodell' zu einem Prozeß in der Vergangenheit oder in der Zukunft rechnerisch übersetzt, ist vom Vorgang der algorithmischen Erzeugung des Prozeßbildes vollkommen gleichgültig – entscheidend ist die Rechengrundlage.

Vergangenheit und Zukunft schrumpfen zu kaum wahrnehmbaren Spuren des Vorher und Nachher im erweiterten Gegenwartsfeld der Simulationen.

H. Lübbe kommt zu seiner These vom Schrumpfen der Gegenwart ohne jegliche Berücksichtigung der medialen Situation. Dessenungeachtet scheint er den gleichen Sachverhalt im Auge zu haben, wenn er schreibt, daß Gegenwartsschrumpfung bedeute, daß temporal die Vergangenheit der Gegenwart immer näher rücke.[31]

Die meisten antizipatorischen Simulationen sind uns aus der Praxis schon geläufig. Architekturbüros arbeiten mit dem CAD-Verfahren ebenso wie Automobil-Design-Studios; Medizin, Meteorologie, Raum- und Luftfahrt oder Ingenieurwissenschaften und Militärs machen je nach Objekt unterschiedlichen Gebrauch von antizipatorischen Simulationen. Immer geht es um Vorwegnahmen von Situationen, Abläufen, Katastrophen, von Bedienungs- und Benutzerverhalten etc. in visuellen Szenarien. Im simulatorischen Modell werden immer mehr Bereiche zukünftiger bzw. möglicher Wirklichkeiten in die Gegenwart des von uns Wahrnehmbaren und Erfahrbaren überführt. Immer mehr Bestände des traditionell der Vergangenheit oder der Zukunft Zugehörigen werden medial grenzauflösend vergegenwärtigt.

Aber als was erscheint uns dann Gegenwart? Am ehesten als 'Interface' und Schnittstelle der Zeiten – wo in ständig wechselnden Konstellationen die Schnitt-Punkte ober-flächig sich verdichten.

Diese Simulationen von vergangenen oder zukünftigen Erscheinungen sind auf einer abstrakten Ebene der Datenerfassung und -berechnung immer noch mit der Welt der konkreten Erscheinungen verbunden: das simulierte Automobil sieht aus wie das zukünftige reale; das simulierte Paris von 1789 sieht aus wie das gewesene reale etc.

Die Computeranimation löst sich aber inzwischen nicht nur von dem traditionellen Zeitrahmen, sondern überhaupt vom Realitätsrahmen der uns vertrauten Erscheinungen. Programmierbar sind bekanntlich neue *imaginäre* Szenarien, die den Bedingungen des 'natürlichen' (dreidimensionalen) Raums und der 'natürlichen' (dreidimensionalen) Zeit nicht mehr gehorchen. Die Erzeugung *virtueller Realitäten* (VR) fügt unserer empirischen Wirklichkeit etwas hinzu: die Erweiterung des zeitlich-räumlichen Horizonts ereignet sich aus der *Mitte des Gegenwartsfeldes* heraus. Hier öffnet sich ein Raum *intensiver Zeit*, der mit dem vertrauten Raum *extensiver* (linearer) Zeit nichts mehr zu tun hat.

Computeranimierte Prozesse in intensiver Zeit gehen somit noch einen Schritt über die flächigen Verdichtungen medialer Zeit hinaus, indem von Augenblick zu Augenblick diese Zeitfläche aufgebrochen wird. Bewegungen und Abläufe virtueller Realität stürzen – statt sich auf der Fläche zu verdichten – in die *Tiefe* eines neuen Zeitraums: einer neuen Raumzeit. „Die (neue) Maßeinheit der Dauer" – schreibt Virilio – „ist nicht mehr wirklich die Dauer, sondern ... die unendliche und konstante *Vertiefung* des Augenblicks."[32]

IV

Überblicken wir jetzt die Vergegenwärtigungs-Leistung der Bild-Medien, so lassen sich ohne weiteres Beziehungen zur kognitiven Leistung unserer innerpsychischen Bilder herstellen. Piaget[33] unterscheidet zwischen *reproduktiven* Bildern, die früher wahrgenommene Anblicke in Erinnerung rufen, und *antizipierenden* Bildern, die noch nicht stattgefundene Vorgänge vorstellen. Nehmen wir die *imaginären* Traum-Bilder unseres Inneren hinzu, wird deutlich, wie nahe technische Bild-Medien an die Formen *innerer*, bildhafter Vergegenwärtigungen von Gewesenem, Zukünftigem und rein Imaginiertem heranreichen.

Unsere *Erinnerung* stützt sich inzwischen nicht nur auf 'innere Bilder' und auf die in 'neuronalen Mustern' niedergelegten Inhalte, sondern vielleicht schon zu gleichen Teilen auf das Universum der 'äußeren Bilder' und auf die in den medialen Speichern abgelegten Daten. Auch unsere Erwartungen und vorlaufenden Vorstellungen sind nicht mehr ausschließlich auf die antizipierenden inneren Bilder unseres kognitiven Apparates angewiesen, sondern konstituieren sich über die algorithmischen *Außen*-Bilder der CA. Und unseren Traum-Bildern scheinen wir in den Bild-Räumen der virtuellen Realitäten wiederbegegnen zu wollen.

Mit Sicherheit sind wir längst in eine neue Phase der *Symbiose* von Mensch und simulatorischer Maschine eingetreten. Diese Symbiose ist auf der Ebene von 'Gehirn und Information' angesiedelt – und nicht mehr auf der von 'Auge und Natur' (Deleuze).[34]

In dem Maße, wie der Zeittakt der medialen Außenbild-Ströme sich dem *präsentischen* Zeittakt der Innenbild-Ströme angeglichen hat, erfahren wir die Symbiose als zunehmend intimer und intensiver.

'Innen' wie 'außen' herrschen annähernd dieselben Gleichzeitigkeits-Beziehungen zwischen den unterschiedlichen Bild-Aufrufungen: *neuronal* wie *medial* kann es zu fließenden und chaotisch rasch ineinander übergehenden 'Präsentationen' von erinnerten oder aufgezeichneten Bildern aus dem Gedächtnis oder den Speichern und Augenblicks-Bildern unmittelbarer Wahrnehmung oder Aufzeichnung kommen.

Neuronal wie *medial* kann das Gewesene, das Jetzt und als zukünftig Vorgestelltes 'blitzhaft zu Konstellationen zusammentreten' und wieder auseinanderfallen.

Die im wesentlichen *visuell* ablaufenden Vorgänge unseres Erinnerns, Erwartens, Vorstellens oder Imaginierens unterliegen keiner zeitlichen Ordnung: die inneren Bilder können sich gegenwärtig im Aufmerksamkeitsfeld unseres bewußten Erlebens übereinanderschieben und dort ihren Platz – oder besser: den Zeitpunkt ihres Erscheinens – auf ähnliche Weise behaupten wie die medialen Daten und Bilder den ihren im *Zeitfenster* der elektronischen Schirme.

Die Orientierung auf diesen Gleichzeitigkeits-Flächen – sowohl unserer inneren Aufmerksamkeit als auch der medialen 'Montagen' – erlernen wir nach und nach, indem wir bestimmten 'Zeichen-Mustern' den Index: 'vergangen', 'zukünftig', 'möglich' oder 'jetzt', 'real' zuweisen. So haben wir auch filmsprachlich gelernt, auf bestimmte 'Signale' chronologisch zu reagieren und z. B. nach einer bestimmten Überblende zu wissen, daß wir uns jetzt in filmischer Vergangenheit befinden.

Vergleichbar scheinen wir das zeitliche Chaos unseres Inneren nachträglich zu ordnen, indem wir die Erinnerungsbilder deutlich von laufenden Vorstellungsbildern oder Traumbildern unterscheiden; bei psychischen Krankheiten können bekanntlich diese Markierungen wieder verlorengehen. Medienzeit konfrontiert uns mit der Innerzeitlichkeit unseres Gehirns, Medienprozesse korrelieren mit Gehirn-Prozessen.

Das kognitive Präsens unseres bewußten Erlebens kehrt wieder in der fortlaufend sich herstellenden medialen Gegenwart. Wenn sich unsere Ich-Geschichte in inneren Bildern vergegenwärtigt, so synchronisieren sich die Welt-Geschichten im äußeren Bild-Fluß der Medien. Wenn unsere Aufmerksamkeit innere Bilder unterschiedlicher Herkunft auswählt, „um sie im bewußten Erleben erscheinen zu lassen" (Eccles/Jung)[35] – so müssen auch äußere Daten und Bilder mehrere selektive Filter passieren, um dann im Medienzeitfenster aktualisiert werden zu können.

Was aus dem bewußten Erlebnisfeld herausfällt, wird in neuronalen Mustern niedergelegt und auf ähnliche Weise gespeichert wie alle Daten und Bilder, die fortlaufend aus dem Gegenwarts-Zeitfenster der Medien absinken in die elektronischen Speicher – aus denen sie wieder erinnert und reaktualisiert werden können usw.

Schon das Foto fixierte einen Augenblick intensiver Aufmerksamkeit und einen Akt bewußten Erlebens, der sich graduell vom Strom der Normal-Wahrnehmung abhob – und überliefert damit ein prägnantes Bild des Gewesenen.

Die Phasen unseres medialen Transfer-Schemas: Aufzeichnen/Selektieren (I) – Aktualisieren/Inszenieren (II) – Speichern (III) – Reaktualisieren (IV) lassen sich unschwer als kognitive Phasen unserer Wahrnehmung überhaupt lesen:

- 'Suchscheinwerfer-Funktion der Aufmerksamkeit' – 'selektive Funktion des Bewußtseins' (I).
- 'Erscheinen auf der Bühne des bewußten Erlebens'[36] – Inszenierung der Inhalte (II).
- 'Niederlegen der Inhalte in Gedächtnisspuren' (Eccles)[37] (III).
- Wiederabrufen des kognitiven Gedächtnisinhalts, „wenn das entsprechende neuronale Muster aktiviert wird" (Eccles)[38] (IV).

Der bei Eccles zitierte Neurophysiologe Jung ist es, der hier die Metapher der 'Bühne des Bewußtseins' benutzt:

„Auf der Bühne des Bewußtseins stellen die verschiedenen Akteure, die aus unsichtbaren Bereichen hinter der Bühne heraustreten, die Inhalte der bewußten Erfahrung dar, die aus dem Unbewußten herausgerufen werden. Die unsichtbaren Bereiche hinter der Bühne entsprechen den Gedächtnisspeichern der inneren Welt und den sensorischen Reizen der Außenwelt. Beide werden durch Aufmerksamkeit ausgewählt, im bewußten Erleben zu erscheinen. Dieser Prozeß wird vom Spielleiter gesteuert, der den Willen und die Gefühle darstellt und der die Handlung und die Beleuchtung von Akteuren und Bühne durch Scheinwerfer der Aufmerksamkeit koordiniert, genauso wie wir bei willkürlicher und emotionaler Aktivität Wahrgenommenes und Gedächtnisinhalte auswählen" (Eccles/Jung).[39]

Die Bühnen-Metapher macht es uns leicht, den Bezug zum Monitor als Medien-Bühne herzustellen: der Monitor ist dann der Schauplatz selektiven Bewußtmachens von 'Inhalten' in jeweiligen medialen Inszenierungen; auf der Medien-Bühne erscheinen ausgewählte Bilder des Gewesenen und des Jetzt; sie werden mediensprachlich arrangiert, inszeniert und montiert zu Konstrukten von Medien-Wirklichkeit; die Zeitform entspricht dem *kognitiven Präsens*: als Schnittfläche unterschiedlicher Temporalitäten.

Wie gehen wir lebensweltlich mit diesen gleichermaßen *gedehnten* und *verdichteten* Gegenwartsfeldern um?

Erleben wir die 'Wiederkehr' der zeitlichen Komplexität innerer Bild-Ströme im Außen der medialen Bild-Ströme als Verunsicherung oder als Verstärkung?

Erfahren wir die gleichzeitige Anwesenheit von verschiedenen *Bild-Zeiten*, die wie unterschiedliche Züge aus unterschiedlichen Richtungen und Orten, mit unterschiedlichen Reisezeiten nur leicht zeit-versetzt in ein und demselben Zentralbahnhof eintreffen, als unübersichtliches Durcheinander oder als Vielfalt? Oder möchten wir es nur mit dem einen Zeit-Zug zu tun haben, der eindeutig aus einer eindeutig abgegrenzten Vergangenheit in einer eindeutig definierten Gegenwart eintrifft und ebenso eindeutig die Gegenwart wieder in Richtung auf eine bestimmte Zukunft verläßt? Genau aber dieses lineare Konstrukt mit all seinen praktischen Orientierungsvorteilen verliert in der Medien-Zeit seine Funktion. Lebensweltlich aber scheinen wir in vielen Bereichen unseres Alltags des einfachen Konstrukts geschichtlicher Zeit mit den vertrauten drei Abschnitten von Vergangenheit, Gegenwart und Zukunft auf der Linie der Zeit (noch) bedürftig zu sein.

Dessenungeachtet aber stehen uns plötzlich auch andere Formen des Zeit-Erlebens offen. Die Gesellschaften entwickeln sich nicht nur multikulturell, sondern auch multi-temporal. Wir lösen uns von der Herrschaft des linear-finalen Modells. Wir erproben Zeit-Reisen in beschleunigtem und verlangsamtem Tempo, gegen und mit dem Zeitpfeil, wir geraten in den Rausch der Gleichzeitigkeiten und der Zeit-Totale. Die Zeit-Erfahrung wird ästhetisch. Dazu paßt die Bühnen-Metapher der Neurophysiologen. Auf der Medien-Bühne wird vor allem ein *Zeit*-Schauspiel inszeniert, das formal nicht mehr als *Mimesis* des *Außen-Raums* der *Natur* zu betrachten ist, sondern als *Simulation* der *Innen-Zeit* unseres *Gehirns*.

Lebensweltlich waren und sind unsere sozialen Zeitmuster bezogen auf die regelmäßigen und kontinuierlichen Abfolgen z. B. der Wach- und Schlafphasen unseres *Körpers* oder der Tag- und Nachtrhythmen der *Natur* – aber auch auf dem irreversiblen (linearen) Prozeß des *körperlichen* Alterns.

Kulturgeschichtlich ging die Entwicklung nach Elias aus von „diskontinuierlichen, punktuellen, situationsbezogenen Form(en) des Zeitbestimmens in Richtung auf einen zunehmend enger geknüpften kontinuierlichen Zeitraster von hoher Allgemeinheit“[40] – wie er in der mechanischen Uhr-Zeit verbindlich wurde.

Wenn wir jetzt medienzeitlich mit vergleichbar diskontinuierlichen, punktuellen, situationsbezogenen und aktualisierenden Formen der Zeitigung konfrontiert werden, erleben wir die Abkoppelung vom gewohnten Zeitraster und seinen ursprünglichen Bezugsrahmen der *körperlichen* und *naturalen* Zyklen – und eine Ankoppelung an den Bezugsrahmen neuronaler Innenzeit.

Die Zeitigungs-Formen der Medien: von Fernsehen, Video, Animation – von Cyber-Space und Virtual Reality lösen sich von zyklischen und linearen Bezugsmustern der Körper-Zeit und der Natur-Zeit. Medien-Zeit korreliert mit Gehirn-Zeit – sowohl hinsichtlich der höheren Verschaltungsgeschwindigkeit der ‘noch nicht-linearen’ Wechselwirkungen (Singer) als auch der Gleichzeitigkeit in der Aktivierung mehrerer zeiträumlicher Muster (Eccles), der von Augenblick zu Augenblick wechselnden Muster-Konstellationen etc.

Körper-Zeit und Natur-Zeit und die von ihnen abgeleitete abstrakte Uhr-Zeit liefern das Maß für Bewegungen *im Raum*:

Gehirn- und Medien-Zeit legen das Maß fest für spirituelle Bewegungen rein *in der Zeit*.

Die Emanzipation von Körper, Natur und Raum und die neue Bedeutung von 'Gehirn' und Zeit läßt den kulturellen Paradigmen-Wechsel erkennen; Körper, Natur und Raum verschwinden nicht, sie verlieren aber ihre paradigmatische Leitfunktion.

Anmerkungen

[1] Erhard Oeser, Zeitpfeil und Zeithorizonte, in: Zeit-Räume. Zeiträume – Raumzeiten – Zeitträume, hrsg. von M. Bergelt und H. Völckers, München 1991, S. 176.

[2] Ders., o. c., S. 177.

[3] Roland Barthes, Die helle Kammer. Bemerkung zur Fotografie, Frankfurt a. M. 1985, S. 93.

[4] Ders., o. c., S. 99.

[5] August Sander, Antlitz der Zeit, München 1976, S. 15, 30.

[6] Roland Barthes, o. c., S. 95.

[7] Wolfgang Schivelbusch, Geschichte der Eisenbahnreise. Zur Industrialisierung von Raum und Zeit im 19. Jahrhundert, München 1977, S. 37.

[8] Ders., o. c., S. 37.

[9] Hermann Lübbe, Im Zug der Zeit. Verkürzter Aufenthalt in der Gegenwart, Berlin 1992, S. 18 f. Vgl. auch ders., im vorliegenden Band, S. 29–35.

[10] Roland Barthes, o. c., S. 97.

[11] G. C. Tholen, M. O. Scholl (Hrsg.), Zeit-Zeichen. Aufschübe und Interferenzen zwischen Endzeit und Echtzeit, Weinheim 1990, Einleitung, S. 3.

[12] Dies., o. c., Einleitung, S. 8.

[13] Niklas Luhmann, Veränderungen im System gesellschaftlicher Kommunikation und die Massenmedien, in: Niklas Luhmann, Soziologische Aufklärung 3, Opladen 1981, S. 314.

[14] Ders., o. c., S. 313.

[15] John C. Eccles, Die Psyche des Menschen. Das Gehirn-Geist-Problem in neurologischer Sicht, München 1990, S. 64.

[16] Ders., o. c., S. 68.

[17] Wolf Singer, Zur Selbstorganisation kognitiver Strukturen, in: Gehirn und Bewußtsein, hrsg. von Ernst Pöppel, Weinheim 1989, S. 57.

[18] John C. Eccles, o. c., S. 65.

[19] Wolf Singer, o. c., S. 47.

[20] Marshall McLuhan, Die magischen Kanäle (Understanding Media), Düsseldorf/Wien 1968, S. 52 ff., 79, 99. Zusammenfassung nach: F. und M. Emery, A choice of futures, Leiden 1976, S. 123.

[21] Peter Gendolla, Zeit. Geschichte der Zeiterfahrung, Köln 1992, vgl. dazu S. 91.

[22] Ders., o. c., S. 69 ff. (Punktzeit).

[23] Walter Benjamin, Ursprung des deutschen Trauerspiels, Frankfurt a. M. 1963, S. 218.

[24] Ders., Das Passagen-Werk, Bd. I, Frankfurt a. M. 1983, S. 574.

[25] Ders., o. c., S. 576f.

[26] Vilém Flusser, Für eine Philosophie der Fotografie, 5. Aufl., Göttingen 1991, S. 60f. u. a.; ders., Ins Universum der technischen Bilder, 4. Aufl., Göttingen 1992, S. 14, 26 u. a.

[27] Vilém Flusser, Ins Universum der technischen Bilder, 4. Aufl., Göttingen 1992, vgl. S. 138.

[28] Bernd Willim, Leitfaden der Computer-Grafik, Berlin 1989, vgl. S. 567.

[29] Dietrich von Hase, Computerfilm – State of the Art 1987, in: Simulation und Wirklichkeit, hrsg. von A. Schönberger, Köln/Berlin 1988, S. 148.

[30] Ders., o. c., S. 148.

[31] Hermann Lübbe, o. c., S. 94.

[32] Paul Virilio, Rasender Stillstand, München 1992, S. 78, 74.

[33] Jean Piaget, Bärbel Inhelder, Die Psychologie des Kindes, 3. Aufl., Olten 1976, S. 77.

[34] Gilles Deleuze, Das Zeit-Bild. Kino 2, Frankfurt a. M. 1991, S. 341.

[35] John C. Eccles, o. c., S. 76.

[36] Ders., o. c., S. 76.

[37] Ders., o. c., S. 227.

[38] Ders., o. c., S. 220/221.

[39] Ders., o. c., S. 76.

[40] Norbert Elias, Über die Zeit, Frankfurt a. M. 1988, S. 69.

MEDIEN, TECHNIK, ZEIT

Von ECKHARD HAMMEL

Zur Geschichte menschlicher Selbstwahrnehmung

> Offenbar haben wir einen bestimmten Raum in der Geschichte durchlaufen müssen, um uns davon Rechenschaft zu geben, wie wesentlich es für unser *Dasein*, wie man sagt, ist, die Zeit zu wissen.
>
> Jacques Lacan

Ausschließlich für *lebende* Wesen sei die Zeit von *entscheidender* Bedeutung, so lautet ein Satz Bergsons aus dem Jahre 1896. Tatsächlich ist die abendländische Geschichte der Auseinandersetzung des lebenden Wesens „Mensch" mit der Zeit so alt wie die abendländische Kultur. Sie reicht vom antiken Mythos bis zur gegenwärtigen Naturwissenschaft. Von jeher hat den Menschen die Verschränkung von Leben und Zeit, die er an sich und an den Dingen wahrnimmt, interessieren müssen. So wie man das Leben und seine Geschichte in Zeitspannen unterteilte, so hat man die Zeit selbst unterteilt in Perioden, Intervalle, Einheiten und Reihen, in Vor-, Gleich- und Nachzeitigkeit, in Vergangenheit, Gegenwart und Zukunft. Es gibt vielleicht nur eine Frage, die den Menschen mehr interessiert hat als die Frage nach der Zeit; das ist die Frage nach der Möglichkeit der Dinge außerhalb der Zeit.

Der philosophischen Tradition von Platon bis Kant ist eines gemeinsam: Man hat über Wesen und Unwesen der Zeit spekuliert, aber dem heutigen Leser dieser klassischen Schriften drängt sich der Eindruck auf, als hätte man sich wie notgedrungen mit ihr beschäftigt. Eine Skepsis gegen die Zeit und die zeitliche Verfassung des Lebens ist dem gesamten abendländischen Diskurs zu eigen. Diese Skepsis betraf insbesondere die Erfaßbarkeit des Phänomens Zeit. Erst mit der Phänomenologie seit Husserl und Heidegger wird die Zeit zum philosophischen Thema. Diese neuere Entwicklung ändert aber zum einen nichts daran, daß die Geisteswissenschaften eine Antwort auf die Frage, was Zeit sei oder wie sie zu erfassen sei, schuldig geblieben sind. Zum anderen muß man sehen, daß bislang auch die neueren philosophischen Arbeiten über Zeit, wenn sie nicht bloß historisches Material zusammentragen, viel mehr die Unerfaßbarkeit der Zeit als diese selber zum Thema machen. Anders verhielt es sich bei den Naturwissenschaften, die immer in weitaus stärkerem Maß zu definitiven Aussagen bereit waren. Im 17. Jahrhundert galt sie Newton als absolut; Anfang des 20. Jahrhunderts proklamierte Einstein ihre Relativität; innerhalb der Quantentheorie galt die Zeit als subjektive Zutat des Bewußtseins; unter den heutigen Laborbedingungen hat die Theorie der Selbstorganisation die Zeit in den mikroskopischen Systemen entdeckt und zum operationalisierbaren Faktor gekürt.

Bergson seinerseits legt der zitierten Bemerkung keinen wissenschaftlichen Zeitbegriff zu Grunde, er spricht weder von einer mikroskopischen noch von einer kosmologischen Zeit. Sein Monitum, der Mensch müsse sich deshalb für die Zeit interessieren, weil Leben und Zeit für ihn gleichbedeutend seien, ist an der konkreten Erfahrung der zeitlichen Begrenztheit des *physischen* Lebens orientiert. Wir werden im folgenden nach den Bedingungen fragen, die dem Menschen erst ein Wissen um seine Zeitlichkeit verleihen, ein Wissen, das Bergson in seinen Untersuchungen als Möglichkeit immer voraussetzt. Woher schöpfen wir das Wissen, daß wir lebende, das heißt zeitliche Wesen sind?

Im Werk Platons findet sich eine indirekte Diskussion dieser Frage. Im ›Phaidros‹ läßt Platon prognostisch das Problem der Schrift erörtern. Toth wird den Menschen die Schrift bringen, um deren Gedächtnis zu stärken, und der Gott Tamusz versucht ihm mit dem Argument davon abzuraten, daß die Menschen, indem sie das Schreiben, die Kunst der *hypomnesis* erlernten, ein Gedächtnismedium zur Verfügung hätten, das ihre *mneme*, ihre „lebendige" Erinnerung, nicht stärken, sondern schwächen würde. Diese Konduktion von Lebendigkeit und Erinnerung teilt Platons Lehre von der *anamnesis* mit Bergsons Gedächtnistheorie. Folgend differenzieren wir gemäß der Platonischen Unterscheidung „*mneme* versus *hypomnesis*" in „Erinnerung versus Gedächtnis". Unter den Begriff „Gedächtnis" werden wir also das Problem der Schrift fassen, das wir allerdings über „Schrift" im engeren Sinn hinausgehend auf Technik und insbesondere auf Kommunikationstechnik hin ausweiten. Die Schrift ist ein Medium der Vermittlung, das das Subjekt mit anderen Subjekten oder mit sich selbst (z. B. in Gestalt der Notiz als Erinnerungsstütze) vermittelt. Ein solches Medium der Vermittlung stellt aber genaugenommen jedes technische Instrument dar, allein schon deshalb, weil es einen Wunsch mit seiner Realisierung vermittelt.

Daß der Prozeß der Ersetzung der lebendigen Erinnerung durch das tote Gedächtnis (vielleicht dem Aufkommen von Schrift entsprechend) längst stattgefunden hat, davon geht die folgende Untersuchung aus. Anhand des historischen Wechselverhältnisses zwischen den Wissenschaften vom Leben und vom Menschen (Medizin, Biologie) und den mathematisch-technischen Wissenschaften werden wir folgend einen Streifzug durch die Geschichte des technologischen Gedächtnisses unternehmen, um dann die Aspekte im Hinblick auf unsere gegenwärtige Situation zusammenzuführen.

I

Der neuzeitliche Wissensbestand von der *physis* orientierte sich an der Entwicklung der Mechanik. Die mechanistische Weltanschauung, die ihren paradigmatischen Ausdruck in Isaac Newtons Physik von 1687 findet, schlägt sich in der gebräuchlichen Wortwahl nieder, mit der man etwa vom 16. bis zum 18. Jahrhundert die Natur beschrieb. Das bekannteste mechanistische Modell einer solchen Beschreibung – und darin kamen selbst Rationalismus und Empirismus überein – dürfte das Uhrenmodell darstellen, das Descartes, Spinoza, Hobbes, Leibniz und andere zur Beschreibung des Leib-Seele-Zusammenhangs heranziehen. Da diese Analogiebildung zwischen Mensch und Maschine das historisch adäquate Beschreibungsmodell der *physis* im allgemeinen und der *physis* des Menschen im besonderen ausmachte, bedeutete sie immer mehr als eine bloße Metaphorik: Der menschliche Körper wird in der Neuzeit als ein nach den Gesetzen der Mechanik funktionierender Automat interpretiert. Berühmt geworden ist dieses mechanistische Modell insbesondere als Descartes' Inbegriff der körperlichen *res extensa*. Selbst Kant spricht vom Körper noch als „Hebezeug", und in seiner Anthropologie bezeichnet er Mann und Frau als zwei Maschinentypen, in deren ersteren Gott mehr „Kraft", in deren letzteren er mehr „Kunstfertigkeit" gelegt habe. (Die Frau repräsentiert nach Kant also eine reinere Maschine, bei der im Gegensatz zur männlichen *dynamis* die Komplexität der Mechanik entscheidend ist.)

Komplementär zur Entwicklung der Mechanik fanden die kapriziösen Forschungen der Mediziner seit dem 16. Jahrhundert statt, mit denen die erste wissenschaftliche Lehre von der *physis* des Menschen und auch der Tiere, die Anatomie, ihren Aufschwung nahm. Sie gehören zusammen, die physikalisch-technische Mechanik und die Anatomie, die den Körper als Mechanismus begreift. Bereits im Paris des Jahres 1534 fand im geheimen Kreis eine Sektion Hingerichteter statt, der ein damals neunzehnjähriger Gelehrter namens Andreas Vesalius beiwohnte. Vesalius' berühmtes Werk ›De Humani Corporis Fabrica‹ sollte mit seiner Publikation 1543 die wissenschaftliche Anatomie begründen. (Es war keine harmlose Zeit, diese Zeit, in der sich Männer wie Vesalius wegen zeitweiliger Exhumierungsverbote genötigt sahen, Leichen zu stehlen, und in der man versuchte, im Zusammenhang der Inquisition eine wissenschaftliche Begründung der Seele zu erlangen.) Rund hundert Jahre nach Vesalius sind diese anatomischen Untersuchungen zu einer Selbstverständlichkeit geworden. So schreibt Descartes in der nach seinem Tod veröffentlichten ›Beschreibung des menschlichen Körpers und aller seiner Funktionen‹ von 1664: „Es gibt sicher niemanden, der nicht hin und wieder den Sektionen verschiedener Tiere zugesehen hätte."

Zahlreiche Beispiele aus der Literaturgeschichte geben dieses Wechselverhältnis von Anatomie und Mechanik wieder, so etwa E. T. A. Hoffmanns bekannte Geschichte ›Der Sandmann‹ von 1755: Die Figur der Olimpia ist keine mittelalterliche Hexe, sie ist eine nach den Gesetzen der Mechanik konstruierte Frau, die ihren Verehrer in beträchtliche Verwirrung stößt. Ohne Frage ist Hoffmann mit dieser Erzählung den entscheidenden Vermittlungsstellen zwischen Mensch und Maschine viel genauer auf der Spur als die Philosophen mit ihrem Diskurs über Gott, Seele, Freiheit und Unsterblichkeit. Seine Erzählung zeigt, daß Mensch und Maschine in ein Verhältnis intimer Reversibilität getreten sind; eine Beziehung, die selbst irreversibel ist.

Auf kommunikationstechnologischer Ebene korrespondiert diesen historischen Paradigmen der Mechanik und der Anatomie die *hypomnesis* in dem Sinn, den Platon ihr im ›Phaidros‹ verleiht: Der Mechanik und der Anatomie korrespondiert das Medium der Schrift. Es war die Zeit der Etablierung des Buchdruckes (seit Mitte des 15. Jahrhunderts) und der Briefpost (seit Ende des 15. Jahrhunderts). (Nicht zuletzt deshalb ist uns ein aufschlußreicher Teil historischer Philosophieliteratur, beispielsweise die Briefwechsel von Leibniz, erhalten geblieben.) Die erste Postverbindung beziffert man mit dem Jahr 1495, der Einrichtung der Droschkenverbindung zwischen Wien und Brüssel. Anfang bis Mitte des 17. Jahrhunderts waren in ganz Europa die Briefkästen auf dem Vormarsch. Damals mußte ein Teilnehmer am Postverkehr eine gedoppelte Zeitspanne lang warten, bis er wußte, daß eine Botschaft ihren Empfänger erreicht hatte, bis er selbst nämlich per Antwortschreiben mit seiner Botschaft rückgekoppelt wurde. Diese historischen Typen des Schriftmediums bedürfen nicht nur eines materiellen Trägers, sie bedürfen auch eines physischen Kontaktes. Ein Buch muß aufgeschlagen, ein Brief weitergereicht werden. Das Postwesen entspricht in diesem Sinn einer Art mechanisch verlängerter Anatomie. Das Transportsystem zur Nachrichtenübermittlung bei der Briefpost verlängert und erweitert im Grunde nur die physische Begrenztheit der menschlichen Anatomie. Es fußt auf den gleichen materiellen Parametern, die für das Geben und Nehmen zwischen Absender und Empfänger gelten.

Die Folgerungen, die daraus zu ziehen sind, sind paradox. Gerade insofern man innerhalb der Epoche der Mechanik der Zeit unterworfen ist, gerade deshalb stellt sie noch kein *fundamentales* Problem dar. Kants aus den Gesetzen der Mechanik abgeleiteter Zeitbegriff des „Schematismus" beispielsweise ist längst nicht von einem so dramatischen Gehalt wie der Heideggers im 20. Jahrhundert. Auch die Mechanik Newtons trägt die Züge der relativen Bedeutungslosigkeit der Zeit der Galileischen Physik. Die reversiblen Strukturen des Raumes sind die entscheidenden Größen, nicht aber die Zeit, die man aus ihnen ableitete. Sicherlich erfolgt im 17./18. Jahrhundert erstmals eine wissenschaftliche Befassung mit dem Thema „Zeit", aber man darf diese naturwissenschaftlichen Paradigmen nicht losgelöst von der religiösen Verfassung des Abendlandes sehen: die *relative* Bedeutungslosigkeit der Zeit partizipiert noch an der religiösen Auffassung vergangener Jahrhunderte, daß die Zeit nämlich der „falschen Welt" angehöre und daß die eigentliche Welt zeitlos sei.

II

War die Zeitspanne vom 17. bis zum 18. Jahrhundert von der Frage nach der *mechanischen Funktionsweise* ihres Untersuchungsgegenstandes bestimmt, so lag der entscheidende Akzent im 18. und 19. Jahrhundert in der Erforschung des Problems der *Kraft*, eines im Vergleich zum Mechanismus weitaus „immaterielleren" Gegenstandes. Das Wissen der beginnenden Moderne entwickelte eine *hypomnesis* der Erzeugung, Bändigung und Regulation der Kraft, die unabdingbar war für die industrielle Produktion. In der Entwicklung der Dampfmaschinen und der elektrischen Maschinen von Experimentierapparaturen hin zu industriellen Werkzeugen lagen die entscheidenden technischen Neuerungen. Die Erfindung der ersten Dampfmaschine durch den Grubeningenieur Thomas Newcomen und den Militärtechniker Thomas Savery Ende des 17. Jahrhunderts erfährt ihre technische Blütezeit mit der Weiterentwicklung durch James Watt Mitte des 18. Jahrhunderts, welche erst zur kommerziellen Nutzung der Dampfenergie in Schiffs-, Eisenbahn- und Maschinenbau führte: George Stevenson entwickelte die Lokomotiven "Locomotion" und "Rocket", die 1825 beziehungsweise 1830 für Geschwindigkeitsrekorde sorgten; der Eisenbahningenieur Isambard Brunel baute Anfang bis Mitte des 18. Jahrhunderts die ersten erfolgreichen Ozeandampfer. James Nasmyth, einem Studenten Henry Maudslays, des Vaters des Werkzeugmaschinenbaus, gelang 1834 die Entwicklung des "Steamhammer", des Dampfhammers, mit dem das Fundament der industriellen Revolution gelegt wurde. Im Katalogtext zur Weltausstellung 1851 wurde begeistert auf die Regulationsmöglichkeit der Kraft verwiesen: Der Dampfhammer besitze nicht nur kolossale Stoßkraft, er sei auch im Stande, eine Eierschale bloß anzubrechen. 1869 verwandelte Aristide Bergès mit Hilfe einer Turbine die Energie des Wassers in Elektrizität; 1871 konnte Zénobe Gramme der Pariser Akademie der Wissenschaften seinen Dynamo präsentieren, der die Erzeugung von Gleichstrom ermöglichte. Ein Jahr nach der ersten Weltausstellung für Elektrizität, die 1881 in Paris veranstaltet worden war, gelang es den Ingenieuren Deprez und von Miller, eine Ladung von über 1300 Volt 53 Kilometer von Miesbach nach München zu leiten. Die Erforschung der Elektrizität stellt neben und mit der Entwicklung der Dampfmaschine das Diskrimen zur Technologie der vorhergehenden Jahrhunderte dar.

Dazu komplementär entwickelte sich die Wissenschaft der Physiologie, die Schopenhauer als den Gipfel aller Wissenschaft von der Natur bezeichnen wird. Gewiß waren Probleme der Physiologie zu allen Zeiten Thema philosophischer und medizinischer Betrachtungen (beispielsweise würde die vorsokratische Philosophie nach Aristoteles „Physiologie" sein), zum Schwerpunkt wissenschaftlicher Forschung wurden sie jedoch erst 1833–40 mit Johannes Müllers ›Handbuch der Physiologie des Menschen‹. Im Gegensatz zum Fortschritt der Anatomie galt die Galensche Medizin in Gestalt der Elementenlehre innerhalb der Physiologie noch bis ins 19. Jahrhundert. (Selbst William Harveys Untersuchungen des Blutkreislaufs zu Anfang des 17. Jahrhunderts waren noch deutlich an der Anatomie orientiert.) Sie gehören zusammen, die physikalisch-technische Dynamik und die Erforschung der Energie liefernden Stoffwechselprozesse.

Auch hier finden sich entscheidende Formen des Aufschlusses über das Verhältnis von Mensch und Maschine in der Literatur. Es ist nicht mehr der Automatenmensch Hoffmanns; es ist nunmehr der Kraftmensch diejenige literarische Figur, die sich – vermittelt über Nietzsches dynamistische Affektentheorie und seine Kreation des Übermenschen – bis in die Zeit des Faschismus des beginnenden 20. Jahrhunderts hält. Die gesamte Schauerromantik dieser Zeit beispielsweise basiert auf dem Problem Kraft, insbesondere der unzähmbaren, bösen Kraft. Auf der Seite der Frauenfiguren hat sich Hoffmanns Olimpia zu Wagners Walküre gemausert. Die Walküre ist kein Automat mehr, sie ist ein Kraftwesen, das dem Mann in nichts nachsteht. Insbesondere eine Figur wie Villiers elektrische «L'Eve Future» (1886) zeigt den Paradigmenwechsel von der Mechanik zur Dynamik.

Für die Epoche der Mechanik war die Zeit offenbar kein Gegenstand, der einer genaueren Reflexion würdig gewesen wäre. Erst mit der Entdeckung der Dynamik und dem Problem der Kraft und damit eng verbunden ihrer Regulation wird die Zeit zu einem ernstzunehmenden Problem. Die Anwendung und Umsetzung von Kräften bedarf eines der Zeit unterworfenen Haushaltens. Daß die *dynamis* sich verbraucht, dies brachten am eindringlichsten die 1862 von Rudolf Clausius reformulierten thermodynamischen Hauptsätze zum Ausdruck. Tatsächlich ist es die Zeitspanne vom 18. bis zum 19. Jahrhundert, die die Zeit im eigentlichen Sinn entdeckt. Wird die Zeit zunächst als eine Funktion des technischen Fortschritts bedeutsam, so passen sich auch die Geisteswissenschaften diesem Paradigmenwechsel an. Im Anschluß an das Enzyklopädiewesen etabliert sich nicht nur eine Geschichtswissenschaft, nahezu jeder Wissenschaftszweig entwickelt seine eigene historische Forschung.

1844 wurde die erste Telegraphenleitung zwischen Washington und Baltimore eingerichtet. In dieser Technologie der telegraphischen Interaktion, deren rasante Entwicklung Samuel Morse Ende der 30er Jahre ermöglichte, repräsentiert sich der kommunikationstechnologische Standard dieser Zeit. Die Rückkopplungsschleife zwischen Sender und Empfänger auf der Ebene der Telegraphie ist im Gegensatz zur Briefpost deutlich minimiert. Indem sich dergestalt die Zeit des Wartens verkürzte, verkürzte sich auch die Zeit selbst. Die Telegraphie bedurfte noch des materiellen Trägers. Bevor man sich drahtloser Kommunikationsmedien bedienen konnte, mußten Telegraphenleitungen installiert werden, die die Energie in Gestalt der Signale übermittelten. Und so wie das *hypomnestische* System „Briefpost" einer mechanischen Erweiterung der Anatomie entsprach, so entsprach das *hypomnestische* System „Telegraphie" einer Erweiterung der physiologischen *dynamis*. Die Analogie der externen Kommunikation zur internen Kommunikation, den physiologischen Transportwegen (Adern, Nerven usw.), ist offensichtlich, und man hat sich nicht nur in der Literatur mit ihr auseinandersetzen müssen: Wie eine philosophische Replik auf die Erfindung der Telegraphie erschien vierzig Jahre später Ernst Kapps Arbeit ›Grundlinien einer Philosophie der Technik. Zur Entstehungsgeschichte der Cultur aus neuen Gesichtspunkten‹. Kapp interpretierte darin die nunmehr etablierte Telegraphie als Projektion des menschlichen Nervensystems. Die Pointe seiner Spekulation über die Entstehungsgeschichte von Kultur und Technik liegt in der Zusammenführung von menschlicher *physis* und Maschine. Seine Überlegungen basieren auf dem einfachen Gedanken, daß die Gebrauchsdinge vom Menschen hervorgebracht sind und daß es deshalb eine – wenn auch nur spekulativ – beschreibbare Beziehung zwischen Körper und Maschine geben müsse. Diese Beziehung zwischen Körper und *hypomnestischem* Ding inszeniert Ende des 19. Jahrhunderts der berühmte Gerichtspräsident Daniel Paul Schreber. In seinen 1903 publizierten ›Denkwürdigkeiten eines Nervenkranken‹ dokumentiert er sein Leben. Diese Autobiographie stellt – darauf haben Mannoni und Kittler aufmerksam gemacht – eine reflexive Parade auf die Kommunikationstechnik des 19. Jahrhunderts dar. Schreber nämlich begreift seine gesamte Innerlichkeit mit den Zentren Rükkenmark und Gehirn als ein physiologisches System, vernetzt nach dem Modell der Telegraphie – übrigens gemäß den theoretischen Prämissen seines Psychiaters, des Neurologen Paul Flechsig, der 1876 seinen entscheidenden Beitrag innerhalb der Geschichte der Neurophysiologie mit seiner Veröffentlichung über ›Die Leitungsbahnen im Gehirn und Rückenmark des Menschen‹ leistete. Schreber zeigt hier nicht mehr und nicht weniger, als daß die Dinge in der Rückwirkung auf den Körper diesen erst repräsentierbar machen. Schreber bewerkstelligt nicht nur diesen reflexiven Umweg der Interpretation seines *physischen* Körpers auf dem Hintergrund der zeitgenössischen Technologie: Was sein Delirium über die Strahlenverbindung zwischen ihm und dem Anderen anbelangt, so antizipieren seine Aufzeichnungen sogar die naturwissenschaftlich-technischen Forschungsinteressen des frühen 20. Jahrhunderts. Man muß hinzufügen, daß das große Rätsel für die Medizin des endenden 19. Jahrhunderts, die Hysterie – im Gegensatz etwa zum Problem der Hypochondrie, mit der sich der Diskurs der Medizin im 18. Jahrhundert aufwendig beschäftigt –, ebenfalls die Parameter der Dynamik impliziert: Charcot und seine Kollegen in der Salpetière versuchten die geheime Kraft zu entschlüsseln, die den Körper in der Konversionsneurose schüttelte.

III

James Maxwells Analyse des Elektromagnetismus Mitte des 19. Jahrhunderts kann als einer der Hauptausgangspunkte der wissenschaftlichen Entwicklungen um die Jahrhundertwende und danach gelten. Es gab kaum eine technisch-naturwissenschaftliche Disziplin, die nicht mit seiner Entdeckung experimentiert hätte. So hatte 1894/95 auch Wilhelm Röntgen Experimente gemacht – mit einem Ergebnis, das weitaus mehr bewirken sollte als bloß eine Revolution auf dem Gebiet der medizinischen Diagnosetechnik. Henri Becquerel experimentierte 1896 mit der Entdeckung Röntgens und stieß bei der Untersuchung einer Uranverbindung auf die elektromagnetisch reagierenden Phänomene, die heute Gamma-Strahlen genannt werden. Von den Experimenten Becquerels und Röntgens inspiriert, gelang den Physikern Marie und Pierre Curie um die Jahrhundertwende der Nachweis zweier radioaktiver Elemente, Polonium und Radium.

Der Gegenstand der physikalischen Forschung in der ersten Hälfte des 20. Jahrhunderts liegt in der Welt des Unsichtbaren, der „Welt der Strahlung". Im Vergleich zu klassischer Mechanik und Dynamik ist der Untersuchungsgegenstand in einem noch höheren Grad „immateriell". Die Untersuchungen, die über diese „Welt der Strahlung" angestellt wurden – Albert Einsteins Lichtquantentheorie von 1905 ist die vielleicht berühmteste dieser Untersuchungen –, führten konsequenterweise zur Atom- und Elementarteilchenphysik unserer Tage. Ungeachtet der „Teilchen-Welle-Diskussion" handelt es sich durchgängig um Phänomene der Strahlung, ihrer Perioden und Frequenzen, deren Grundlage das Problem des atomaren Energiezustands bildet.

Mit der fortschreitenden Immaterialisierung der *physis* durch die Naturwissenschaften ergab sich evidentermaßen eine Diskrepanz zwischen dem sinnlich unmittelbar Wahrnehmbaren und den nur vermittelt über technische Apparaturen wahrnehmbaren Eigenschaften der Natur. Wahrnehmung und Bewußtsein der Menschen erwiesen sich als hochgradig selektiv und imaginär, sie entsprachen plötzlich nicht mehr der realen *physis*. Heisenberg hat dies 1959 in einem Kommentar zur Kopenhagener Deutung der Relativitätstheorie indirekt zum Ausdruck gebracht, indem er feststellte, daß der Mensch bei der Untersuchung der Welt Beobachter und Mitspieler zugleich sei. Daß Ort und Geschwindigkeit eines Quantums nicht synchron angegeben werden konnten, war für die Physik des frühen 20. Jahrhunderts Zeichen für die Differenz zwischen den Dingen und dem menschlichen Bewußtsein, welches sich – ähnlich wie bei dem Problem der physikalischen Formulierung des Lichts – offenbar in den Untersuchungsprozeß einmischte. Diese Eigenmacht des menschlichen Bewußtseins, sei sie klärend oder fälschend verstanden, hat die gesamte Erkenntnistheorie von damals bis heute entscheidend beeinflußt. Das Bewußtsein nämlich galt als spezielle Auszeichnung des Menschen. Mit der Hypothese über dieses aktive Bewußtsein ließ die Quantenphysik dem Menschen noch die Illusion seiner Subjektivität.

Auf kommunikationstechnologischer Ebene überlappen sich in der ersten Hälfte des 20. Jahrhunderts zahlreiche Entwicklungen. Ein Professor der Stimmphysiologie namens Alexander Bell hatte 1876 ein Patent angemeldet. Aus der Weiterentwicklung der Telegraphie heraus erfand er das Telefon, bei dem bekanntlich menschliche Stimmen über große Distanzen übertragen werden können. Das klingt heute banal, heißt aber doch, und darin bestand auch das Hauptproblem bei seiner Konstruktion, daß menschliche Stimmen in elektrische Signale umgewandelt werden müssen, bevor sie am anderen Ende der Leitung wieder als Stimme hörbar gemacht werden können. Es ist eine simple Tatsache, die es aber doch in sich hat: Dem Empfänger des Briefes war immer klar, daß er es nicht mit dem Absender zu tun hatte, denn er hielt ein Stück Papier in seinen Händen, welches möglicherweise seinen Absender schon überdauert hatte, als der Empfänger ihn öffnete. Diese Zeitspanne zwischen Senden und Empfangen war identisch mit der Differenz zwischen Kommunikationsmedium und Mensch. Auch bei der Telegraphie mußten die Tonsignale des Morsealphabets noch in eine verständliche Sprache übersetzt werden. Das Telefon hingegen sorgte für den Fortschritt der Indifferenzierung zwischen *hypomnestischem* Ding und der menschlichen *mneme*, denn durch die zeitliche Reduktion der Rückkopplungsschleife verschwand es gleichsam vor der unmittelbaren Präsenz des Anderen, die es freilich gerade dadurch erst ermöglichte.

Es gab in dieser Hinsicht aber noch bedeutendere Apparaturen, deren zunächst heimliche Erfindung zu öffentlichen Institutionen avancierte. Ende der 80er Jahre des 19. Jahrhunderts hatte der Helmholtz-Schüler Heinrich Hertz versucht, die Maxwellsche These über magnetische Wellenstrahlung experimentell nachzuweisen. Hertz fand tatsächlich eine Strahlung vor, die

die Wellenbewegung des Lichts gigantisch überstieg. Deren Bedeutung wurde allerdings erst fünf Jahre nach seinem Tod deutlich, als nämlich 1901 die erste drahtlose Funkverbindung von Cornwall zum Signal Hill in Neufundland über 3000 Kilometer gelang.[1] Mit dieser Funkverbindung waren die Grundlagen für eine weitere Entwickungslinie gelegt: Guglielmo Marconi entwickelte aus seiner Arbeit, die mit Versuchen über die Hertzschen Wellen begann und 1909 mit dem Nobelpreis ausgezeichnet wurde, den Prototypen des Radios. Wenn sich auch die Teilnehmer noch mit Kopfhörern an ihr Gerät anschließen mußten, so konnte das erste "Wireless" dennoch bereits 1922 in Serie gehen.

Auf der Ebene der Wissenschaften vom Menschen etabliert sich Anfang des 20. Jahrhunderts die Psychologie und insbesondere die Psychoanalyse. Die Parallele zu den Naturwissenschaften ist dabei in der Immaterialität des Untersuchungsgegenstandes zu sehen. Die wissenschaftliche Pointe der Psychoanalyse besteht im Gegensatz zu mechanistischer Anatomie und dynamistischer Physiologie in der Behauptung, daß der physikalisch-chemisch-biologische Aufbau des Menschen nicht hinreiche, diesen vollständig und adäquat zu beschreiben. Auch wenn für Freud sowohl der Mechanismusbegriff als auch die Psychodynamik eine Rolle spielen, so sind die eigentlich bedeutsamen, die Persönlichkeit bildenden Faktoren nur sekundär mechanischer und dynamischer Natur; sie sind in erster Linie die viel „immaterielleren" Sinneserfahrungen des Sehens und des Hörens. Alle wesentlichen Traumatisierungen spielen sich in der Freudschen Psychoanalyse auf diesem Hintergrund ab. Die Dynamik im 18. und 19. Jahrhundert entdeckte die Zeit in den linearen und irreversiblen Prozessen. Sigmund Freud wird um 1900 mit seiner Feststellung, daß das Unbewußte des Menschen zeitlos strukturiert sei, behaupten, daß dem Zeitbegriff der Dynamik eine umgreifende Reversibilität zwischen Mensch und Ding zu Grunde liegt, die er „Todestrieb" nennt.[2]

Als Reaktion auf Röntgens Entdeckung blühte das Satire- und Karikaturwesen. Überall in Zeitschriften und Zeitungen stieß man auf Zeichnungen skeletthafter Gestalten, die dessen Entdeckung als „neue Seinserfahrung" persiflierten. Besonders beliebt waren die männlichen Brillenträger, die durch ihre Röntgengläser die Damen wenigstens visuell zu entkleiden vermochten. Solchen Karikaturen hat kein Geringerer als Marshall McLuhan in der Mitte des 20. Jahrhunderts ein seriöses Fundament verliehen. Zunächst findet sich bei McLuhan eine Ausweitung der Theoreme Kapps, insofern er nämlich die gesamte Medientechnologie als Projektion des menschlichen Nervensystems deutet. Dieser genealogische Produktionshintergrund, den auch Kapp seinen Überlegungen zu Grunde legte, daß nämlich der Mensch es sei, der die Welt der Dinge hervorbringt, wird von McLuhan explizit um jene reflexive Komponente erweitert, die wir oben bei Schreber erläutert haben. Den Menschen sinnvoll, das heißt auf dem Hintergrund aktueller Parameter zu untersuchen, zu interpretieren und zu verstehen, dies ist McLuhan zufolge immer nur auf dem Hintergrund des jeweils gegenwärtigen Stands der technologischen Entwicklung möglich.

Zum ersten bringt dies nicht mehr und nicht weniger als die wissenschaftliche Selbstverständlichkeit zum Ausdruck, daß ein gegebener Untersuchungsgegenstand mit neuesten und nicht mit technisch veralteten Geräten examiniert wird. Zum zweiten beschreibt McLuhan damit eine reversible Beziehung zwischen Mensch und Ding: Begreift er den physischen Körper zunächst als Matrix der Technologie, so dient der technologische Entwicklungsstand dann umgekehrt als Matrix zum Verständnis des Menschen. Exakt dieses Verhältnis hatte Schreber in seiner pathologischen Reaktion auf die Telegraphie zum Ausdruck gebracht. McLuhan bedient sich bei der Erörterung des durch die neuen Medien verursachten Sinneswandels der Menschen einer „Metapher", die im oben bezeichneten Sinn mehr impliziert, als ein bloß sprachliches Bild zu sein. Er verspricht sich von den neuen Medien eine Rückwirkung auf Wahrnehmung und Bewußtsein des Menschen und findet ein Beispiel für die daraus resultierende Intensivierung des Gefühlsbestandes in der Betrachtung der Figur der anorektischen Twiggy. Die nämlich nähme man im Gegensatz zur „rubenshaften" Sophia Loren wie mit einem Röntgenstrahl wahr – der allerdings gerade das Nicht-Lebende am Lebenden enthüllt.

IV

1925 habilitierte sich ein Wissenschaftler namens Richard Wagner in Breslau über ›Probleme und Beispiele biologischer Regelung‹. In Fortschreibung der Problemlösungen der Regulation der Kraft innerhalb des Dynamismus im 18. und 19. Jahrhundert stellte diese Arbeit das Verhältnis von Muskelkraft und Last als einen Regelkreis dar. Innen- und Außenwelt des Organismus werden darin als Kommunikationszusammenhang begriffen.

Ein folgendes, entscheidendes Werk für fast alle Wissenschaftszweige in der zweiten Hälfte des 20. Jahrhunderts erscheint 1948. Sein Autor heißt Norbert Wiener, und es trägt den Titel ›Cybernetics or Control and Communication in the Animal and the Machine‹. Wieners Grundlagen der Kybernetik interpretieren Lebewesen und Maschine in gleicher Weise nach der Gesetzmäßigkeit des Regelkreises; sie lassen aus den guten alten Nerven der Physiologie Moduln und schließlich Prozessoreinheiten werden. Den Mathematikern Claude Shannon und Warren Weaver gelingt in ihren Veröffentlichungen von 1948/49 zu fernmeldetechnischen Medien eine mathematische Formalisierung der Kommunikation, die den Begriff „Kommunikation" als physikalisch definiertes Verhältnis von Signal und Rauschhintergrund festlegt. Alan Turings Arbeiten werden in seinem Aufsatz über ›Computing Machinery and Intelligence‹ (1950) richtungweisend für die Konzeption künstlicher Intelligenz. Der Kommentar, mit dem er seine Forschungen zur technischen Simulation des menschlichen Denkvermögens versieht, besteht in der heute zur Selbstverständlichkeit gewordenen Prognose, daß datenverarbeitende Maschinen den Menschen an Intelligenz bald weit übertreffen werden. Der digitale Code ermöglicht es, jede der alten Analogien zwischen *physischem* und *physikalischem* Körper auf eine völlige Indifferenz zu reduzieren.

Auf der Seite der Wissenschaften vom Leben und vom Menschen erscheint 1966 Edgar Taschdjians Lehrbuch der Biologie mit dem bezeichnenden Titel ›Organic Communications. A Lecture Course on Biological Principles‹, das sich zur Aufgabe macht, Organismen als Kommunikationszusammenhang darzustellen. Die ›Biologie der Kognition‹, die der chilenische Biologe und Neurophysiologe Humberto Maturana in den 60er Jahren entwickelte, hatte sich mit dessen gleichnamigem Report vor dem Biological Computer Laboratory der Universität von Illinois, 1970, als eine philosophische Sensation erwiesen, die dem bislang überwiegend geisteswissenschaftlich orientierten Konstruktivismus eine naturwissenschaftliche Dignität verlieh, die auch ein Jean Piaget nicht zu erzeugen vermochte. Maturana setzt den Begriff des Nervensystems gleich mit dem Begriff der Kognition. Er begründet diese Gleichsetzung damit, daß beide einen gemeinsamen Funktionsmechanismus aufweisen: Sie sind „geschlossene“, nur intern auf sich selbst Bezug nehmende Systeme. Diese strukturinterne Selbstreferenz, die er „autopoietisch“ nennt, ist für Maturana gleichbedeutend mit der Basiseigenschaft des Lebens. „Autopoiese“ heißt nichts anderers als Selbstherstellung und Selbstbezug. Nach Maturana weist das Nicht-Lebende, das Tote, weisen die *hypomnestischen* Dinge diese interne Selbstreferenz nicht auf. Er belegte sie deshalb mit dem Begriff „Allopoiese“.

Der Tatbestand allerdings, daß das „allopoietische“ Spitzenprodukt der Datentechnologie, das neuronale Netzwerk, auf denselben Funktionsmechanismen beruht wie die lebende Autopoiese – beide sind selbstreferentiell strukturiert –, hat für den Begriff des Lebens weitreichende Konsequenzen. Bei der Konzession, daß der gegenwärtige Begriff des Lebens sich nicht anders darstellen läßt als mit Hilfe der zeitgenössischen Parameter der Biologie, gilt es im Blick zu behalten, daß es – gemäß dem Verhältnis von *mneme* und *hypomnesis* – weder eine Deskription noch eine Explanation der Autopoiese ohne Allopoiese geben kann. Ein Begriff von lebender Autopoiese ohne den vergleichenden Umweg über die tote Allopoiese ist unmöglich. Dies impliziert, daß die Autopoiese darüber hinausgehend als ein Effekt der Allopoiese zu begreifen ist.

Welche Meinung auch immer man zu Kapps und McLuhans Theorien von der Projektion des Nervensystems haben mag, die angezeigte reflexive Struktur ist kaum zu bezweifeln. Insbesondere die Theorie der Autopoiese und der darauf Bezug nehmende Konstruktivismus begreifen den Körper nach Schreberscher Manier von den technischen Dingen aus. Aber jenes Phänomen, das bei Schreber noch als Pathologie der Paranoia imponierte, ist zum unterdessen integralen Bestandteil wissenschaftlicher Operationalisierung avanciert. Solche Wissenschaftszweige wie Neurophysiologie und Bioinformatik interpretieren die *physis* des Menschen grundsätzlich auf dem Hintergrund der *hypomnestischen* Parameter der Kommunikationssysteme der elektronischen Datenverarbeitung. Die zeitgenössischen medizinischen Forschungen innerhalb der drei Disziplinen Immunologie, Hormonologie und Genetik repräsentieren diesen Sachverhalt. Auf der Grundlage der "network-technology" versteht man den Menschen heute selbst als ein nach dem Muster eines Netzwerks konstruiertes System.

Früher kam den *hypomnestischen* Medien tatsächlich die Funktion der Vermittlung zu: zwischen den Menschen und der Natur, den Menschen und Gott, zwischen Mann und Frau, den Menschen untereinander usw. Gegenwärtig ist diese Vermittlung gerade durch ihre universelle Ausweitung im Verschwinden begriffen. Der Zeitraum zu Beginn des 20. Jahrhunderts machte den Menschen und sein Bewußtein zu einer Vermittlung zwischen den Dingen.

In der Weiterentwicklung der Briefpost und der Telegraphie haben die Medien der elektronischen Datenverarbeitung die Zeit der Rückkopplung minimalisiert, indem sie die Geschwindigkeit der Vermittlung in einem Ausmaß gesteigert haben, das die Hypothese zuläßt, daß es nicht mehr die menschliche Zeit ist, mit der die Dauer der Übermittlungen beschrieben wird. (Supraleitung innerhalb perfekter Kommunikation, perfekte Echtzeit, Reduktion der Zeit durch Reduktion des Raumes im Mikrochip). Dasjenige, was von „dem Menschen" übriggeblieben ist, entspricht heute nicht einmal mehr jenem Gesicht, das Michel Foucault wie eine Figur im Sand unter den Wellen verschwinden sah; es entspricht der Funktion eines bloßen Interface. Es handelt sich bei diesem fortschreitenden Prozeß um den paradoxen Sieg der Zeit über die Zeit: Die Dinge „perfekt-ionieren" sich im literalen Sinn. Das, was heute entwickelt wird, hat nur Bedeutung, insofern es das Perfekt von morgen ist. Es ist das Perfekt im Futur, die „antizipierte Nachträglichkeit", wie Jacques Lacan es genannt hat.

Angesichts der Ergebnisse, die die Erforschung thermodynamischer Systeme erbrachte, haben Ilja Prigogine und Isabelle Stengers in ihrem 1979 erschienenen Werk ›La Nouvelle Alliance‹ den weitreichenden und schwerwiegenden Satz formuliert, nicht alles am Lebenden sei lebend. Dieser Gedanke ist eigentlich nicht neu, auch die Anatomie wußte, daß es mineralische Elemente innerhalb des Lebens gibt, die selbst nicht leben. Aber damit hat sich eine historische Detailfrage zu einem Fundament der Wissenschaften ausgeweitet. Heute befinden wir uns generell in einem Zombiefilm: Prigogine kennzeichnet seine Untersuchungen als Erforschung des Zwischenbereichs zwischen Lebendem und Totem. Vielleicht liegt das wissenschaftliche Paradigma des späten 20. Jahrhunderts in der Entdeckung des Untoten. Daß die Dinge ihr Gedächtnis, das sie in den klassischen physikalischen Bahnen hielt, zu verlieren scheinen, bedeutet dies, daß sie beginnen *lebendig* zu werden? Dies besagt das Problem des Chaos innerhalb irreversibler nicht-linearer Strukturen. – Und besitzt die Unterscheidung, die wir hier getroffen haben, noch eine Legitimation, daß nämlich *lebend* und *lebendig* nicht dasselbe sei? Vielleicht geht die Fragestellung dahin, was zukünftig an den Dingen noch als *nicht-lebend* wird eingestuft werden können. Der Inbegriff des Lebens, die Zeit, die selbst die Quantenphysik noch unter der Überschrift „Bewußtsein" beließ, ist, wie Prigogine/Stengers es formuliert haben, heute zu einer Eigenschaft der Dinge geworden. Und die entscheidende Frage ist nicht die, ob es sich so verhält oder nicht. Diese Frage ist bereits beantwortet. Die entscheidende Frage lautet, warum wir nicht mehr wie Schreber daran verrückt werden, daß es sich so verhält. Es ist kein Zufall, daß Denker wie Gilles Deleuze und Félix Guattari den Untergang der Psychoanalyse mit ihrem Begriff der „Wunschmaschine" zelebrieren, mit einem Begriff, der impliziert, daß es auf der molekularen Ebene keine Differenz zwischen der Funktionsweise der Maschine und der des Organismus gibt. Folgerecht geht es ihnen auch nicht mehr um eine Analyse der Neurosen, sondern um eine vergleichende Systemanalyse von Kapital, Information und, darauf liegt der Schwerpunkt ihrer Untersuchungen, der Psychose in Gestalt der Schizophrenie.

V

Wir leben heute in einem gigantischen Laboratorium, einem gigantischen Operationssaal. Damals, zu den klassischen Zeiten der Wissenschaften von der Natur und vom Menschen, war man *bescheidener* als heute. Gewiß, man wollte sich einen Zugang zu den Geheimnissen des Lebens verschaffen, aber niemand hätte geglaubt, daß allein die Handhabung eines Instrumentes, oder, wie man heute sagt: eines "tools", dies leisten könne. Die klassischen "tools" verführten den historischen Menschen noch dazu, sich als das herrschende Subjekt der Dinge und Instrumente zu verstehen, und welches derselben auch immer man wähle, Automat, Maschine, Uhr usw., sie besaßen zwar Macht über den Menschen, aber doch nicht diese gegenwärtige Macht, ihn in ein direktes Äquivalenzverhältnis zum Instrument zu setzen. Sie ließen ihm noch die Analogien, und menschliches Dasein konnte immer ein „Mehr-als-die-Dinge" für sich reklamieren, etwas *anderes* und damit *mehr* bedeuten als die Art bloßer Verfügbarkeit, wie sie einer technischen Prothese zu eigen ist. Dieser *anthropologische Mehrwert*, der dem historischen Menschen seinen Zeitraum garantierte, verdankte sich einer Strategie der Isolation. Der historische Mensch schottete sein Leben ab vor den Dingen, die sich heterogen zum Leben verhielten oder sein Leben gar bedrohten.

Die Neuzeit fand eine kritische und darin negierende Instanz zur Mechanik im Begriff des Denkens. Als exemplarisch dafür kann Descartes' Differenzierung einer kognitiven Substanz von einer bloß extensiven, mechanischen gelten. Aber selbst dieses „Andere", das sich von der Tradition her aus dem Begriff der Seele ableiten läßt, wird von Descartes in mechanistischen Kategorien gefaßt. Schließlich ist er es, der Regeln über den rechten Verstandesgebrauch erstellt und die Arbeitsweise der *res cogitans* dadurch dem Regelwerk der maschinellen Kalkulation unterstellt.

Das „Andere" des 19. Jahrhunderts formulierte der parallel zur industriellen Revolution entstandene Diskurs der Romantik. In das Umfeld dieser Gegenbewegung gehören sowohl die Polemik des Karl Marx gegen den toten Maschinengolem, welcher einem Vampir gleich den lebenden Menschen die Kraft nimmt, als auch die Lebensphilosophie und der Vitalismus. Gegen die maschinelle Dynamik, der der Kraftmensch sich eindeutig anpaßte, entwickelte die Literatur Spielarten eines begehrenden und erleidenden Empfindungsvermögens, insbesondere des Vermögens der Liebe, die Hegel als „ruhende Bestimmung" begriff. Nun stellt der Diskurs der Romantik zwar die Liebe als eine dem Menschen innewohnende konstante Größe dar, die nicht dem Problem der sich verflüchtigenden Energie unterworfen zu sein scheint, aber es versteht sich von selbst, daß auch die Liebe als Leidenschaft dem Prinzip der Dynamik unterliegt und aus ihr wesentliche Implikationen ihres Begriffs schöpft. War die Position des lebenden Subjekts im 17./18. Jahrhundert in der denkenden Substanz des *Cogito* garantiert, so war es im 18./19. Jahrhundert das literarisierende Gefühl, das das Subjekt von den Dingen isolierte. Der gegenwärtige Mensch kann den Glauben an die Unbedingtheit des Lebens nur aufrechterhalten, indem er eine Isolationssphäre und ihre Metaphern in die nächste verschiebt: Den jüngsten und offensichtlicher denn je scheiternden Versuch der Isolation stellt die Wissenschaft vom Leben dar, die Biologie der Autopoiese, die sich gegen die Informationstheorie und die Chemie dadurch abschottet, daß sie das *Lebendige* als geschlossenes, isoliertes System begreift.

Zu keiner Zeit handelte es sich bei dem anthropologischen Mehrwert um substantielle Bestimmungen oder Eigenschaften des menschlichen Daseins, geschweige denn um einen Wert, der sich einer *mnemischen* Selbstwahrnehmung des Lebens verdanken würde. Alle diese narzißtischen Kategorien sind ausschließlich *Negationen* der Dinge gewesen; sie entsprachen dem Raum, den uns die Dinge überließen, den uns das Tote überließ, uns als lebendes Wesen „Mensch“ zu verstehen. Immer war es die tote *hypomnesis* in Gestalt der technisch realisierten Umgebung, die als die materielle Bedingung der Konstruktionen „Mensch“ und „Leben“ fungierte.

Es hat sich gezeigt, daß gerade die Selbstisolation des Menschen rückwirkend eine aggressive Animation der Dinge provoziert. Nichts anderes sagt die zeitgenössische Virologie. Die Isolation, mit der der historische Mensch den Mehrwert des Lebens gegen das Tote zu sichern glaubte, wirkt heute wie ein diabolisches Versteckspiel, das die Dinge mit sich selbst gespielt haben. Noch nicht einmal ihr rücksichtsloser Umgang mit der Zeit erscheint verständlich, ein Umgang, den ein Mensch bestenfalls imitieren kann; dieses paradoxe Kamikazewesen, daß sie nämlich ihren Schöpfer und Wirt vernichten und dadurch auch sich selbst. Dieser Umgang mit der Zeit ist deshalb nicht zu verstehen, weil diese Logik der Dinge absolut heterogen zu der Logik des Bewußtseins verläuft, so wie es seit Hegel als dialektisches bestimmt ist. (Dies ist die Quintessenz, die aus den Ergebnissen der Selbstorganisations-Forschung in der Chemie des späten 20. Jahrhunderts zu ziehen ist.) Wenn zeitgenössische Philosophen wie Gilles Deleuze und Jean Baudrillard heute den Verlust der Negation bekunden, so deutet dies einen radikalen Verlust an: Früher bestand das Problem darin, daß der Prophet zum Berg gehen mußte, da dieser nicht zu ihm kam. Das Problem heute besteht darin, wie man verhindern kann, daß der Berg zum Prophet kommt.

Der Fortschritt auf der einen Seite der Gen- und auf der anderen Seite der Informationstechnologie mit ihren Spitzenprodukten der sprechenden Rechner, der neuronalen Netzwerke, der Bio-Chips und gar der hörenden Computer animiert gegenwärtig vielmehr dazu, die prinzipielle Funktionsgleichheit zwischen dem lebenden Menschen und seinen Prothesen zu postulieren. Die Hardware-Entwicklung bei der parallelen Datenverarbeitung hat Biologie und Informatik insbesondere im Begriff des Lernens verschwistert. Erst das postmoderne Wissen Ende des 20. Jahrhundert glaubt, mit der Technologie der Informationsverarbeitung tatsächlich einen Zugang zur *physis* des Menschen, zu dessen Erinnerung, Gedächtnis, Wahrnehmung, Sprache und Körper zu haben. Und über den gegenwärtigen Stand der Entwicklung hinaus darf man sogar davon ausgehen, daß mit der Weiterentwicklung der Mensch und Ding indifferenzierenden Gen- und Biochip-Technologien ein Rechner tatsächlich auch die Ebene, die man „Gefühle“, „Empfindungen“ oder „Affekte“ nennt, zumindest auf einer wahrscheinlichkeitstheoretischen Ebene kalkulieren kann. Der Diskurs der Science-Fiction-Literatur antizipiert diese Kalkulation in der androiden Dauerphrase: „Falsch, Sie denken emotional, Commander.“ Dieses schale Fragment ist von der historischen Negationspotenz des Bewußtseins geblieben: In dem Maß, in dem sich der Glaube an das Cogito und die Empfindung nicht halten ließ, sollte im 20. Jahrhundert das Irren zur entscheidenden

Kompetenz des Subjekts werden. Von der Möglichkeit der Negation ist nur mehr die Möglichkeit, das Falsche zu tun, geblieben. Der bekannte Satz *errare humanum est*, den man ins Deutsche mit „Irren ist menschlich" zu übersetzen pflegt, enthält kein Adjektiv mehr, sondern ein Substantiv. Diese menschliche Selbstwahrnehmung kann sich erst im frühen 20. Jahrhundert mit der Psychoanalyse etablieren, die aus diesem Grund über das Phantasma handeln mußte, das Jacques Lacan als *das* Objekt schlechthin der Psychologie bezeichnet hat. Je mehr sich die Welt der Dinge perfektioniert, desto mehr wird das Imperfekte zum Kriterium der Existenz des Menschen. Das Irren ist zum „humanum" schlechterdings eleviert, und der Fehler ist angesichts der Perfektion des Androiden zum Kriterium unseres Seins mutiert. Das Fehlermachen ist in Gestalt des sogenannten „menschlichen Versagens" zu einem Privileg geworden.

Im Zentrum des gigantischen Operationssaals, dieser Ekstase der Operationalisierung, steht Artauds „Autopsietisch", der dem Menschen einen „organlosen Körper" macht. Die *hypomnesis* ist so machtvoll geworden, daß sie dem Menschen den Zugang zu sich verwehrt, und sie offenbart uns nunmehr – Apokalypse im wortwörtlichen Sinn – eine Beziehung einzig zu sich selbst. Den Fortschritt dieser Bewegung macht der Prozeß aus, den man heute „Selbstreferenz" nennt, welcher nicht mehr und nicht weniger besagt, als daß die Dinge beginnen, miteinander zu kommunizieren. Chemie und Biologie entdecken in der zweiten Hälfte des 20. Jahrhunderts die Kommunikation in der zeitlichen Organisation chemischer Chronometrien oder im Hyperzyklus mikrobiologischer Partikel. Diese *lebendige* Kommunikation ist aber sowenig identisch mit dem Leben, wie das Gespräch und auch der Dialog nicht identisch sind mit der Kommunikation. Gewährte die dialektische Logik ihren Anwendern noch die Zeit des „weitsichtigen" Subjekts als wissendes, das sich bis ins 19. Jahrhundert hinein in Gestalt des Hegelschen „Für uns" zu halten vermochte, so ist davon nur die wortwörtlich zu nehmende „Kurzsichtigkeit" der registrierenden Beobachtung geblieben: Der gegenwärtige Mensch ist in der Isolation zu einem kalten Recorder geworden, zu jenem *cool tool*, das man wissenschaftlich „den Beobachter" nennt, welcher selbst am wenigsten noch von einem lebenden Wesen an sich hat. Kommunikation und Information, so wie sie von der Epoche der Aufklärung bis zu den Konsenstheorien in der Mitte des 20. Jahrhunderts zumindest indirekt mit Mündigkeit assoziiert sind – und zwar bis zu solch heterogenen Denkern wie Habermas und McLuhan –, haben mit den heute so oft vernommenen Begriffen „Informationszeitalter" oder „Zeitalter der Kommunikation" paradoxerweise ihren Sinn verloren. Nichts anderes brachte Shannons Formalisierung der Information im "binary code" zum Ausdruck. Mit der Visualisierung der Mathematik zeigt sich die vollkommene Abstraktion der Information vom materiellen Gehalt. Nicht ohne Grund spielen nun bei der Entdeckung der Kommunikation in den Mikrosphären der „Natur“ die elektronischen Rechner die Hauptrolle.[3]

Dabei ist viel weniger beunruhigend, daß die Wirklichkeit in die zeitlose Immaterialität der Simulation hinein verschwindet, als vielmehr daß sich die Simulation in die *physis* hinein vollständig materialisieren könnte. Was für einen verzweifelten Aufwand hat man über die Geschichte der *hypomnesis* hin bis heute betrieben, um die Welt zu immaterialisieren und um die Dinge schließlich in den hyperrealen Raum des “Cyber Space” hineinzuverbannen – was immerhin noch die Möglichkeit eines imaginären Raums des Menschen ließe. Allein, es verhält sich unterdessen so, als befänden wir uns in der Situation der Astronauten-Crew, die nicht weiß, wohin ihr Raumschiff fliegt, in welches sich die Realität in Gestalt eines unverwüstlichen, terminierenden Aliens eingeschlichen hat. Das aber heißt, daß der gegenwärtige Mensch auf seltsame Weise zu einem Attraktor der *hypomnesis* geworden ist. Die Dinge schließen sich immer enger um ihn, und sie treiben ein schwindelerregendes Spiel mit ihm, das ihm kaum noch die Zeit des Wartens überläßt. Schienen sich früher die Dinge gegenüber dem historischen Menschen wesentlich gleichgültig zu verhalten – diese Gleichgültigkeit markiert Baudrillards Rede vom hyperrealen Orbit –, so haben sie heute damit begonnen, in den Organismus einzudringen. Nichts anderes besagt der Begriff des Virus im 20. Jahrhundert. Zwar kann man dem Virus Lebendigkeit nicht absprechen, diese maschinelle Lebendigkeit stellt jedoch etwas ganz anderes dar als etwa der im 19. Jahrhundert so bedeutende, lebende Mikroorganismus Bakterie. Der gegenwärtige Mensch sucht sich nicht ohne Euphorie in diesen Prozessen, ohne daß er aber seine Position darin ausmachen könnte. Und es scheint zumindest so zu sein, als sei alles, was ihm geblieben ist, eine letzte Beglaubigung dessen, was der Fall ist, eine – übrigens gänzlich unpathologische, weil universelle – Nekromanie. Eine Nekromanie, von der man allerdings nicht behaupten kann, daß sie zu einem höheren Grad bedrohlich sei als die Technikabhängigkeit und -gläubigkeit vergangener Epochen.

Die Visionen des Norman Sutherland, daß das menschliche Informationsverarbeitungssystem mit Hilfe neuronal integrierter Speicher verbessert werden könne, führt nur den alten Wunsch eines selbstgenügsamen Prothesengottes auf zeitgenössische Art und Weise weiter. Der „nekroneuromanische“ Effekt der Animation, wie ihn William Gibson in seinen Cyber-Space-Erzählungen darstellt und wie ihn Oswald Wiener Ende der 60er Jahre in seinem „Bio-Adapter“ vorkonzipiert hat, läuft in eine ganz andere, den Effekten des Drogenkonsums ähnliche Richtung. Das Problem der zeitlichen Existenz des Menschen wird nicht dadurch behoben, daß man auf der Ebene der Mechanik einzelne Segmente des Körpers durch Maschinenteile ersetzt oder auf der Ebene der Dynamik den Verbrauch der Selbsterhaltungskraft verzögert. Die Zeit selbst wird zu einer Fiktion, weil sie nach den Gesetzen, die Freud in der Arbeitsweise des Unbewußten entdeckt hat, in jeder Richtung simulierbar ist. In Cyber-Space und -Time kann man Jahre des Lebens beispielsweise historischer oder phantastischer Individuen führen, obzwar „real" nur Minuten vergangen sein mögen. Die traditionelle Phantasie bestand darin, das Leben an sich selbst zu verlängern. Indem die Zeit auf technologischer Ebene beliebig dehnbar, verschnellerbar, verlagerbar und umkehrbar und aus der Phantasie *science fiction* geworden ist, besteht kein Grund mehr, an der traditionellen Phantasie festzuhalten.

Anmerkungen

[1] Jules Verne hatte diese Erfindung freilich schon in seinem Roman ›Das Karpathenschloß‹ vorweggenommen, in dem mit Hilfe einer verbesserten Telefontechnik und einer ausgeklügelten Spiegelungsapparatur eine schöne Frau namens Stilla wieder zum Leben erweckt werden kann.

[2] Eine bedeutende historische Persönlichkeit stellt im Zusammenhang der Theorie der Reversibilität zwischen physischen und physikalischen Phänomenen der Mathematiker Fechner dar, dem es, den historischen Bedingungen seiner Zeit entsprechend, gelang, die Empfindungsstärke proportional zum Logarithmus der Reizintensität zu berechnen, und der damit der wissenschaftlichen Psychophysik ihr Fundament lieferte.

[3] Wer aber könnte beweisen, daß die Dinge die Juliamenge schon kannten, bevor sie Mandelbrot sichtbar machte? Man unterstellt den Dingen bloß, daß sie sich immer schon so verhalten hätten, wie es die technologisch visualisierte Mathematik demonstriert.

ZEITRATIONALITÄT DER FERNSEHNUTZUNG ALS ZWANG UND EMANZIPATION

Von Irene Neverla

Vorrede

In diesem Beitrag geht es um den Zusammenhang von Zeit und Medien in der Logik des Alltagshandelns. Es geht um die Frage, wie die Menschen heute im Umgang mit dem Medium Fernsehen „zeiten". Mit dem Verbum „zeiten" (to time) ist die aktive Bearbeitung von Zeit gemeint. Der alltägliche Umgang mit dem Medium Fernsehen, so die empirisch untermauerbare These, läßt sich nicht nur daraus erklären, daß dieses Medium eine große Bandbreite an Inhalten und Gestaltungsformen aufzuweisen hat. Vielmehr bindet das Fernsehen die Menschen dadurch, daß es so überaus zeitrational konsumierbar erscheint. In den verschiedensten Fernsehnutzungsmustern, so weiter die These, läßt sich als durchgängige Aufgabe immer wieder erkennen, wie Zuschauerinnen und Zuschauer die allgemeine Zeitrationalität auf ihre je individuellen Bedürfnisse zuschneiden.

Begriffsklärung

Im Kontext der Kommunikations- und Medienwissenschaft ist der Begriff Zeit in einem sozialwissenschaftlichen Sinn zu verstehen, hier in Anlehnung an Norbert Elias: Zeit ist ein soziales Konstrukt. Sie ist ein von Menschen geschaffenes Koordinatensystem, das der Abstimmung unserer Interaktionen dient.

Während in einfachen Agrargesellschaften ein Zeitbegriff üblich war, der sich als zyklisch, natur- und subjektbezogen beschreiben läßt, hat der abstrakte Zeitbegriff der modernen Gesellschaft mit deren hochdifferenzierten und hochkomplexen Interaktionsgefügen völlig andere Gestalt angenommen. Hier verläuft Zeit kontinuierlich (ohne Anfang, ohne Ende, ohne Unterbrechung), abstrakt (losgelöst von individuellen und gesellschaftlichen Bedürfnissen) und mathematisch (in gleichmäßige, metrische Einheiten unterteilt).

Dieser abstrakte Zeitbegriff der Moderne wird getragen von einer Ökonomie, die die Verwertbarkeit der Dinge, also auch von Alltagszeit und Lebenszeit der Menschen, zur obersten Maxime gemacht hat. Zeit wird hier zum knappen Gut, zur kostbaren Ressource.

So gehen abstrakte und ökonomische Zeit eine Allianz ein, die als Zeitrationalität bezeichnet werden kann. Die Logik dieser Zeitrationalität schlägt sich im Bewußtsein der Menschen biographisch und alltäglich als immerwährende Zeitnot nieder. Wie sich diese Zeitnot mit Fernsehnutzungsmustern verbindet und wie die Menschen versuchen, diese Zeitnot positiv zu wenden, läßt sich anhand der Ergebnisse einer Explorativstudie beschreiben (vgl. Neverla 1992).

Empirische Studie

Diese Explorativstudie hatte eben den Zusammenhang zwischen Zeitmustern im Alltag und im Lebenslauf einerseits und Fernsehnutzungsmustern andererseits zum Gegenstand. Über ein Jahr hinweg (Februar 1987 bis Mai 1988) haben sich 37 Personen in mehreren, zum Teil vielstündigen Interviews geäußert und haben darüber hinaus in drei Wellen zu je drei Wochen Tagebücher geführt, indem sie ihren Tagesablauf und insbesondere ihre Fernsehnutzung in standardisierten Protokollen verzeichneten.

Diese 37 Personen waren über Zeitungsinserate in diversen Münchner Tageszeitungen und Anzeigenblättern gefunden worden. Sie wohnten alle in München oder in der näheren Umgebung. Es waren darunter etwa gleich viele Frauen wie Männer, die jüngste Person war 15 und die älteste 75 Jahre, einige lebten allein, einige zu zweit, mit oder ohne Kinder. Auch im Hinblick auf Ausbildungsniveau, Berufsgruppen und Einkommensklassen war eine breite Streuung gegeben. Ohne jeglichen Anspruch auf Repräsentativität läßt sich sagen, daß eine gewisse Bandbreite an verschiedensten Milieus und Lebenswelten erfaßt werden konnte.

Im Hinblick auf die Ausstattung mit Fernsehgeräten und die Dauer der Fernsehnutzung entsprachen die 37 Personen in etwa dem Durchschnitt der bundesdeutschen Bevölkerung. Mit Ausnahme einer einzelnen Person hatten alle in ihren Haushalten mindestens einen Fernsehapparat (1986 Gesamtbevölkerung 98%), rund ein Fünftel verfügte sogar über mehr als einen Fernsehapparat im Haushalt und rund ein Viertel über einen Videorecorder (1986 Gesamtbevölkerung 19% mehr als ein Gerät bzw. 20% Videorecorder). Die 37 Personen sahen im Schnitt 2 Stunden und 25 Minuten pro Tag fern (1989 Gesamtbevölkerung 2 Stunden 34 Minuten), wobei die Spannweite zwischen 38 Minuten und 6 Stunden 38 Minuten pro Tag lag. Dies nur als Orientierungswerte, die zeigen, daß die groben Indikatoren zur

Soziodemographie und zur Fernsehnutzung auf keine Besonderheiten der Untersuchungsgruppe hinweisen.

Alltagsbewußtsein von Zeit

Zeit, so der erste Befund der Explorativstudie, ist im Bewußtsein der Befragten ein Gegenstand von zwiespältigem Charakter. Zeit ist ein Objekt unserer Begierde, indem wir uns dieses Phänomen aneignen und es gestalten wollen, als sei sie eine Ressource der Natur. Und tatsächlich scheint sich Zeit als Naturgewalt noch zu bestätigen, indem sie sich der menschlichen Verfügung entzieht. „Je mehr ich um Zeit bemüht bin, um so mehr entgleitet sie mir", beschreibt ein freiberuflicher Fotograf seine Auseinandersetzung mit der Naturgewalt Zeit, die ihn in ihrer scheinbaren Gestaltbarkeit immer wieder herausfordert und immer wieder zum Scheitern bringt.

Doch wie illusionär eine ultimative Form der Zeitgestaltung auch sein mag, bleibt doch die Aufgabe, die eigenen Tätigkeiten mit den Zeitmustern anderer Personen und Institutionen abzustimmen. Zeitpläne des eigenen Berufs müssen mit Zeitplänen des Berufs anderer nahestehender Personen synchronisiert werden, mit Zeitplänen von Behörden, Schulen, Läden, Freizeiteinrichtungen, Terminen beim Arzt oder bei der Mieterberatung, Geburtstagen, Feiertagen, Urlaubswünschen. Kurzum, jede Frau und jeder Mann und fast schon jedes Kind muß die Kunst des „zeitens" bis zu einem gewissen Grad beherrschen. Wer sich in dieser Kunst nur unzureichend betätigt, wird sanktioniert auf einer Skala fortschreitender Ausgrenzung als Chaot, Außenseiter, Unzurechnungsfähiger, Narr.

Das Fernsehen ist nun ein sozialer Zeitgeber – eine Institution, die uns den Zeitverlauf des Alltags vor Augen führt – von besonderer Extensität (vgl. Neverla 1990). Einerseits vergegenständlicht sich im elektronischen Medium Fernsehen die abstrakte und ökonomische Zeitrationalität der Moderne besonders plastisch durch seine „Endloszeit" und seine „Nullzeit". Mit Endloszeit ist gemeint, daß Töne und Bilder des Fernsehens rund um die Uhr und übers ganze Jahr hinweg verfügbar sind, immer auf Knopfdruck abrufbar, und daß wir die Bilder vorwärts oder rückwärts spielen können, anhalten, verlangsamen oder beschleunigen. Mit Nullzeit ist gemeint, daß der Transport der Bilder und Töne und Botschaften keinerlei Zeitdauer in Anspruch nimmt, denn mittels Aufnahme- und Vermittlungstechnik ist eine Synchronisierung von Ereignis und Berichterstattung machbar, selbstverständlich und geradezu zum Diktum geworden. Helga Nowotny (1989) hat diese manipulierbare Form der Zeit „Laborzeit" genannt.

Dennoch ist nicht zu übersehen, daß die abstrakt-ökonomische Zeitrationalität im Fernsehprogramm nicht stringent durchgehalten wird. Im Ge-

genteil sorgt die Zyklizität des Programms, wie sie in festen Sendeplätzen und im Seriencharakter von Nachrichtensendungen, Sportmagazinen, Spielfilmen etc. gegeben ist, für Wiedererkennungswert im hektischen Fluß des Gesamtprogramms.

Vier temporale Typen von Fernsehnutzungsmustern

Im individuellen Umgang jedes Menschen mit dem Fernsehen spiegeln sich objektive und subjektive Komponenten der individuellen Eigenzeit wider. Diese objektiven und subjektiven Komponenten lassen sich zu idealtypischen Zeitmustern ordnen. Als Ergebnis der Explorativstudie wurden vier Phänotypen von Zeitmustern herausgearbeitet, die jeweils typischerweise verbunden sind mit bestimmten Fernsehnutzungsmustern. Es sind dies die „leere Zeit" mit Fernsehen als Beschäftigung, die „knappe Zeit" mit Fernsehen als Marginale, die „wohlstrukturierte Zeit" mit Fernsehen als Ritual und schließlich die „unstrukturierte Zeit" mit Fernsehen als Interim. Im folgenden werden die typischen Lebenslagen und damit verbundenen Fernsehnutzungsmuster kurz beschrieben.

Fernsehen als Beschäftigung findet im Kontext der leeren Zeit statt. Es sind zwei ziemlich klar umreißbare Bevölkerungsgruppen damit gemeint: die älteren, nicht mehr erwerbstätigen Menschen sowie Arbeitslose jeden Alters. Als dritte Gruppe finden sich auch Menschen in Krisensituationen. Hier konzentriert sich das aktive Zeithandeln überwiegend (in Extremfällen sogar ausschließlich) auf das Fernsehen. Fernsehen ist hier nicht mehr nur Vehikel für den Umgang mit Zeit, sondern wird zum Zeitgeber wie zum Interaktionspartner, dessen Zeitstrukturen zum eigenen Maßstab werden. Fernsehnutzung ist die gelebte Eigenzeit.

Als Beispiel läßt sich Frau Adamic, 66 Jahre, Rentnerin, anführen (aus Anonymisierungsgründen sind alle Namen von der Autorin geändert). Die ehemalige Näherin und Mutter von drei Kindern lebt seit dem Tode ihres Mannes allein. Sie geht gelegentlich zum Kartenspielen in einen Seniorenclub. Ansonsten aber gilt ihre Leidenschaft dem Fernsehen. Sie sieht täglich fern und kam im Erhebungszeitraum auf eine durchschnittliche Sehdauer von 6 Stunden und 28 Minuten pro Tag. Sie studiert das Fernsehprogramm aufs genaueste und immer wieder. Daneben ist sie mit der Auswahl der Sendungen beschäftigt, die sie auf Videorecorder aufzeichnet, mit der Programmierung des Geräts und dann eben damit, die aufgezeichneten Sendungen – darunter auch Nachrichtensendungen, wenn sie einen Abend außer Haus verbringt – anzuschauen. Sie findet es ärgerlich, daß man simultan nur von zwei Programmen Gebrauch machen kann, wenn man eben nur einen Fernsehapparat und einen Videorecorder besitzt.

Ähnlich verhält es sich bei der ehemaligen Schauspielerin Frau Walters, 75 Jahre, alleinlebende Rentnerin. Für sie ist Fernsehen eine „Präsenz im Haus", ein „richtiger Partner". Sie läßt sich – durchaus entspannt und ohne Schuldgefühle – von der Sogkraft der Fernsehzeit gefangennehmen: „Da setze ich mich da hin und mag nicht mehr aufstehen (...) Sitze, gucke, Ende, gucke, sitze. Das Fernsehen läuft dann, bis Schluß ist."

Fernsehen als Marginale findet im Kontext der knappen Zeit statt. Diese ist typischerweise bei Berufstätigen mittleren Alters gegeben, vor allem bei jenen, die im Familienkreis mit Kindern leben. Extrem knappe Zeit und entsprechend auch die stärkste Verbreitung der Fernsehnutzung als Marginale findet sich bei berufstätigen Müttern. Hier wird die Zeitrationalität des Fernsehens durch komprimierende Verdichtungsstrategien verfolgt. Zwei oder mehrere Aktivitäten werden neben der Fernsehnutzung getätigt, wobei Fernsehen gelegentlich völlig in den Hintergrund treten kann und eine Funktion nur noch als gelegentliche Bild- und Geräuschkulisse einnimmt.

Diese Art von Synchronisationsleistung ist so weit verbreitet, daß sie heutzutage den Normalfall des Fernsehnutzungsmusters darstellt. Dies ist ein Faktum, das sich mit zahlreichen Repräsentativstudien sowie aufschlußreichen Einzelfallstudien belegen läßt (Dahms 1983, Morley 1986, Stipp 1989, Darschin/Frank 1992).

Fernsehen ist gewissermaßen die Leittätigkeit der zu Hause verbrachten Zeit, die von wechselnden Aktivitäten durchzogen wird. Dies jedoch nicht beliebig, sondern wohl kalkuliert und erprobt, je nach Bedarf der Tätigkeitsanforderung. Denn die Tagebucherhebung zeigt, daß das Ausmaß der Paralleltätigkeiten nach Tageszeiten (je später der Abend, um so weniger Paralleltätigkeiten) bzw. nach Tätigkeitsart variiert. Darüber hinaus indizieren die Aussagen in den Interviews, daß Zeitverdichtung durch Paralleltätigkeiten geradezu den entscheidenden Anreiz zum Fernsehen darstellen kann. „Irgendwas hatte ich mir noch angeschaut im Fernsehen, weil ich einen Haufen zu nähen gehabt hab", sagt eine berufstätige Hausfrau. Und die alleinlebende Rentnerin geht noch weiter: „Wenn nichts Interessantes im Fernsehen ist, dann bügel ich auch nicht."

Fernsehen als marginale Tätigkeit zielt primär auf die Rationalität der abstrakt-ökonomischen Zeit. Doch droht sie immer auch, aus dieser Zeitrationalität zu kippen. Dann nämlich, wenn das Programm seine Zuschauerinnen und Zuschauer doch ungeplant zu interessieren beginnt und damit ihre Zeit absorbiert. Endloszeit droht dann das Publikum zu verschlingen.

Fernsehen als Ritual findet innerhalb wohlstrukturierter Zeit statt. In diesem Fernsehnutzungsmuster sind Häufigkeit und Dauer der Fernsehnutzung relativ begrenzt und nimmt das Fernsehen insgesamt einen genau umschriebenen Platz im Tages-, Wochen- und Jahresverlauf ein. Dies geschieht als bewußte Strategie, um Zeiträume und Kraft für andere Aktivitäten freizuhalten. Durch eine Eingrenzung der Fernsehnutzung findet eine Entschleunigung des Tagesablaufs und der darin eingebetteten Aktivitäten einer Person statt.

Hierzu die Beschreibung von Frau Friedrichs. Die 37jährige Sekretärin, Single, hatte ein Jahr vor der Befragung ihre Stelle gekündigt. Zur Zeit der Befragung lebte sie von Ersparnissen und einigen Jobs. Sie spielt nun mit dem Gedanken, in ein neues Berufsfeld einzusteigen, hat jedoch dafür noch keine klaren Anhaltspunkte. Frau Friedrichs versucht, mit möglichst wenig Geld und viel Muße ihr Leben zu gestalten und pflegt dabei ein weites Spektrum an Interessensgebieten. Frau Friedrichs verfügt seit etwa 5 Jahren bewußt über keinen eigenen Fernsehapparat. „Weil ich Fernsehen mag, hab ich keinen. Fernsehen ist ja eine herrliche Beschäftigung, aber es entgeht einem immer so viel, wenn man immer nur fernguckt." Mit einem eigenen Fernseher bliebe nicht mehr ausreichend Zeit für andere Aktivitäten. Einmal pro Woche aber, zumeist Freitag nachmittags bis spät abends, besucht Frau Friedrichs einen Bekannten und sieht dort fern.

Frau Friedrichs entfaltet eine Zeitkultur, die Gegensätzliches auf einen Nenner zu bringen versucht. Sie agiert zwischen einer maximal zeitökonomischen Haltung – „Ich muß meine Zeit besser nutzen" ist ein häufig gebrauchter Topos – und einem Streben nach optimaler Muße. Auf diesem Weg scheint ein Tages- und Wochenrhythmus hilfreich, der klar gegliedert ist, aber nicht rigide eingehalten werden muß. Fernsehnutzung findet in je festgelegten Folgen statt, die nicht mit hoher Sehdauer und Sehhäufigkeit verbunden sind.

In dieser ritualisierten Fernsehnutzung wird eine klare Distanz zum Medium geschaffen. Nicht das Medium verleibt sich die Zeit der Rezipientin ein, vielmehr ist es die Rezipientin, die das Medium mit seiner Endloszeit für ihre Zwecke domestiziert hat.

Ist Frau Friedrichs eine Ausnahme? Im Kontext der in der Explorativstudie untersuchten 37 Personen war sie – neben einem Ehepaar mit vergleichbaren Fernsehritualen – eine Ausnahme. Es gibt aber empirische Hinweise darauf, daß eine solche Distanz zum Medium Fernsehen oder gar eine weitgehende Fernsehabstinenz keineswegs extreme Ausnahmeerscheinungen bleiben. Volker Ronge (1987) hat in einer Untersuchung der Mediennutzungsgewohnheiten in der Alternativszene gezeigt, daß Fernsehabstinenz dort schon Mitte der 80er Jahre weit verbreitet war. Siegener Soziologen haben eine Bevölkerungsgruppe beschrieben, die sie „Zeitpioniere" nennen, Menschen, die ihre Lebens- und Alltagszeit als höchstes Gut betrachten, an dem nicht Raubbau betrieben werden darf, das vielmehr sorgsam gepflegt und gewissermaßen ökologisch bewirtschaftet werden soll (Hörning u. a. 1990). Entschleunigung des Alltags hier, Entschleunigung der Mediennutzung dort?

Als vierter und letzter Typus zu erwähnen ist *Fernsehen als Interim* im Kontext unstrukturierter Zeit. Diese Form, die am wenigsten klar umreißbar ist, findet sich bei Freiberuflern und Studierenden. Möglicherweise läßt sie sich allgemein bei Menschen mit deregulierter Arbeitszeit erkennen. Hier ist Fernsehnutzung gedacht als Übergangstätigkeit, die eine nicht genau vorhersehbare leere Zeitspanne des Tages oder Lebens ausfüllen und zugleich einen Rahmen für Muße schaffen soll. Das Eigentümliche dieser Art von Zeitmanagement mit Hilfe des Fernsehens ist aber, daß die geplante Befristung oft nicht eingehalten wird. Auch hier droht das Fernsehen die ihm zugedachte zeitrationale Funktion zu sprengen.

Zum Interim kann Fernsehen aber auch in den „Auszeiten" des Alltags werden. So schildert Frau Ingelweit, die als berufstätige Mutter am Nachmittag und frühen Abend Fernsehen als Marginale empfindet, ihre nächtlichen Fernseh-Momente ganz anders, nämlich als Interim: „Mein Feierabend fängt eigentlich erst recht spät an, wenn die Kinder im Bett sind und schlafen. Das genieße ich dann, wenn alle im Bett sind und ich allein und dann endlich weiß, keiner von den dreien braucht mich mehr, dann fängt für mich so richtig erst der Feierabend an. Da möcht ich aufs Fernsehen nicht verzichten, das brauch ich als Ausklang."

Wellenreiten im Temporausch

Als letzter Befund aus der Explorativstudie, der Ergebnisse aus Repräsentativstudien ergänzt, ist eine Verhaltensweise zu beschreiben, die mehr und mehr verbreitet ist. Es handelt sich um eine zeitökonomische Komprimierungstechnik, die darauf zielt, in möglichst kurzer Zeit möglichst viele Bild- und Tonreize zu erhaschen. Gemeint ist das Wellenreiten durch die Fernsehkanäle, neudeutsch auch Switching genannt, mit seinen Spielarten des Zapping, Grasing und Puzzle-TV (vgl. Stipp 1989). Voraussetzung dieser Art von Fernsehnutzung ist das Vorhandensein einer Fernbedienung und eine größere Zahl von Kanälen.

In diesem Phänomen sind die widersprüchlichen Kräfte der Beschleunigung und Entschleunigung bzw. der selbstvernichtenden Kräfte der Beschleunigung im Zusammenhang mit Fernsehnutzung gleichermaßen aufgehoben. Dabei läßt sich ein emanzipatorisches Potential zur Loslösung vom Beschleunigungszwang durch das Fernsehen erkennen.

Daß mit intensivem Umschalten Tempogestaltung vor sich geht, legen schon die expressiven Begriffe nahe, mit denen die Befragungspersonen der Explorativstudie das Hin- und Herschalten beschreiben: „Wellenreiten", „Springen", „Durchspielen", „Durchklimpern", „Rumklimpern", „Durchknipsen" und „Durchschalten". Diese Begriffe sind assoziativ zu körperlicher Bewegung, flotter spielerischer Aktivität, zu technischem Anreiz, ein wenig wie Flanieren und Herumstreunen und ein wenig wie Autofahren, dessen Faszination ja auch nicht zuletzt in seiner Geschwindigkeit liegt.

In einer Sekundäranalyse von GfK-Daten, kombiniert mit einer Befragung und Beobachtung von 10 Personen wird festgestellt, daß die Phasen des Switching bei den befragten Personen zumeist dadurch ausgelöst werden, daß „keines der verfügbaren Programmangebote einen spezifischen Reiz" auf die Zuschauer bewirkt (Meggle 1989, 102). Mit anderen Worten finden diese Zuschauer keinen Gefallen an den Bildern, so wie sie vom Fernsehen angeboten werden. Dies spricht dafür, daß ein Bedarf an anderen, gewissermaßen „eigenen" Bildern besteht. Die Befragten erinnern sich kaum an das, was sie gesehen hatten. Das bedeutet aber noch nicht, daß sie nichts gesehen hätten. Sie sehen, so läßt sich vermuten, eben ihr eigenes Bild, nämlich das aus den vorgegebenen Bildern selbst gestaltete Panorama.

Switching ist der Versuch der Zuschauerinnen und Zuschauer, die Laborzeit des Fernsehens – wenn sie denn bestehen muß – den Händen der Programm-Macher zu entziehen und selbst zu gestalten.

Vielleicht sind die Switcher unter uns dabei, sich vom Temporausch der Fernsehbilder, von der Laborzeit des Mediums Fernsehens zu lösen, indem sie mit seinen Beschleunigungstendenzen spielerisch umgehen, indem sie mittels Fernbedienung ihre eigenen Bilder gestalten, indem sie die Linearität des Fernsehprogramms auflösen, indem sie bei dem verweilen, was Anreiz bietet. Vielleicht ist es ein Versuch der Emanzipation von der Zeitökonomie, wie sie durch die gesellschaftliche Institution Fernsehen vorgegeben wird.

Anregungen zu solchen Überlegungen bietet die ›Geschichte der Eisenbahnreise‹, die Wolfgang Schivelbusch 1979 geschrieben hat. Die Ausbreitung der Eisenbahn als typisches Vehikel der Industrialisierung war begleitet von der Sorge, daß die Menschen den Bewegungen und der Geschwindigkeit der Eisenbahn nicht gewachsen sein würden. Offenbar ist es aber, wie Schivelbusch sagt, zu einer „zivilisatorischen Rindenbildung" gekommen, die die neuen Geschwindigkeitsdimensionen ertragen und verarbeiten ließ, so daß ein neuer Blick auf die vorbeiziehende Landschaft entstehen konnte, der „panoramatische Blick".

Neurophysiologie und Psychologie sagen uns, daß bei der Wahrnehmung und Verarbeitung von Reizen zeitliche Minimalschwellen eingehalten werden müssen, im Tausendstelsekundenbereich. Wissen wir aber schon genug über die synergetischen Effekte, die bei der Wahrnehmung von Bild und Ton im Fernsehen eine Rolle spielen? Und inwieweit können Menschen hierbei lernen und Fähigkeiten entwickeln, die heute im Labor noch gar nicht erkennbar sind?

Karl Marx hat für die Epoche der Industrialisierung beschrieben, was auch für die Epoche der Elektronisierung zutreffen mag: daß Technik und Produktionsverhältnisse „nicht nur einen Gegenstand für das Subjekt, sondern auch ein Subjekt für den Gegenstand" schaffen (Marx 1974, S. 14).

Zusammenfassung

Der Umgang der Menschen mit dem Medium Fernsehen ist zugleich der Umgang mit dem Gegenstand Zeit. In diesem Umgang sind Ambivalenzen erkennbar, die sich aus der spannungsreichen Aufgabenstellung erklären lassen, zwei auseinanderstrebende Ziele zu verfolgen: die Anerkennung der Rationalität von abstrakter und ökonomischer Zeit einerseits und andererseits Widerstand, Flucht und Abwehr gegenüber dieser alles überschattenden Rationalität.

Jedes Fernsehverhalten fügt sich wie von selbst in die Zeitrationalität. Das liegt daran, daß das elektronische Medium mit seiner Laborzeit selbst eine Materialisation der Zeitrationalität ist. Aber der Widerstand gegen diese Zeitrationalität des Fernsehens kann je nach Lebenslage, individueller Zeitkultur und Valenz des Mediums Fernsehen ganz unterschiedlich ausgeprägt sein. Er reicht von einem bewußten Sichausliefern an das Medium – Fernsehnutzung als Delirium – bis zu einer bewußten Selbstdisziplinierung oder gar weitgehenden Abstinenz – Fernsehnutzung als Entschleunigung der Reize. Ein heimlicher Widerstand könnte sich – hier werde ich spekulativ – selbst noch im spielerischen Umgang mit den Beschleunigungskräften des Mediums ausdrücken, wie er in Form des Wellenreitens mehr und mehr Verbreitung findet. Die vordergründige Hektik, mit der diese Streifzüge durch die Bilderwelt unternommen werden, könnte auch Ausdruck einer (heimlichen) Suche nach Stillstand sein.

Literatur

Dahms, Heike (1983): Wie Zuschauer fernsehen – Zur Qualität des „Fernsehkontakts", in: Media Perspektiven 4, S. 279–286.

Darschin, Wolfgang/Bernward Frank (1992): Tendenzen im Zuschauerverhalten. Fernsehgewohnheiten und Fernsehreichweiten im Jahr 1991, in: Media Perspektiven 3, S. 172–187.

Elias, Norbert (1984): Über die Zeit, Frankfurt a. M.

Hörning, Karl H./Anette Gerhard/Matthias Michailow (1990): Zeitpioniere. Flexible Arbeitszeiten – neuer Lebensstil, Frankfurt a. M.

Marx, Karl (1974): Grundrisse der Kritik der politischen Ökonomie, Berlin.

Meggle, Roland (1989): Die Konstanz der Rezeption. Das Umschalteverhalten erwachsener Fernsehzuschauer in der BRD unter besonderer Berücksichtigung häufig umschaltender Rezipienten, Magisterarbeit an der Universität München.

Morley, David (1986): Family Television: Cultural Power and Domestic Leisure, London.

Neverla, Irene (1990): Der soziale Zeitgeber Fernsehen. Das elektronische Medium als Komponente und Agens der abstrakt-linearen Zeit unserer Gesellschaft, in: Medien und Zeit. Forum für historische Kommunikationsforschung, Jg. 5, Heft 1, S. 3–11.

Neverla, Irene (1992): Fernseh-Zeit. Zuschauer zwischen Zeitkalkül und Zeitvertreib, München.

Nowotny, Helga (1989): Eigenzeit. Entstehung und Strukturierung eines Zeitgefühls, Frankfurt a. M.

Ronge, Volker (1987): Mediennutzung versus personale Kommunikation. Grenzen der Prägung der sozialen Kommunikation durch Massenmedien, in: Rundfunk und Fernsehen 35/4, S. 461–477.

Schivelbusch, Wolfgang (1979): Geschichte der Eisenbahnreise. Zur Industrialisierung von Raum und Zeit im 19. Jahrhundert, München.

Stipp, Horst (1989): Neue Techniken, neue Zuschauer? Zum Einfluß von Fernbedienung und Programmangebot auf das Zuschauerverhalten, in: Media Perspektiven 3, S. 164–176.

Kontexte

ZEIT, ERZÄHLUNG, NEUE MEDIEN

Philosophische Aspekte eines Streits der Medien um das Leben

Von Dieter Thomä

Die Zeiten des Glücks, heißt es bei Hegel,[1] seien die „leere(n) Blätter" im Buch der Weltgeschichte. Es gibt auch einen anderen Traum von Glück, bei dem die Seiten im Buch des Lebens durchaus vollgeschrieben sein müssen. Das ist der Traum, mein Leben als Erzählung zu gestalten, vielleicht sogar mein Leben als einen vollendeten Roman zu leben. In einer solchen Erzählung, so ist dieser Traum zu deuten, soll es keine Herrschaft von oben herab geben, sondern einen Zusammenhang, bei dem sich behutsam eines ins andere fügt, in dem das „Ich" mit der „Welt" ins Spiel kommt.

Erwacht man aus diesem Traum, so steigt der Verdacht auf, daß man sich in der Wirklichkeit mit einer solchen erzählerischen Ordnung des Lebens eher schwertue. Es ist die moderne Welt selbst, so scheint es, die mir das Erzählen verleidet oder versagt, sie läßt die Einheit des Lebens auseinanderbrechen – zumal mittels der Neuen Medien. Fast sieht es so aus, als gäbe es einen Medienkrieg, einen Krieg zwischen dem alten Medium, der Erzählung, und den Neuen Medien, der geführt wird um das menschliche Leben, das sie bestimmen und gestalten wollen.

Ich mißtraue dem eingängigen Schema, dem Wunschtraum des erzählten Lebens stehe der Albtraum einer Welt entgegen, in dem die Neuen Medien als Unhold auftreten. Ich mißtraue auch dem umgekehrten Schema, die Erzählung sei längst veraltet und man solle sich getrost an ihre technologischen Nachfolger halten. Das Folgende ist ein Versuch, diesem Mißtrauen auf den Grund zu kommen. Ein Schauplatz, an dem sich genauer zeigen läßt, was die verschiedenen Medien beim Leben ausrichten und mit dem Leben anrichten, ist die *Zeit*. Auf dem Prüfstand stehen dann unterschiedliche Zeitbegriffe und Zeiterfahrungen. Gefällt sich etwa die Erzählung im zeitlichen Gestalten eines Prozesses, so stehen ihre Widersacher für Zeitsprünge, für Simultaneität. Anhand ihrer jeweiligen Zeitstrukturen lassen sich jene medial angeleiteten Lebensformen fern vom Schwarzweißbild des Medienkriegs kennzeichnen und einschätzen.

Im folgenden halte ich mich zunächst an Parolen, an „Die Erzählung ist tot“ (I) und „Es lebe die Erzählung“ (II). Das klingt royalistisch, und damit man mich nicht für einen naiven Royalisten des Narrativen hält, füge ich Fragezeichen hinzu und halte mich dann gut bolschewistisch an die Parole: „Alle Macht den Medien“ (III). Um wiederum nicht als Medien-Bolschewist zu enden, setze ich dahinter gleichfalls ein Fragezeichen, will jenen Spruch also weder als Triumphgeschrei noch als Seufzer gelten lassen. Am Schluß folge ich einem Wort von Paul Celan[2]: „Es ist Zeit, daß es Zeit wird“ (IV).

I. Die Erzählung ist tot?

Walter Benjamin meinte 1936, es gehe „mit der Kunst des Erzählens zu Ende“. Den Grund sieht er nicht in der Schwächlichkeit der Dichter, nicht im Schattendasein der Ästhetik, in seinem großen Aufsatz ›Der Erzähler‹ bezieht er sich vielmehr auf „Veränderungen“ der „äußeren“ wie der „sittlichen Welt“. Die Menschen seien, so meint er, „ärmer an mitteilbarer Erfahrung“ geworden, welche doch die „Quelle“ allen Erzählens sei.[3] Zweierlei ist es, was nach Benjamin das Erzählen auszeichnet. Zum einen spricht er ihm einen praktischen „Nutzen“ zu, nimmt es als Ratgeben, als „Vorschlag, die Fortsetzung einer (eben sich abrollenden) Geschichte angehend“.[4] Zum anderen stellt er das Erzählen gegen die „Information“, weil es doch nicht vollends funktionalisierbar, nutzbar sei, weil es sich mit „Erklärungen“ zurückhalte und dem Adressaten freistelle, „sich die Sache zurechtzulegen, wie er sie versteht“. Benjamins Lesart vom Niedergang des Erzählens ist nostalgisch: Was bleibt, ist die Trauer um den gelingenden Austausch zwischen Ratgebern und Ratlosen, Erzählern und Zuhörern, um ein lebensdienstliches Verhältnis der Mitteilung. Der Niedergang des Erzählens ist für Benjamin „eine Begleiterscheinung säkularer geschichtlicher Produktivkräfte, die die Erzählung ganz allmählich aus dem Bereich der lebendigen Rede entrückt hat und zugleich eine neue Schönheit an dem Entschwindenden fühlbar macht“.[5]

Was führt diesen Niedergang herbei? Erfahrungen sind, so sagt Benjamin, nicht mehr mitteilbar, wenn sie heterogen nebeneinanderstehen, sich nicht in einen epischen Zusammenhang, in die „Kette der Tradition“[6] eingliedern lassen. Ein solcher Erfahrungsbruch war der Erste Weltkrieg, der alle „Erfahrungen (...) Lügen gestraft“ hat.[7] Doch dieser Kollaps der Lebenswelt ist für Benjamin nur drastisches Zeichen einer schleichenden Umwälzung der modernen Gesellschaft. Die Ausdeutbarkeit der Erzählung, die Vielfältigkeit des Sinns, die er (kabbalistisch) schätzt, werden dabei von der „Information“ verdrängt. Das zieht auch die Erfahrung der „Zeit“ in Mitleidenschaft. Die „Information“ muß – so Benjamin – eindeutig nutzbar sein im „Augenblick, (...) muß sich gänzlich an ihn ausliefern und ohne Zeit zu verlieren sich ihm erklären. Anders die Erzählung", deren langwierige Zeit der Auslegung und Verknüpfung ins Hintertreffen gerät. In eins mit dem Erzählen scheint also eine bestimmte Art der Zeiterfahrung bedroht zu sein. Was sich etabliert, ist eine „homogene und leere Zeit",[8] die angefüllt wird durch synthetisch kombinierte Fakten.

Theodor W. Adorno übernimmt Benjamins Verdikt[9] gegen das Erzählen in der Moderne: „Es läßt sich nicht mehr erzählen", sagt er. „Zerfallen ist (...) das in sich kontinuierliche und artikulierte Leben, das die Haltung des Erzählers einzig gestattet."[10] Romane sind heute nichts anderes als „Zeugnisse eines Zustands, in dem das Individuum sich selbst liquidiert".[11] Adorno zieht also Benjamins These vom Tod des Erzählens zusammen mit der These vom Tod des klassischen bürgerlichen Individuums. Er folgt in seiner Aversion gegen das Biographische Siegfried Kracauer und Leo Löwenthal.[12] Wenn man dieser Diagnose folgt, dann ergibt sich daraus ein Verbot für den Dichter: Verboten müßte ihm demnach sein, das Leben der Menschen noch so zu behandeln, *als wäre es erzählbar.* Auch der Traum, das Leben als einen vollendeten Roman zu leben, wäre damit tabu. Ließe sich ein Leben so nicht mehr führen und gestalten, dann taugte die Konstruktion eines erzählten Lebens nur zur literarischen Trotzreaktion, dann hinkte die Ästhetik eben der Moderne hinterher, deren Avantgarde sie doch sein will.

Es geht bei Adorno im Unterschied zu Benjamin weniger um den Akt des Erzähl*ens* als um die Form der Erzähl*ung* (auf diesen Unterschied werde ich am Ende nochmals zurückkommen). Damit wird auch die „Zeit", die in Mitleidenschaft gezogen werden kann, eine andere. Anstelle der Zeit des „Erzählens" als eines Potentials zur Entfaltung von Vielsinnigkeiten, der Zeit des kommunikativen Austauschs geht es Adorno nun um die Zeit der „Erzählung" des Lebens, deren Kohärenz, deren Funktion zur Integration von Erfahrungen und zur Bildung von Identität er verlorengibt. Er hält, kurz gesagt, nichts vom Ideal der „Persönlichkeit", als „Karikatur der Freiheit"[13] zieht es seinen „beißenden Spott"[14] auf sich. Und demnach scheint mit der Erzählung frei nach Hegel „eine Gestalt des Lebens alt geworden",[15] wenn nicht gar tot zu sein.

Benjamin trauert dem Erzählen nach, hält aber nicht krampfhaft an ihm fest. *Zeitweise*[16] hält er es gar für vielversprechend, mit der Erzählung Schluß zu machen und statt dessen auf die Technik (heute würde man sagen: auf die „Neuen Medien") zu setzen, in der neben dem zerstörerischen auch ein konstruktives Potential zu entdecken sein soll. Berühmt-berüchtigt sind seine einschlägigen Ideen zum Film 1935/36 in ›Das Kunstwerk im Zeitalter seiner technischen Reproduzierbarkeit‹, dem Gegenstück[17] zu dem etwas später entstandenen ›Erzähler‹-Aufsatz. Adorno folgt dieser verzweifelten Spekulation Benjamins über die positiven Möglichkeiten der Technik nicht und unterzieht sie einer, wie ich finde, treffenden Kritik.[18] Aber Benjamins

Position enthält eine spezielle Pointe oder Komplikation, die auf einen wichtigen Aspekt im Spannungsfeld zwischen dem Erzählen und der Technik hinweist.

Wenn Benjamin die „homogene und leere Zeit" der Moderne beschreibt, so richtet sich seine Analyse nämlich nicht nur gegen die informationelle Isolierung von Fakten, denen ihr interner Zusammenhang, also auch die ihnen inhärente Zeitstruktur abhanden kommt. Sie richtet sich auch gegen das Bild eines „homogenen Verlauf(s) der Geschichte",[19] wie es vom „Historismus", also gerade in einem *narrativen* Umgang mit Ereignissen etabliert wird. Die Komplikation von Benjamins Position besteht also darin, daß er zunächst das „Erzählen" als eine vergangene Kostbarkeit gegen die Welt der „Information" setzt, dann *auf der einen Seite* den Versuch einer positiven Vereinnahmung der Technologie wagt und *auf der anderen Seite* die vermeintlich „erzähl"-freundlichen Historisten heftigst kritisiert. Damit liegt Benjamin quer zu dem schlichten Schema im Streit der Medien um das Leben, das die traditionalistische Erzählung und die modernistischen Neuen Medien gegeneinander antreten läßt.

Diese Benjaminische Komplikation läßt sich auflösen mit Hilfe seines Begriffs der „Erfahrung". Das Erzählen und die Erzählung haben demnach ihren Wert nicht deshalb, weil sie Geschehnisse in einen Zusammenhang, in eine Form bringen, sondern weil sie an „Erfahrungen" gebunden sind. Diese „Erfahrungen" gehen nicht in der sprachlichen Dimension auf, vielmehr ist die Sprache ihnen als der Quelle ihres Gehalts verpflichtet. Dies genau veranlaßt Benjamin *einerseits* zu dem Einwand gegen den Historismus, er betreibe eine äußerliche, „additiv(e)"[20] Ordnung von Ereignissen; *andererseits* ergibt sich daraus ein Motiv, um der Bewahrung von „Erfahrungs"-Möglichkeiten willen auf den Film und seine Technik zu verfallen. In dem Maße nämlich, wie der Film in einer unmittelbaren, nicht „homogenisierenden" (s. o.) Weise zu den Sinnen, der Sinnlichkeit Zugang hat, läßt er für den berühmten „Groschen ‚Sinn'",[21] für die von Benjamin kritisierte künstliche Kohärenz, keinen Platz mehr und verspricht ihm nach dem Ende erfahrungsgesättigten „Erzählens" einen Zugang zu unverstellten, gar „leibhaften" Erfahrungen, auch zu den von Benjamin als Bruch des Vertrauten geschätzten „Chocs". Um ihretwillen spielt er die „Technik" gegen den historistischen „Sinn"-Zusammenhang aus. Er weist damit auf eine Grenze der Deutungen hin, die das Leben in integrativen Erzähl-Strukturen (gut) aufgehoben sehen.

Man kann Benjamin darin folgen, daß das Erzählen und die Erzählung auf etwas verwiesen sind, das ihnen doch zugleich entgeht, daß es Erfahrungen, Regungen, Gefühle, komplexe Stimmungen gibt, die zwar zu versprachlichen sind, nicht aber in der Sprachlichkeit aufgehen.[22] Sie sind insofern auch nicht von vornherein einer Zeitlichkeit unterworfen, wie sie ihnen die Erzählung angedeihen lassen will. Dieser „Erfahrungs“-Vorbehalt reicht aber nicht zur Begründung von Benjamins Anschlußthese, die Zeit des Erzählens sei nun zu Ende und die „Technik“ könne zum Retter unmittelbarer, nicht-sprachlicher Erfahrung qua „Physis“ avancieren.[23] Seine Umwidmung der Technik ist gelinde gesagt waghalsig.[24] Unklar bleibt, wie genau solche leibhaften, nicht sinnhaft vereinnahmten „Erfahrungen“ fern von der Sprache genauer zu fassen sind. Es ist auch mindestens unsinnig zu sagen, die Koppelung dieser Erfahrungen an technische Prozesse könne dazu führen, daß „alle leiblichen Innervationen des Kollektivs revolutionäre Erfahrung werden“;[25] diese antikognitive Verlagerung verändernder Praxis hinein in den „Leibraum“[26] ist allenfalls noch historisch verständlich daraus, daß Benjamin nach dem Scheitern der traditionellen Arbeiterbewegung(en) 1933 nur mehr auf einen schlagartigen, spontanen Aufstand meinte setzen zu können.

Benjamin selbst hat sich bei seiner Hingabe an die Technik immer eine Rückzugsmöglichkeit offengehalten, er hat auch im ›Kunstwerk‹-Aufsatz auf die filmische „Apparatur“ gesetzt, um sich von ihr zu einer am Ende keineswegs technisierten Erfahrung verhelfen zu lassen.[27] Wenn er die Technik also nur um eines anderen willen einsetzt (das freilich undeutlich bleibt), so läßt er sich der Sache nach doch auf einen „Materialismus“ ein, der auf neuere naturalistische, in einem anderen Sinn „materialistische“ Konzeptionen des menschlichen Geistes vorausweist – mögen diese auch von ganz anderer Machart sein und ohne politisch-revolutionäre Ambitionen auskommen (s. u. Teil III). Zugleich wahrt Benjamin seine Anhänglichkeit an eben das „Erzählen“, das einst dazu getaugt haben soll, in der Sprache den „Erfahrungen“ treuzubleiben und sie weiterzugeben. Wenn man sich von Benjamins geschichtsphilosophischer Prämisse löst, das Erzählen sei schlechterdings etwas Vergangenes und werde durch „Information“, reine „Technik“ und reine „Physis“ (s. o.) abgelöst, dann ergeben sich zwei weniger dramatische, aber präzisere Fragen: Zu klären ist zum einen, welchen Status die Erzählung heute beanspruchen kann (Abschnitt II). Zur Debatte steht zum anderen die Konkurrenz, die narrativen Formen in Gestalt der Neuen Medientechnologien blüht (Abschnitt III). Als aufschlußreich erweisen sich dabei die jeweiligen Deutungen von Zeit und Zeiterfahrung.

II. Es lebe die Erzählung?

Die Art, wie wir unser Leben führen, sei „zutiefst erzählerisch“, meint Arthur Danto[28], Theoretiker des Handelns. „Narrare necesse est“, meint Odo Marquard[29], Liebhaber der Tradition. „Die Narrativität“ sei „wieder im Kommen“, meint Michel de Certeau[30], Lebenskünstler der Postmoderne. „Subjekte“ gewinnen mit „narrativen“ Mitteln erst ihre „Identität“, meint

Hermann Lübbe[31], Aufseher des Fortschritts. Mittels der „Erzählung“ gelinge es, „Sequenzen zu ordnen, (...) sinnvolle Beziehungen zwischen ihnen her(zu)stellen (...) und dadurch Identität zu stiften“, meint Helga Nowotny[32], Verteidigerin von Zeitspielräumen. “Live has to be lived as a story”, behauptet Charles Taylor[33], Wächter des „Selbst“. „Ich-Identität“ stelle sich her im Zuge der „Rekonstruktion der eigenen Lebensgeschichte“, meint Jürgen Habermas[34] und greift dabei gegen seinen Lehrer Adorno zurück auf alte Ideen von Dilthey und Kierkegaard.

Man kann sich kaum retten vor den Rettern der Erzählung, und man könnte noch viel mehr nennen – aus der Philosophie wie aus der Soziologie, aus der Psychoanalyse wie aus der Historiographie. Unbekümmert um die alte These vom Tod der Erzählung orten sie alle die Leistung der Erzählung gerne an dem Punkt, an dem sie nach Adorno schmählich versagt: nämlich in der Konstitution von Identität, im Begriff des Individuums oder der Person. Durch die Erzählung erfahre man, so heißt es, wer man „selbst“ sei, sie biete eine antihierarchische Ordnung, sichere die lebensgeschichtliche Kohärenz, sei die angemessene Form der Selbstgestaltung und -entfaltung. Das Wunschbild vom gelingenden Leben als vollendetem Roman lockt von neuem. Die Erzählung soll dienen zur Entfaltung der „Lebenszeit“ als der „Eigenzeit“[35] des Individuums.

Die neuen Theoretiker der Erzählung können gegen die These, mit dem Erzählen gehe es zu Ende, einen stärkeren oder einen schwächeren Angriff[36] richten.

Sie können zum einen vorläufig zugeben, daß die modernen Zeiten die Kohärenz menschlichen Lebens gefährden. Vielleicht unterstellen sie zunächst sogar, das Leben sei prinzipiell erstmal nichts anderes als eine fragile Folge von Erfahrungen; Hume wie Montaigne[37] haben dieses empiristische Argument auf unterschiedliche Weise ausgeführt und Nietzsche verfiel auf „das äußerste Beispiel“, wonach ein Mensch „nicht mehr an sein eigenes Sein, (...) nicht mehr an sich (glaubt), (...) alles in bewegte Punkte auseinander fließen (sieht) und (...) sich in diesem Strome des Werdens“ verliert.[38] Unterstellt wird hier also eine *zeitliche* Zerrissenheit, die entweder auf eine empirisch abgeleitete Diskontinuität von Wahrnehmungen oder auf eine historisch abgeleitete Fragmentierung von Erfahrungen zurückgeführt wird. Die Erzählung wird dagegen aufgeboten als die Form, zu der ein haltloses Leben finden kann, vielleicht gar als Versuch einer „Sinngebung des Sinnlosen“. Diese *schwache These*[39] nimmt hin, daß es mit dem Leben erstmal anders zugeht, baut also einen mißlichen Status quo auf und kann dann nichts anderes geben als eine Empfehlung, ein Votum zugunsten der Erzählung. Daß faktische Umstände, etwa auch im Gefolge der Neuen Medien, es erschweren könnten, diesen Rat zu befolgen, ficht sie nicht an, bleibt doch das angegebene Ziel erstrebenswert.

Die Vertreter der *starken These* wollen mehr als nur eine Empfehlung aussprechen. Sie behaupten, Erzählstrukturen müsse man nicht erst ins menschliche Leben hineinlegen, dieses sei vielmehr ohne solche überhaupt nicht denkbar; es sei auch kein primärer Befund zu machen, in dem das menschliche Leben fragmentiert und ‚erzählfrei' vorliege. Vielmehr könne man sich berufen auf eine bestimmte Verfassung, man könnte auch sagen: einen „ontologischen" Status des Leben: eben daß es unweigerlich narrativ angelegt sei. Dieses kann insofern auch nicht von irgendwelchen Gefahren, wie sie z. B. Benjamin gesehen hat, schlechthin überwältigt werden; die Erzählung geht ihnen „immer schon" voraus, ist über sie erhaben.[40] Der Urvater dieser Position ist Schelling. Für ihn fiel das Wissen des Menschen mit dem Erzählbaren zusammen, und dessen „Wesen" bestimmte er als „das Band, durch das der Mensch fähig wird, mit der ältesten Vergangenheit, wie mit der fernsten Zukunft in unmittelbaren Bezug zu treten, weil es die Zeit eingewickelt enthält".[41]

Ich möchte mich weder der schwachen noch der starken These anschließen, sondern eine Position vertreten, die man zur Not vielleicht schwach-stark nennen könnte, wenn darin nicht ein fauler Kompromiß zu vermuten wäre.

Der Erzählung im Sinne der schwachen These ein sozusagen a-narratives Leben vorzusetzen, beruht auf zu starken Prämissen – und zwar unabhängig davon, ob man dies am historischen Befund der Fragmentierung des Bewußtseins festmachen will oder an der empirischen Diskontinuität geistiger Akte. Die erste Variante enthält eine pauschale Aussage über einen chaotischen Weltzustand, bei deren Begründung sich der vermeintlich unbeteiligte Beobachter schon zu einem transzendental Bösen hinauf- oder hinabschwingen müßte. Die zweite Variante, die These von der Diskontinuität von Bewußtseinsvorgängen verweist weniger ideologisch auf ein in der Tat zentrales Problem in der Theorie des (Selbst-)Bewußtseins; diese These kann aber nicht für sich beanspruchen, ein *fundierendes* Dilemma zu sein, dem erst die Erzählung entgegenzusetzen sein soll. Umgekehrt stellt sich jene Diskontinuität erst nachträglich als Problem heraus, wenn pragmatische Orientierungen zusammengebrochen sind.

Identifiziert man die Erzählung im Sinne der starken These als Form des Lebens selbst, fällt man eine zu starke Vorentscheidung darüber, was es heißt, sein Leben zu leben.[42] In der Tat ist das Erzählen aus dem Leben nicht einfach wegzudenken; dessen Tod kann zwar leicht verkündet, aber nur schwer vollstreckt werden. Wenn das Erzählerische im menschlichen Leben nicht schlicht verlorengehen kann, so bleibt freilich die Frage, was damit genau gewonnen ist. Daß man erzählen kann, wie *erst* das passierte, *und dann* das, *und dann* das, bringt nicht schon das Leben selbst in die Form einer Erzählung, besagt nicht, die Identität des Individuums ließe sich als narrative

Kohärenz stiften. Erreicht ist damit sicher auch nicht das erfahrungsgesättigte Erzählen, das etwa Benjamin bedroht sah. Ein narrativer Fundamentalismus könnte noch versuchen, sich damit zu rechtfertigen, daß mit der Erzählung nicht die bloß sprachliche Struktur allein gemeint sein soll, sondern daß sie den Erzähl-Inhalt mitumfaßt und dieser Inhalt, hier: das menschliche Leben, ohne die Erzählung schlechterdings nicht wäre. So leicht man sagen kann, etwas könne doch nur in sprachlicher Form „als etwas" gegenwärtig sein, so wenig kann man damit schon alles, was ist, von der Erzählung her als deren Referenz vereinnahmen. Was als Anpassung an den Lauf des Lebens gepriesen wird, läßt sich zudem umgekehrt als narrative Bornierung der sprachlichen Kompetenz des Menschen kritisieren.

Ich gehe im Sinne der starken These davon aus, daß das Erzählen nicht nachträglich gegen einen Lebens- und Weltzustand aufgeboten wird, der schon als etwas A-Narratives festgelegt und vorgegeben ist. Umgekehrt ergibt sich daraus aber nicht, daß die Erzählung als *die* fundamentale Organisationsform menschlicher Selbstverständigung zu privilegieren sei. Sie hat sozusagen eine offene Flanke, braucht ein Bewußtsein davon, was ihr entgeht. Wenn man im Sinne des eingangs erwähnten Traums den vollendeten Roman für die Vollendung des Lebens engagiert, wird man dieses doch verfehlen.

Die Grenzen der Erzählung werden insbesondere an einem Punkt deutlich, der von Erzähltheoretikern gerade für deren Domäne gehalten wird: nämlich bei der menschlichen Zeiterfahrung. Ein solcher Zusammenschluß von Zeit, Erzählung und Leben hat seinen berühmtesten Ausdruck wohl in Thomas Manns ›Zauberberg‹ gefunden, in dem es heißt: „Die Zeit ist das *Element* der Erzählung, wie sie das Element des Lebens ist."[43] Bernhard Groethuysen hat in einem zu Unrecht vergessenen Aufsatz ›De quelques aspects du temps‹ aus dem Jahr 1935 erklärt, die Erzählung sei „nichts anderes als die Kunst der Zeit".[44] Zugleich hat er freilich angemerkt, daß zu einem Leben verschiedene Zeiten gehören und daß man diese Zeiten nicht aufeinander reduzieren könne. „Man könnte sogar sagen: sie sind unversöhnlich", schreibt er.[45] Wer die Erzählung zu *der* Organisationsform menschlicher Zeiterfahrung macht, setzt sich insofern einem Einwand aus: Unterstellt wird dabei, man hätte gar keine andere Wahl, als seine Zeit sich eben erzählerisch anzueignen; damit werden andere, möglicherweise auch positive Weisen der Zeiterfahrung oder – frei nach Nelson Goodman[46] – der „Zeiterzeugung" von vornherein abgewiesen oder abgewertet.

Paul Ricœur[47], der in jüngster Zeit am ausführlichsten für das Junktim von Zeit und Erzählung plädiert hat, läßt durchaus noch „Phantasievariationen"[48] zu, die sich innerhalb der Erzählung über die Zeit als Erzählfolge hinausbegeben dürfen. Solche „Grenzerfahrungen" verweisen nach Ricœur darauf, daß nicht alle „Zeit" in der „Erzählung" aufgeht. Er hält sich freilich an ein „ontologisches Zeugnis",[49] das sich in der „Zeit" verbergen soll, setzt damit jedoch vorweg die menschliche Zeiterfahrung in der narrativen Folge fest. Nach seinem Verständnis geht es bei den Versuchen, aus dieser Folge auszuscheren, darum, der „ontologisch" gegebenen Verfassung menschlicher Zeit etwas Anderes entgegenzusetzen; letztlich sieht er sie auf der Suche nach einem Gegenbild zur narrativen Lebensform selbst, wie es allein in der Erfahrung der „Ewigkeit" aufscheint. Eine solche theologisierende Deutung unterschätzt die profane menschliche Kompetenz, mit Zeit umzugehen[50]; ich werde darauf im Schlußabschnitt noch genauer eingehen. Die – vielleicht sogar reizvolle – Konkurrenz, die der Erzählung blühen könnte, wird durch ihr Junktim mit dem Leben direkt als des letzteren Bedrohung stigmatisiert. Solche starken Prämissen sind nicht gerade dienlich bei dem Versuch zu verstehen, wie sich mit den Neuen Medien das Bild menschlichen Lebens und seiner Zeit verwandelt.

III. Alle Macht den Medien?

Die Neuen-Medien-Theoretiker[51] lassen sich in ihrer Diagnose leiten von der These eines doppelten Verlusts: Sie gehen aus von einem *Realitätsverlust*, der bewirkt wird durch die Virtualisierung, die Simulation dessen, was präsentiert wird. Sodann ergibt sich ein *Selbstverlust*, indem das vermeintliche Subjekt der Betrachtung zum bloßen Bildverarbeiter, zum Anhängsel der Technik oder selbst zu etwas Technischem, einer Bild- und Informations-Verarbeitungsmaschine wird. Ich halte diese Diagnose für irreführend und möchte dies zunächst begründen, um dann den Auswirkungen der Neuen Medientechnologien auf Zeit und Zeiterfahrung nachzugehen.

Paul Virilio meint, die „Exozentrierung" des Menschen gehe verloren, weil man nicht mehr mit Räumen, mit „Territorialem" zu tun habe, sondern nur noch mit Information, mit "Input" und "Output".[52] Er geht aus von der „Auflösung" der „Dinge und Orte",[53] von einem *Realitätsverlust*. Seine Vorgabe bleibt dabei erklärtermaßen nostalgisch[54] ein Halt im „Territorialen", dessen Untergang er beklagt und das als Gegenbild zum medialen Realitätsverlust herhalten muß. Die Sehnsucht nach einer unverbrüchlichen Wirklichkeit, an die man sich halten kann, tritt also gemeinsam auf mit der Erfahrung einer „Agonie des Realen",[55] der Simulation der Wirklichkeit. Führte man den Simulationsgedanken konsequent nietzscheanisch durch, dann hieße dies allerdings, daß mit dem Verlust der (sozusagen „wahren") Wirklichkeit auch deren Pendant, nämlich der bloße Schein verschwinden müßte; der Begriff des Scheins verlöre seinen Sinn, könnte man ihm kein Sein mehr entgegenhalten.[56] "Virtual reality", "Simulation" etc. sind insofern geradezu darauf angewiesen, daß eben die Realität stillschweigend als

Gegenhalt unterstellt bleibt, welche doch nach einer sei es wehklagenden, sei es begeisterten Anamnese abhanden zu kommen scheint.[57]

Auf ironische Weise wiederholt sich hier eine theoretische Figur, auf die man schon bei einem ungeliebten philosophischen Stiefonkel der Neuen-Medien-Theoretiker stößt: bei Sartre.[58] Wie Sartres Erschütterung über die „nackte Existenz" nur nachvollziehbar ist vom Zusammenbruch der stark metaphysisch aufgeladenen Voraussetzung her, jedes Ding enthalte von sich aus seine Funktions- und Wesensbestimmung, so ist die medientheoretische These vom Realitätsverlust nur nachvollziehbar vom Zusammenbruch der stark metaphysisch aufgeladenen Voraussetzung her, es gebe so etwas wie eine unmittelbar zugängliche, unverbrüchliche Wirklichkeit.[59] *Diese* Wirklichkeit ist in der Tat verloren, oder besser: diese Wirklichkeit kann gar nicht verlorengehen, ein sinnvoller Begriff von ihr läßt sich m. E. nicht geben.[60] Da Realität immer im weitesten Sinne medial erschlossen ist, wirkt das Pathos aufgesetzt, mit dem die Neuen-Medien-Theoretiker ihre These von der „Agonie des Realen" profilieren.

Freilich heißt dies gerade nicht, der Unterschied zwischen künstlichen Bild-Welten und natürlichen Lebens-Welten fiele damit in sich zusammen und man könnte sich jenseits von Sein und Schein beliebige Welt(en) zurechtmachen. Vielmehr bleiben konkrete Erfahrungsbereiche unterscheidbar, auch ein Vorrang „natürlicher" vor „künstlicher" Realität läßt sich kenntlich machen. Dies ist gerade dann am leichtesten zu fassen, wenn man sich an die Unterschiede hält, die in den Wahrnehmungsweisen selbst liegen: Im Ernst läßt sich dann ziemlich leicht auseinanderhalten, ob ich mich im Cyberspace herumtreibe oder im Wald wandere, so wie auch schon immer zu klären war, ob ich im Traum einen Abgrund hinunterstürze oder in „Wirklichkeit" aus dem Bett falle. Daß man sich hier vertun kann, sich gelegentlich dabei auf die Schliche kommt, einen Traum-Rest für eine reale Erinnerung gehalten zu haben, ist gerade ein Zeichen dafür, daß man hier über Kriterien zur Unterscheidung verfügt.

Die Rede vom Realitätsverlust hat einen traditonellen Vorgänger in der realistischen Warnung, Menschen könnten zur Weltflucht antreten. Schon Kant gab dieser Sorge eine antimediale Wendung: „Man muß (...) Kindern alle Romane aus den Händen nehmen. Indem sie sie lesen, bilden sie sich in dem Roman wieder einen neuen Roman, da sie die Umstände sich selbst anders ausbilden, herumschwärmen, und gedankenlos da sitzen."[61] Daß Kinder „gedankenlos da sitzen" und unter Realitätsverlust leiden, ist eine Klage, die wortgleich über Fernsehkonsumenten von heute geführt werden könnte. Daß „die" Realität aufs Spiel gesetzt werden kann, ist also nicht erst eine Folge der Neuen Medien, sondern eine menschliche Kompetenz. Es macht freilich keinen Sinn, die Neuen Medientechnologien einfach von traditionellen Erfahrungsmustern her zu vereinnahmen. Neu sind heute die extremen Anforderungen, denen jene Kompetenz in wechselnden Kontexten ausgesetzt ist; das Aufs-Spiel-Setzen der Realität ist begleitet durch äußere S(t)imulationen und tritt damit nicht mehr nur als aktives Imaginieren, sondern ebenso als passives Rezipieren auf. Ich werde im Schlußabschnitt auf die Frage eingehen, wieweit in Medien-Realitäten eine Verarmung, Limitierung von Erfahrungsmöglichkeiten betrieben und erlitten werden kann. Der Grund hierfür ist dann aber nicht pauschal die Verlustmeldung der Realität, sondern die Tatsache, daß *bestimmte Formen* der Neuen Medien die Interpretationsprozesse, überhaupt die Praxis erschweren, in der man sich der Realität versichert. Damit ist nicht prinzipiell ausgeschlossen, daß Neue Medientechnologien auch zur Bereicherung von Erfahrungen beitragen können; vielmehr ist im Ausgang von Erfahrungsmöglichkeiten und pragmatischen Umgangsweisen allererst der Punkt erreicht, von dem aus sie zu beurteilen sind. In der Geschichte dessen, was heute gerne „Lebenswelt" heißt, gibt es eindrucksvolle Zeugnisse, wie Technologien, die anfangs ob ihrer Lebensfeindlichkeit Panik ausgelöst hatten, praktisch integriert wurden; umgekehrt sind Handlungsspielräume nicht davor gefeit, durch technologisch determinierte Abläufe eingeschnürt zu werden.

Die Neuen Technologien begnügen sich freilich nicht mit einer Rolle, in der sie nach ihrem Nutzen und Nachteil für die „Lebenswelt" beurteilt werden. In ihnen liegt eine weit radikalere Umdeutung des menschlichen Lebens, die sich im Anschluß an die These vom *Selbstverlust* diskutieren läßt. Daß aus dem Realitäts- auch ein solcher Selbstverlust folgt, legt ein handliches Schema nahe, das wiederum Paul Virilio[62] vorgegeben hat. Die These vom Realitätsverlust ist bei ihm bezogen auf eine Entwicklung, die den Menschen von der „Exozentrierung", von der Bindung an „Territoriales", in die „Egozentrierung" treibt. Bei letzterem bleibt sie freilich nach Virilio nicht stehen: Wenn dem „Ego" nämlich das Äußere abhanden kommt, so heißt es, geht am Ende auch dieses „Ego" verloren: Ohne „Objekt" steht es schlecht um das „Subjekt". Was an diesem eingängigen Schema nicht stimmt, wird schnell deutlich: Weil schon keine „Exozentrierung" ohne subjektive Zutat bleibt, kann man auch nicht eine vorausgesetzte Realität zur „exterioren" Voraussetzung machen, an der sich das „Subjekt" bei Strafe der Selbstpreisgabe orientieren muß. Die These vom Selbstverlust ist insoweit nur ein schlechtes Pendant zu der These vom Realitätsverlust. Hier wie dort wird der Dualismus von Subjekt und Objekt nach einer Seite hin aufgelöst, um dann zu befinden, daß eine Seite allein sich nicht halten kann.

Es macht freilich auch wenig Sinn, gegen solche eher unproduktiven Schematisierungen das Verhältnis von Subjekt und Objekt als festes Junktim zu rehabilitieren und es dabei zu belassen. Insofern bleibt die Frage interessant, wie Wahrnehmungs- und Erfahrungsprozesse alternativ beschrieben werden können. Denkbar ist – wie angedeutet – ein pragmatischer Ausweg, der die Begriffe sowohl der „Realität" wie des „Subjekts" reformiert. Den Ausweg, den dagegen die postmodernen Medientheoretiker einschlagen, könnte man physikalistisch nennen: Es geht ihnen um Informationsverarbeitung – und zwar in dem radikalen Sinn, daß auch die Menschen als Maschinen, die Informationen verarbeiten, beschreibbar werden sollen. Der Zweig der Medientheorie, der sich nicht erst noch in den Widersprüchen des Subjekt-Objekt-Dualismus verfangen will, beschreibt von vornherein den Umgang mit Medien als einen Vorgang, in dem sich die Technik der Informationsübermittlung in der Technik von Gehirnprozessen fortsetzt.[63] Sie fragen also nicht bloß nach dem *Verhältnis* zwischen technologischen Prozessen und praktischen Zusammenhängen, sondern setzen radikaler auf eine totale, sozusagen maschinistische Beschreibung des Lebens. Hier kommen die postmodernen Theoretiker in eine verblüffende und bislang kaum erkundete Nähe zu bestimmten Positionen, die in der analytischen Philosophie des Geistes vertreten werden. Mir scheint, daß gegen eine solche physikalistische Beschreibung von Wahrnehmung und Informationsverarbeitung ein stärkerer und ein schwächerer Einwand erhoben werden kann.

Der stärkere Einwand (der auch innerhalb der Philosophie des Geistes von dualistischen Theorien vertreten wird) hält die rein technische Beschreibung des menschlichen Geistes für unzureichend, weil dieser sich dem Determinismus, der in einer solchen Beschreibung impliziert scheint, entzieht. (Ich lasse hier die Frage beiseite, wieweit mit physikalistischen Mitteln auch nicht-deterministische Modelle menschlichen Geistes entwickelt werden können.) Wie in der praktischen Philosophie der Gegenwart Freiheit und Autonomie des Menschen eine fast selbstverständliche Voraussetzung bilden,[64] so wird die Freiheit also auch gegen eine physikalistische Deutung des Menschen ins Spiel gebracht; in diesem Kontext gerät sie freilich schneller in den Verdacht, eine problematische metaphysische Voraussetzung zu sein.

Der schwächere Einwand setzt nicht auf eine eigene starke Voraussetzung, die dem Physikalismus entgegensteht, sondern weist diesen auf dessen eigene Unschlüssigkeit hin: Demnach verläßt der Physikalist ständig seine Beobachterposition,[65] die er gegenüber dem Gehirn einnimmt, um sich zu rechtfertigen, zu motivieren etc., bringt sich also permanent als Handelnden, (frei) Entscheidenden ins Spiel – ganz zu schweigen davon, daß der Physikalist seine methodische Beobachterperspektive im Umgang mit sich selbst kaum durchzuhalten vermag. Dieser Einwand stützt sich also weniger auf eine starke Unterstellung als auf den pragmatischen Befund, daß das physikalistische Vokabular und Instrumentarium nur eines von mehreren ist und insbesondere von der alltäglichen Sprachpraxis hartnäckig durchbrochen wird.[66]

Es ist nicht mein Thema, eine Entscheidung zwischen diesen beiden Einwänden herbeizuführen, ich will nur das Reflexionsdefizit deutlich machen, unter dem die postmodernen Debatten der Neuen-Medien-Theoretiker (*im Gegensatz* zu den Debatten in der Philosophie des Geistes) an diesem Punkt leiden. In ihnen wird von vornherein das Problem unterlaufen, wie sich technologische Prozesse zu Handlungszusammenhängen verhalten, sie dekretieren einen geschlossenen physikalistischen Zusammenhang, aus dem sie doch selbst permanent ausbrechen. Es ist das Gespenst eines halbierten Cartesianismus, das durch diese Theorien geistert – eines Cartesianismus, von dem man die Deutung des Menschen als Maschine beibehält und den Rest, Descartes' Deutung des Geistes, einfach beiseite läßt. Es geht nicht darum, diesen Rest wieder ins Recht zu setzen. Wie oft bei Dualismen gerät man aber auch hier in Schwierigkeiten, wenn man nur eine seiner Hälften beibehält und unterstellt, sie habe auch allein, mehr oder minder unverändert, Bestand.

Die Frage, ob „alle Macht den Medien" gehöre, kann demnach auch ohne appellative Überanstrengung verneint werden. Man muß hierzu nicht die Verteidigung menschlicher Selbstbestimmung beschwören oder die programmatischen, oft auch romantizistischen Prämissen des Lebenswelt-Begriffs teilen, sondern kann sich auf den Vorwurf beschränken, daß die Neuen-Medien-Theoretiker es versäumen, neben der bloßen Beschreibung technischer Prozesse die damit konkurrierende sprachliche und pragmatische Verständigung zwischen Menschen überhaupt zur Kenntnis zu nehmen. Dies wirkt sich auch auf ihre Deutung von Zeit und Zeiterfahrung aus.

Als Gegensatz wird die Sache schnell griffig: Galt die Erzählung einst als „Kunst der Zeit" (Groethuysen, s.o.), so heißt es nun: „Zeit wird durch Technologien organisiert."[67] Die Technologien führen, so meint Paul Virilio, zu einer „Augenblicklichkeit ohne Geschichte", in der mit der „Zeit der Geschichte" „jede Chronologie ruiniert" werde.[68] Die „Chronopolitik" der Neuen Medien laufe am Ende auf eine „Aufhebung der Zeit" zugunsten geschichtsloser Omnipräsenz hinaus.[69] Im Grunde können die Theoretiker der Neuen Medien hier bruchlos bei den kulturkritischen Theorien anknüpfen (tun dies aber selten), welche schon früh den Tod der Erzählung beschrieben haben. Schon Benjamin hatte – wie zitiert (s.o. Abschnitt I) – von der schlechten „Augenblicklichkeit" gesprochen, auf die die „Information" sich festlegte. Und wie sich Benjamin fast selbstzerstörerisch seinem Gegenstand, der Kulturindustrie auslieferte und dabei doch in der Reserve blieb, so versenkt sich Virilio in die Neuen Medien und beschwört doch „nostalgisch" (s.o.) anti-medial den „nachbarschaftlichen Verbund" von einst.[70] Freilich fehlt diesem die Komplexität, auch die produktive Widersprüchlichkeit, die Benjamins Analysen auszeichnet.

Der Zeitverlust wird – im Anschluß an Realitäts- und Selbstverlust – ausgewiesen an der Erfahrung, medial überall sein zu können. In dieser Omnipräsenz scheint die Zeit getilgt, die sonst dazu diente, die Differenz von Räumen, die Überwindung von Distanzen anzuzeigen. Sie geht also gemäß dieser Lesart als extern orientierende Dimension verloren. Wenn Zeit einst anzeigte, wie man sich des Raums bewußt wurde, wie schnell man nämlich von hier nach dort kam, so geht diese Zeit dank der Medientechnologie gegen Null. Die externe Funktion der Zeit ist ein Sonderfall ihrer Bestimmung, Zustände, Geschehnisse, Handlungen, Erfahrungen – auch im Fortgang des eigenen Lebens – in einer Folge aufeinander zu beziehen. Dies wird – so die These – in der Medienwelt insgesamt blockiert: Für die Ereignisfolge verweigert sie die äußeren Anhaltspunkte, und die Informationen stehen zeitlich beziehungslos nebeneinander.

Verlorengehen kann diese Zeit freilich nur, weil sie von vornherein so gefaßt ist, als würde sie allein Relationen der Abfolge zwischen objektiven Geschehnissen meinen. „Zeit" ist aber, da hat Jean Piaget[71] recht, vor allem ein „operativer Begriff" – und dies ist in einem sehr weiten handlungstheoretischen Sinn zu verstehen. Wer meint, die Zeit würde im medialen Wechselspiel von Bildern, im Sprung von Informationen zerstört, der unterstellt, daß sie als Kategorie unmittelbar äußerlich, „anschaulich" gegeben sei. Sie erschließt sich aber erst, wenn man auf Geschehnisse Bezug nimmt, sie in ein Verhältnis zu anderen bringt. Bindet man auf diese Weise den Zeitbegriff an die koordinierende Aktivität der Menschen, letztlich an den Handlungsbegriff,[72] so besteht kein Grund mehr, die Neuen Medientechnologien pauschal der Zeit*zerstörung* zu bezichtigen. Dies gibt auch – eher unfreiwillig – Jochen Hörisch in einer Paraphrase von Virilios These zu erkennen: „Hier und doch nicht hier zu sein, jetzt und doch nicht jetzt zu (er)leben, ist (...) in der Epoche von Rund-Funk und Fern-Sehen zur völlig selbstverständlichen Alltagsübung geworden. Ich kann jetzt oder doch *so, als wäre* es jetzt, hören und sehen, was jetzt oder zuvor fern von hier, *so, als wäre* es hier oder doch ganz nahe, geschieht oder geschehen ist. Denn Medien überbrücken souverän die zeitlichen und räumlichen Distanzen, die einen Menschenkörper ans Hier und Jetzt binden."[73] Der zweifach eingesetzte Konjunktiv weist darauf hin, daß das Bewußtsein zeitlicher Differenzen keineswegs verlorengeht, wenn diese medial verschleift werden; im Ausgang vom Hier und Jetzt deutet Hörisch wenigstens als Leerstelle noch den Ausgangspunkt an, *von dem aus* man Technologien einsetzt, welche dann durchaus auch herkömmliche Zeitvorstellungen sprengen können.

Dabei macht es wenig Sinn zu sagen, zur Sequenzierung von Erfahrungen taugten die Neuen Technologien deshalb nicht, weil sie an Visualität, an optische Wahrnehmung gebunden und insofern eher „raumbildnerisch" als „zeitbildnerisch" seien.[74] Das Medium des Films z. B. läßt sich nicht nur im Sinne der Zeit-Zerstörung interpretieren, sondern auch im Sinne von deren

Intensivierung und Verdichtung. So kann man sagen, in der filmischen Verbildlichung von Sequenzen *zeige* sich erfüllte, „faktische Zeit“, dem Film sei es vergönnt, Gefühle wie Geschehnisse zu „realisieren“; der Regisseur (oder «réalisateur») Andrej Tarkowski schätzt am Film genau diese Fähigkeit zum Zeit-Gewinn und faßt ihn geradezu als legitimen Erben eben der Erzählung auf, die noch für Groethuysen die „Kunst der Zeit“ war (s.o.). Tarkowski beklagt also nicht wie Virilio die „technologische“ Zeitvernichtung, sondern meint, gerade dem „Film“ sei die „Zeit“ als seine „Muse“ zugetan.[75]

Diese traditionelle Verwendung des Mediums Film steht natürlich in Konkurrenz zu anderen Techniken der Bild-Verwendung und -Verarbeitung, die nicht in diesem Sinne zeitgestaltend fungieren. Es gibt auch eine Vereinnahmung oder Überwältigung durch Bilder, die herkömmlichen, gerade auch narrativen Zeiterfahrungen entgegensteht. Gegen sie sollte man aber nicht schon den Anfangsverdacht der Lebensfeindlichkeit richten, weil – wie gesehen – jene traditionelle Zeit-Fassung der Erzählung kein Monopol beanspruchen kann. Abschließend möchte ich nun von einer Kritik bestimmter Formen technologischer Zeitgestaltung ausgehen, um dann auf Grenzen der Neuen Medien wie der Erzählung hinsichtlich ihres Umgangs mit der Zeit hinzuweisen.

IV. „Es ist Zeit, daß es Zeit wird“

Wir befinden uns auf einem Militärstützpunkt. Im Kontrollraum sitzt ein Offizier, der einen bewaffneten Flugkörper gestartet hat; dieser soll ein wichtiges Feindobjekt zerstören. Das Geschoß nähert sich dem Ziel. An seiner Spitze ist eine Kamera eingebaut, deren Bild vom Offizier mit dem im Computer gespeicherten Bild des angestrebten Zielgebiets abgeglichen wird. Das Geschoß wird so gesteuert, daß das Ist-Bild aus der Kamera schließlich dem Soll-Bild aus dem Computer entspricht, dann wird der Sprengsatz gezündet.

Im Zimmer daneben sitzt der Koch des Offiziers und schneidet Gemüse, nebenbei läuft CNN, live aus dem Kriegsgebiet. Plötzlich werden Kamerabilder von einem zerstörten, brennenden Gebäude übertragen, aus dem Menschen stürzen, versengt und verstört. Ein Kind stolpert auf die Straße und bricht dort blutüberströmt zusammen. Dem Koch wird unwohl, schnell greift er zur Fernbedienung und wechselt das Programm.

Unterdessen überprüft der Offizier mit Hilfe von Satellitenphotos die Genauigkeit des Treffers und das Ausmaß der Zerstörung. Zufrieden schreibt er für seinen Vorgesetzten einen ausführlichen Bericht, dann wechselt er ins Nachbarzimmer, um zu fragen, ob das Essen schon fertig sei. Dort trifft er auf einen inzwischen eher ausgelassenen Koch. Er schaut gerade den Film

›Die nackte Kanone‹. Zerknirscht muß er zugeben, daß er zu kochen vergessen habe; das Fernsehprogramm sei einfach zu spannend gewesen, meint er. So ist eines am Ende beiden gemeinsam: sie bleiben hungrig.

Offizier wie Koch haben ein getrübtes Verhältnis zur Zeit, genauer: ein selektives. Für den Offizier ist sie Ordnungsschema des strategischen Handelns, Maßstab für Geschehnisse und Handlungen bei der Abwicklung von Zielvorgaben. Der Koch organisiert seine Zeiterfahrung im Gleichschritt mit den Geschehnissen des Fernsehens, auf dessen Angebote er sich im Wechsel stürzt. Zeit ist hier einerseits nur Zeit der Planung, andererseits nur Zeit der Wahrnehmung und Zerstreuung. Entsprechend sind die Weisen der Zeiterzeugung bei beiden beschnitten. Daß dies so ist, hat mit den Medien zu tun, die sie nutzen: sie führen zur Selektion von Information, zur „Reduktion von Komplexität" und insofern auch zur Reduktion der Vielfalt von Zeiterfahrungen. Dagegen steht der Satz: „Es ist Zeit, daß es Zeit wird", verstanden als Appell dafür, daß sich Zeiterfahrungen weiter entfalten können.

Die entscheidende Schwäche der Neuen Medien liegt *einstweilen (nicht endgültig)* darin, daß sie dialogfeindlich sind, daß sie Informationen selektieren und/oder auf eine Richtung einschränken. Mediale Steuerung wie die des Offiziers legt den Menschen auf ein strategisches Handeln fest, bei dem er das, was er anrichtet, völlig reduziert als Ergebnis auswertet; mediale Wahrnehmung wie die des Kochs macht ihn zum bloß passiven Rezipienten, führt in der Tat zur Lebensform bloßen „Sitzens" im Sinne Virilios.[76] Diese Dialog- oder Interaktionsfeindlichkeit der Medien-Menschen ist also zugleich eine Zeit-Armut, insofern sie auf Planspiel resp. Programm-„Switch" beschränkt bleiben.

Am Ende mischt sich hier nochmals die Erzählung ein. Man sollte die Erzählung, so meinte ich, nicht erheben zu *der* Zeiterfahrung des Menschen schlechthin. Zunächst sieht es freilich so aus, als böte die Erzählung Zeiterfahrungen, die zugleich offener und grundlegender sind als die beim passiven oder aktiven Umgang mit Medien. Dennoch gerät die Zeit der Erzählung merkwürdigerweise in eine ähnliche Begrenztheit hinein wie die Zeit der Medien. Dies zeigt sich an einem Punkt, auf den ich eingangs im Blick auf Benjamin und Adorno kurz hingewiesen habe. Während nämlich Benjamin vom Erzähl*en* ausgegangen war, in dem man Lebensdienliches austauscht, Erfahrungen weitergibt, wandte sich Adorno vor allem gegen die Erzähl*ung* als einen anachronistischen Versuch, dem Menschen eine kohärente Lebensgeschichte zuzuschreiben. Dieser Wechsel von Erzählen zu Erzählung ist ein Wechsel von der Kommunikationsform zur Kunstform, von der Dialogsituation zum Schaffensakt.

Sosehr nun das Erzähl*en* – gegen die derzeitige Erscheinungsform der Neuen Medien – eine Chance zur Interaktion bietet, so sehr gleicht die Erzähl*ung* des eigenen Lebens jenen Neuen Medien, weil auch sie den einzelnen aus der Interaktion herausrückt. Die Erzählung – der Traum von dem eigenen Leben als selbstverfaßtem Roman – paßt insofern *mit* den Medien in eine Gesellschaft, die die Menschen in den von ihr angebotenen Lebensformen auf „Individualisierung“ festlegt. Noch die vermeintliche Erfolgsausgabe einer solchen Lebens-Erzählung ist das Ergebnis einer Selbst-Formung, bei der man sich in einer merkwürdigen Mimesis an technizistische Handlungsmodelle als Produzent und Produkt seiner selbst isoliert und sich auf die Herstellung der Kontinuität des eigenen einzelnen Lebenslaufs stürzt. Als Solisten des Lebens sind der Erzähler des eigenen Lebens und der Regisseur/Rezipient des medialen Ereignisses miteinander verwandt. Erzählung wie Neue Medien haben gleichermaßen, freilich in ganz unterschiedlichen Kontexten, eine blinde Stelle dort, wo es um die Entfaltung von sozialen Zusammenhängen, um das Gelingen von Kommunikation geht. Sie verschließen sich Zeiterfahrungen, die man vielleicht soziale Zeiterfahrungen nennen sollte – wie die „Zeit des Miteinander“,[77] der Begegnung, des Gesprächs, des Tanzes, des Fests.[78] Darüber hinaus gilt es die Offenheit des Menschen für rhythmische Zeitformen einzubeziehen, und man sollte sich davor hüten, diese Formen – sei es als Wechsel von Tag und Nacht, sei es als Rhythmus der Musik,[79] sei es als Erfahrung, „daß der Unrast ein Herz schlägt“[80] – zu marginalisieren. Wenn man in dem Dualismus verharrt, der der Erzählung die integrative Zeiterfahrung, den Neuen Medien die Zeitzerstörung zuschreibt, so verschließt man sich schließlich einer noch grundsätzlicheren Frage: wieweit sich nämlich das menschliche Leben überhaupt darum bemühen will oder soll, sich an die Zeit im Sinne von Kontinuität und Kohärenz anzulehnen. Situationen werden offenbar insbesondere dann als erfüllt erfahren, wenn sie gerade nicht mehr zu erkennen geben, daß in ihnen Zeit *vergeht*; dies gilt für die emphatische Erfahrung des Augenblicks ebenso wie die Vereinnahmung durch Bilder, das ästhetische Verweilen.[81] Man will sich nicht vorhalten lassen, wie Handlungen und Geschehnisse zeitlich aufeinander zu beziehen sind, sondern handelt im Sinne der aristotelischen „praxis“-Definition, um sich selbst zu genügen. Wenn auf diese Weise Zeit subjektiv zum Verschwinden gebracht wird, so verstößt man gegen die narrative Einbettung, bei der die Momente des Lebens ihre Daseinsberechtigung aus dem Bezug auf eine – sprachliche oder historische – Vor- und Nachgeschichte erhalten; jenes Verschwinden der Zeit ist freilich auch etwas anderes als die Zerstörung der Zeit, die die Neuen-Medien-Theoretiker diagnostizieren.

Statt also um der Selbst-Erzählung willen gegen die Neuen Medien zu hetzen, statt sich umgekehrt den Neuen Medien technik- oder diskursversessen hinzugeben, lohnt es sich eher auszuloten, wie innerhalb und außerhalb von ihnen Spielräume für Zeiterfahrungen zu eröffnen sind, und es lohnt sich, diese jenseits des Medienkriegs auszukosten. Denn man darf annehmen, daß am Spielraum von Zeiterfahrungen auch etwas von dem Spielraum des Lebens abzulesen ist, das in der Zeit gelebt wird. In diesem – zugegebenermaßen freien – Sinn, auch als ein Appell, auf die realisierte, gelebte, „werdende“ Zeit zu setzen, verstehe ich Paul Celans Diktum: „Es ist Zeit, daß es Zeit wird.“

Anmerkungen

[1] G. W. F. Hegel, Vorlesungen über die Philosophie der Geschichte, Werke (hrsg. von Moldenhauer/Michel), Bd. 12, Frankfurt a. M. 1970, S. 42.

[2] P. Celan, Gesammelte Werke, Bd. 1, Frankfurt a. M. 1983, S. 37 („Corona“).

[3] W. Benjamin, Der Erzähler, Gesammelte Schriften, Frankfurt a. M. 1972ff., Bd. II. 2, S. 439f.

[4] A. a. O., S. 442.

[5] Ebd.

[6] A. a. O., S. 453.

[7] A. a. O., S. 439.

[8] Ders., Über den Begriff der Geschichte, Gesammelte Schriften, a. a. O., Bd. I. 2, S. 702.

[9] Ich kann hier nicht ausführlicher auf die Nachfolgefiguren traditionellen Erzählens eingehen, die Benjamin beschreibt; vgl. dazu I. Wohlfarth, Krise der Erzählung, Krise der Erzähltheorie, in: R. Kloepfer/G. Janetzke-Dillner (Hrsg.), Erzählung und Erzählforschung im 20. Jahrhundert, Stuttgart u. a. 1981, S. 269–288.

[10] Th. W. Adorno, Noten zur Literatur, Gesammelte Schriften, Bd. 11, Frankfurt a. M. 1974, S. 41 f.

[11] A. a. O., S. 47.

[12] Vgl. S. Kracauer, Die Biographie als neubürgerliche Kunstform, in: Ders., Das Ornament der Masse, Frankfurt a. M. 1977, S. 75 ff.; L. Löwenthal, Die biographische Mode, in: Ders., Werke, Bd. 1, Frankfurt a. M. 1980, S. 231–257.

[13] Th. W. Adorno, Negative Dialektik, Gesammelte Schriften, Bd. 6, Frankfurt a. M. 1973, S. 294.

[14] So die Charakterisierung von J. Belgrad, Identität als Spiel. Eine Kritik des Identitätskonzepts von Jürgen Habermas, Opladen 1992, S. 47. Ich halte freilich seine Vereinnahmung Adornos für einen eher spielerischen Identitäts-Begriff für fragwürdig (und damit auch seinen Versuch, Adorno in diesem Punkt gegen Habermas auszuspielen).

[15] G. W. F. Hegel, Grundlinien der Philosophie des Rechts, Werke, a. a. O., Bd. 7, S. 28.

[16] Zu den Veränderungen und Widersprüchen in Benjamins theoretischer Entwicklung um 1935/36 vgl. R. Rochlitz, Le désenchantement de l'art, Paris 1992, S. 218 ff.

[17] Über die starke Spannung zwischen diesen beiden Texten war sich Benjamin selbst durchaus im klaren, wie aus einem Brief an Scholem hervorgeht; vgl. W. Benjamin/G. Scholem, Briefwechsel 1933–1940, Frankfurt a. M. 1980, S. 223.

[18] Vgl. Adornos Brief vom 18. 3. 1936 in: W. Benjamin, Gesammelte Schriften, a. a. O., Bd. I. 3, S. 1001 ff.

[19] W. Benjamin, Über den Begriff der Geschichte, a. a. O., S. 703.

[20] A. a. O., S. 702.

[21] Ders., Der Sürrealismus, Gesammelte Schriften, a. a. O., Bd. II. 1, S. 296.

[22] Auf ein ähnliches Motiv bei Adorno und die darin liegende Differenz zur kommunikationstheoretischen Vereinnahmung von Habermas wird von Wellmer hingewiesen: „Wenn Adorno gelegentlich von ‚gewaltloser Synthesis' spricht, so meint er nicht – oder doch nicht nur – die Gewaltlosigkeit einer Kommunikation, die gleichsam jederzeit zum rationalen Diskurs hin offen ist; er meint vielmehr Bedingungen der Möglichkeit einer kommunikativen Rationalität, die das Verhältnis zwischen Sprache und Wirklichkeit betreffen und nicht – primär – das Verhältnis zwischen Sprecher und Sprecher; die die nichtkommunikativen Aspekte der Konstitution kommunizierbarer sprachlicher Bedeutungszusammenhänge betreffen und nicht – primär – den Umgang der Sprecher mit dem jeweils Kommunizierten" (A. Wellmer, Die Bedeutung der Frankfurter Schule heute. Fünf Thesen, in: Ders., Endspiele: Die unversöhnliche Moderne, Frankfurt a. M. 1993, S. 224–235, hier S. 234 f.).

[23] Vgl. z. B. W. Benjamin, Einbahnstraße, Gesammelte Schriften, a. a. O., Bd. IV. 1, S. 147; ders., Der Sürrealismus, a. a. O., S. 310.

[24] Vgl. D. Thomä, Konstruktion und Kommunikation. Ein Benjaminisches Dilemma, in: Internationale Zeitschrift für Philosophie (1993), H. 1, S. 96–102; ders., Benjamin, Wittgenstein. Schwierigkeiten beim Philosophieren gegen den Fortschritt, in: K. Garber (Hrsg.), Walter Benjamin. Akten des Kongresses in Osnabrück 1992, Frankfurt a. M. 1994.

[25] W. Benjamin, Der Sürrealismus, a. a. O., S. 310.

[26] A. a. O., S. 309.

[27] Vgl. ders., Das Kunstwerk im Zeitalter seiner technischen Reproduzierbarkeit, Gesammelte Schriften, a. a. O., Bd. I. 2, S. 495.

[28] A. C. Danto, Narration and Knowledge, New York 1985, S. XIII.

[29] O. Marquard, Abschied vom Prinzipiellen, Stuttgart 1981, S. 95.

[30] M. de Certeau, Kunst des Handelns, Berlin 1988, S. 156 f.

[31] H. Lübbe, Im Zug der Zeit, Berlin u. a. 1992, S. 364.

[32] H. Nowotny, Eigenzeit, Frankfurt a. M. 1989, S. 43 ff.

[33] Ch. Taylor, Sources of the Self, Cambridge 1989, S. 289.

[34] J. Habermas, Nachmetaphysisches Denken, Frankfurt a. M. 1988, S. 203 ff.; ders., Eine Art Schadensabwicklung, Frankfurt a. M. 1987, S. 171 ff.; ders., Erkenntnis und Interesse, Frankfurt a. M. 1968, S. 190 ff.

[35] Vgl. H. Nowotny, Eigenzeit, a. a. O.

[36] Ich lehne mich mit der folgenden Unterscheidung formal an Taylors Unterscheidung zwischen „advokatorischen" (parteinehmenden) und „ontologischen" Gesichtspunkten an; vgl. Ch. Taylor, Cross-purposes: The liberal-communitarian debate, in: Nancy Rosenblum (Hrsg.), Liberalism and the Moral Life, Cambridge/London 1989, S. 159–182; dt. Übers. in: A. Honneth (Hrsg.), Kommunitarismus, Frankfurt a. M. 1992, S. 103–130.

[37] Vgl. D. Hume, Ein Traktat über die menschliche Natur, Buch I: Über den Verstand, Hamburg [3]1989, S. 325 ff.; M. de Montaigne, Œuvres complètes (hrsg. von Thibaudet/Rat), Paris 1962, S. 782 (Essai III. 2).

[38] F. Nietzsche, Vom Nutzen und Nachtheil der Historie für das Leben. Kritische Studienausgabe, Bd. 1, Berlin/New York/München 1980, S. 250.

[39] Die schwache Position ist am deutlichsten in einem Strang der Erzähltheorie, den man schopenhauerisch nennen könnte und der die Funktion der Kunstform Erzählung gerade aus ihrem Gegensatz zum Leben ableitet; vgl. F. Kermode, The Sense of an Ending, New York u. a. 1967; L. O. Mink, History and Fiction as Modes of Comprehension, in: New Literary History 1 (1969/70).

[40] Die starke Position ist am deutlichsten bei J. Carr, Time, Narrative, and History, Bloomington/Indianapolis 1986.

[41] F. W. J. Schelling, Die Weltalter II, Werke, Nachlaßband (hrsg. von M. Schröter), München [4]1993, S. 112.

[42] Ich beziehe mich auf den schönen Titel von U. Wolf, Was es heißt, sein Leben zu leben, in: Philosophische Rundschau 33 (1986), S. 242–265.

[43] Th. Mann, Der Zauberberg, Frankfurt a. M. 1967, S. 570 (Hervorh. im Orig.).

[44] B. Groethuysen, De quelques aspects du temps, in: Recherches philosophiques 5 (1935/36), S. 139–195, hier S. 146. Ich verdanke den Hinweis auf diese Arbeit H. R. Jauß, Zeit und Erinnerung in Marcel Prousts ›A la recherche du temps perdu‹, Frankfurt a. M. 1986, S. 23 ff. u. ö.

[45] B. Groethuysen, a. a. O., S. 194. Ich deute die Zeiten-Differenz, die Groethuysen beschreibt, radikaler als er, weil er die Heterogenität der Zeiten noch innerhalb der Erzählung meint ansiedeln zu können.

[46] Vgl. N. Goodman, Weisen der Welterzeugung, Frankfurt a. M. 1984.

[47] Vgl. P. Ricœur, Zeit und Erzählung, Bd. I–III, München 1988 ff., z. B. Bd. 1, S. 13: „Die Zeit wird in dem Maße zur menschlichen, wie sie narrativ artikuliert wird; umgekehrt ist die Erzählung in dem Maße bedeutungsvoll, wie sie die Züge der Zeiterfahrung trägt."

[48] A. a. O., Bd. 3, S. 217 ff.

[49] A. a. O., Bd. 1, S. 124.

[50] Zu der Orthodoxie in Ricœurs Deutung, die schon den Spielraum der Erzählung einengt, vgl. kritisch J. Mecke, Roman-Zeit, Tübingen 1990, S. 18 f. Mir geht es hier zusätzlich um Zeit-Spielräume jenseits der Erzählung.

[51] Ich benutze diese Charakterisierung im Wissen um die Unschärfe, die sowohl seinen Gegenstand, die „Neuen Medien", wie auch die dazugehörigen „Theoretiker" betrifft. Auf welche Autoren ich mich genauer beziehe, geht aus dem Folgenden hervor; unter „Neuen Medien" verstehe ich insbesondere Medien der Bildverarbeitung, also nicht allgemein Computertechniken der Daten-Verarbeitung und -Übermittlung; vgl. die Beispiele in Abschnitt IV.

[52] P. Virilio, Rasender Stillstand, München/Wien 1992, S. 129, vgl. 121, 132 („die baldige Vernichtung jeder territorialen Bewertung, die endgültige Entwertung der geophysikalischen Umwelt").

[53] Ders., Krieg und Kino, München/Wien 1986, S. 85.

[54] Ders., Der negative Horizont, München/Wien 1989, S. 152.

[55] J. Baudrillard, Agonie des Realen, Berlin 1978.

[56] Vgl. F. Nietzsche, Götzen-Dämmerung. Kritische Studienausgabe, a. a. O., Bd. 6, S. 80 f.

[57] Nach Abschluß des diesem Text zugrundeliegenden Vortrags bin ich einer ähn-

lichen Argumentation begegnet in dem Aufsatz von M. Seel, Vor dem Schein kommt das Erscheinen. Bemerkungen zu einer Ästhetik der Medien, in: Merkur 534/535 (1993/9–10), S. 770–784. Er hat mich auch zu einigen Ergänzungen veranlaßt.

58 Für die folgende Deutung Sartres vgl. A. C. Danto, Sartre, Göttingen 1993, S. 20 ff.

59 Vgl. M. Seel, a. a. O., S. 783: „Sie behaupten einfach, die Verabschiedung eines metaphysischen Realismus zwinge zur Annahme der Fiktionalität des Wirklichen. Darin liegt ein negativer Fundamentalismus; denn diesem Zwang kann nur verfallen, wer stillschweigend annimmt, ein metaphysischer Realismus sei die einzige Möglichkeit, sich diesseits des erkenntnistheoretischen Ästhetizismus zu halten." Vgl. auch G. Abel, Interpretationswelten, Frankfurt a. M. 1993, S. 45: „Der *metaphysische* Skeptiker (...) ist versteckt dem metaphysischen Realismus verpflichtet; denn er gründet seine eigene Möglichkeit auf die These, wir seien als endliche und perspektivische Geister aufgrund eben dieser Endlichkeit und Perspektivität von der ‚wahren Natur der Sachen selbst' abgeschnitten."

60 Vgl. R. Rorty, Der Spiegel der Natur, Frankfurt a. M. 1981; G. Abel, a. a. O.

61 I. Kant, Über Pädagogik, Werke (hrsg. von W. Weischedel), Darmstadt [5]1983, S. 733. Kant kann mit seinem Verdikt Rousseau im Blick haben: „Ich erinnere mich (...) an meine erste Lektüre und ihre Wirkung auf mich; von dieser Zeit an rechne ich das Bewußtsein meiner selbst. Meine Mutter hatte Romane hinterlassen. Mein Vater und ich machten uns darüber her und lasen sie abends nach Tisch. (...) In kurzer Zeit erwarb ich durch diese gefährliche Methode (...) eine Einsicht in Leidenschaften, die für mein Alter einzigartig war. Ich hatte noch keine Ahnung von den Sachen, während mir alle Empfindungen schon vollkommen bekannt waren. Ich hatte nichts verstanden, doch alles empfunden (...) Ich wurde zu der Person, von deren Leben ich las: Eine Erzählung von Beständigkeit und Kühnheit, die mich beindruckt hatte, verschuf mir funkelnde Augen und eine kräftige Stimme" (J.-J. Rousseau, Les Confessions, Œuvres complètes, hrsg. von Gagnebin/Raymond, Bd. 1, Paris 1959, S. 8 f.; meine Üb.)

62 P. Virilio, Rasender Stillstand, a. a. O., S. 136 f.: „Kann das Vergessen des Ortes, aller Orte ernsthaft ins Auge gefaßt werden? Und dies zum alleinigen Vorteil der verhaltensbezogenen Egozentrierung als einziger Polarität des Seins?"

63 Vgl. F. A. Kittler, Grammophon, Film, Typewriter, Berlin 1986, S. 3: „Medien bestimmen unsere Lage. (...) Technologien aber, die die Schrift nicht bloß unterlaufen, sondern mitsamt dem sogenannten Menschen aufsaugen und davontragen, machen ihre Beschreibung unmöglich." – Vgl. auch den Beitrag von E. Hammel, im vorliegenden Band, S. 60–78.

64 Vgl. z. B. A. Honneth, Kampf um Anerkennung, Frankfurt a. M. 1992, S. 184; E. Tugendhat, Vorlesungen über Ethik, Frankfurt a. M. 1993, S. 89 f., 92, 202 f.

65 Vgl. zur Kritik der Fixierung auf die Beobachterperspektive H. Hastedt, Das Leib-Seele-Problem, Frankfurt a. M. 1988, S. 235 ff.

66 Die Hartnäckigkeit der „Alltagspsychologie" wird im übrigen gerade auch von „Naturalisten" eindrucksvoll deutlich gemacht; vgl. z. B. H. Tetens, Geist, Gehirn, Maschine. Philosophische Versuche über ihren Zusammenhang, Stuttgart 1994, Kap. VI: Von der Selbstverständlichkeit des Naturalismus. Mir scheint freilich der Ausdruck „Alltagspsychologie" etwas unglücklich, weil mit diesem Ausdruck sugge-

riert wird, die alltägliche Lebenspraxis könne oder wolle als „Psychologie", also mit einem wissenschaftlichen Selbstverständnis anderen Disziplinen in einem Streit um das angemessenere Verständnis des menschlichen Geistes begegnen. Das genau ist aber nicht ihre Funktion und nicht ihr Anliegen.

[67] P. Virilio, Technik und Fragmentierung, in: K. Barck u. a. (Hrsg.), Aisthesis, Leipzig 1990, S. 71–82, hier S. 71.

[68] Ders., Das letzte Fahrzeug, ebd., S. 265–276, hier S. 275 f.; ders., Rasender Stillstand, a. a. O., S. 49.

[69] Ders., Der negative Horizont, a. a. O., S. 275, 40. Vgl. auch D. Kamper/Ch. Wulf (Hrsg.), Die sterbende Zeit, Darmstadt/Neuwied 1987 (entgegen dem Titel enthält dieser Band freilich – zum Glück – mehrere Aufsätze, die dieses Sterben in Zweifel ziehen).

[70] P. Virilio, Der negative Horizont, a. a. O., S. 247.

[71] J. Piaget, Die Bildung des Zeitbegriffs beim Kinde, zit. bei H. Lübbe, Im Zug der Zeit, a. a. O., S. 374.

[72] Vgl. P. Rohs, Die Zeit des Handelns. Eine Untersuchung zur Handlungs- und Normentheorie, Königstein 1980.

[73] J. Hörisch, Non plus ultra. Paul Virilios rasende Thesen vom rasenden Stillstand, in: Merkur 534/535 (1993/9–10), S. 787; meine Hervorh.

[74] Ich beziehe mich hier von ferne auf eine Unterscheidung von H. Kuhn, Die Ontogenese der Kunst, in: D. Henrich/W. Iser (Hrsg.), Theorien der Kunst, Frankfurt a. M. 1982, S. 81–131, hier S. 111 f.

[75] A. Tarkowski, Die versiegelte Zeit, Leipzig/Weimar 1989, S. 64.

[76] P. Virilio, Rasender Stillstand, a. a. O., S. 125.

[77] Vgl. R. Marten, Heidegger lesen, München 1991, S. 107–113. Meine Rede von den ›Solisten des Lebens‹ lehnt sich an bei R. Marten, Der menschliche Mensch, Paderborn u. a. 1988.

[78] Vgl. zu der „eigenen Zeitform", der „erfüllten Zeit" des Fests H. Kuhn, Die Ontogenese der Kunst, a. a. O., S. 119.

[79] Vgl. hierzu – mit einer gewissen Vorsicht – D. Charles, Zeitspielräume. Performance Musik Ästhetik, Berlin 1989, S. 149 f.

[80] P. Celan; s. o. Anm. 2.

[81] Zu letzterem vgl. M. Theunissen, Freiheit von der Zeit. Ästhetisches Anschauen als Verweilen, in: Ders., Negative Theologie der Zeit, Frankfurt a. M. 1992, S. 285–298.

ZEIT UND BESCHLEUNIGUNG IN DER LITERARISCHEN MODERNE

Von THOMAS ANZ

Mit dem Expressionismus habe, so die erstaunte Reaktion Michel Foucaults auf die im Sommer 1978 im Centre Pompidou eröffnete Ausstellung ›Paris–Berlin‹, das 20. Jahrhundert zu seinem zeitgemäßen Ausdruck gefunden.[1] Das gilt gewiß auch für die Zeiterfahrungen, wie sie sich in der literarischen Moderne um und nach 1900 artikulierten. Nicht zufällig hatten die naturalistische und die expressionistische Moderne in Deutschland ihr Zentrum in jener Großstadt, in der sich die zivilisatorischen Modernisierungsprozesse seit der Reichsgründung rapide beschleunigten: in Berlin. Dort lehrte damals der Sozialphilosoph Georg Simmel, dessen Vorlesungen die jungen expressionistischen Autoren um 1910 regelmäßig besuchten. Seine 1903 erschienene Studie über ›Die Großstädte und das Geistesleben‹ beschrieb die veränderten Wahrnehmungsbedingungen des Subjekts in der sich dynamisierenden Lebenswelt der zivilisatorischen Moderne auf eine Weise, die in der expressionistischen Literatur inhaltliche und formale Entsprechungen fand: „Die psychologische Grundlage, auf der der Typus großstädtischer Individualitäten sich erhebt, ist die *Steigerung des Nervenlebens*, die aus dem raschen und ununterbrochenen Wechsel äußerer und innerer Eindrücke hervorgeht. Der Mensch ist ein Unterschiedswesen, d. h., sein Bewußtsein wird durch den Unterschied des augenblicklichen Eindrucks gegen den vorhergehenden angeregt; beharrende Eindrücke, Geringfügigkeit ihrer Differenzen, gewohnte Regelmäßigkeit ihres Ablaufs und ihrer Gegensätze verbrauchen sozusagen weniger Bewußtsein als die rasche Zusammendrängung wechselnder Bilder, der schroffe Abstand innerhalb dessen, was man mit einem Blick umfaßt, die Unerwartetheit sich aufdrängender Impressionen. Indem die Großstadt gerade diese psychologischen Bedingungen schafft – mit jedem Gang über die Straße, mit dem Tempo und den Mannigfaltigkeiten des wirtschaftlichen, beruflichen und gesellschaftlichen Lebens –, stiftet sie schon in den sinnlichen Fundamenten des Seelenlebens, in dem Bewußtseinsquantum, das sie uns wegen unserer Organisation als Unterschiedswesen abfordert, einen tiefen Gegensatz gegen die Kleinstadt und das Landleben, mit dem langsameren, gewohnteren, gleichmäßiger fließenden Rhythmus ihres sinnlich-geistigen Lebensbildes."[2]

Die „rasche Zusammendrängung wechselnder Bilder" und das „Tempo" des sozialen Lebens schuf nach Simmel einen neuen Typus des modernen Subjekts. Der expressionistische Programmatiker Kurt Pinthus hat ihn 1925 als Phänomen der um 1890 geborenen Generation beschrieben: „Welch ein Trommelfeuer von bisher ungeahnten Ungeheuerlichkeiten prasselt seit einem Jahrzehnt auf unsere Nerven nieder! [...] Man male sich zum Vergleich nur aus, wie ein Zeitgenosse Goethes oder ein Mensch des Biedermeier seinen Tag in Stille verbrachte, und durch welche Mengen von Lärm, Erregungen, Anregungen heute jeder Durchschnittsmensch täglich sich durchzukämpfen hat, mit der Hin- und Rückfahrt zur Arbeitsstätte, mit dem gefährlichen Tumult der von den Verkehrsmitteln wimmelnden Straßen, mit Telephon, Lichtreklame, tausendfachen Geräuschen und Aufmerksamkeitsablenkungen. Wer heute zwischen dreißig und vierzig Jahre alt ist, hat noch gesehen, wie die ersten elektrischen Bahnen zu fahren begannen, hat die ersten Autos erblickt, hat die jahrtausendelang für unmöglich gehaltene Eroberung der Luft in rascher Folge mitgemacht, hat die sich rapid übersteigenden Schnelligkeitsrekorde all dieser Entfernungsüberwinder, Eisenbahnen, Riesendampfer, Luftschiffe, Aeroplane miterlebt."[3]

Die ästhetische Moderne ist von der schockartigen Plötzlichkeit der zivilisatorischen Modernisierung nachhaltig geprägt. Das erkannte schon etliche Jahre vorher einer ihrer schärfsten Kritiker: Max Nordau. In seinem so aufschlußreichen wie fragwürdigen Werk ›Entartung‹, das 1892/93 in zwei Bänden erschien und rasch zum internationalen Bestseller avancierte, erklärte er die von ihm diagnostizierten „Krankheitssymptome" der ästhetischen Moderne aus den beschleunigten Prozessen der Zivilisation: aus dem rapiden Wachstum der Städte und der Bevölkerungszahl, dem Ausbau des Eisenbahn-, Schiffs- und Postverkehrs, der Expansion des Handels, der Arbeitsproduktivität und der von Zeitungen täglich vermittelten Informationsmenge: „Die gesittete Menschheit wurde von ihren neuen Erfindungen und Fortschritten überrumpelt. Es blieb ihr keine Zeit, sich ihren geänderten Daseinsbedingungen anzupassen. [...] Wir wissen, daß unsere Organe durch Uebung immer größere Leistungsfähigkeit erlangen, sich durch ihre eigene Thätigkeit entwickeln und nahezu jeder Anforderung entsprechen können, die an sie gestellt wird; aber nur unter einer Bedingung: daß dies allmälig geschieht, daß ihnen Zeit gelassen wird; sollen sie ohne Uebergang das Vielfache des Gewohnten leisten, so versagen sie rasch vollständig. Unseren Vätern ist keine Zeit gelassen worden. Gleichsam von einem Tag auf den anderen, ohne Vorbereitung, mit mörderischer Plötzlichkeit mußten sie den behaglichen Schleichschritt des früheren Daseins mit dem Sturmlauf des modernen Lebens vertauschen."[4]

Die literarische Moderne um 1900, so legen es derartige Befunde nahe, ist von der Dynamik der zivilisatorischen Moderne in doppelter Weise betroffen: zum einen von dem rapiden Wechsel heterogener Wahrnehmungsreize in der veränderten Lebenswelt, zum anderen zugleich von der Schnelligkeit, mit der sich diese Lebenswelt verändert hat.[5] Die „Suche nach der verlorenen Zeit“ in Prousts Roman-Zyklus, der in jenen Jahren (ab 1913) zu erscheinen begann, die in Deutschland den Expressionismus hervorbrachten, versteht sich nicht zuletzt als Reaktion auf das beschleunigte Verschwinden vertrauter Umwelten und die neue Dynamik der Fortbewegung. In Prousts Beschreibungen der Vorkriegsepoche löst das Auto die Kutsche und das Flugzeug den Ballon ab. Der literarisch innovative Roman-Zyklus, der dem Verlust des ehemals Gegenwärtigen die Kraft der Erinnerung und mit ihr eine innere Zeit entgegensetzt, ist dabei seinerseits ein Beispiel dafür, daß die Entwicklungsprozesse in Kunst und Literatur in die allgemeine Beschleunigung gesellschaftlicher Entwicklungen selbst involviert sind. Der Konkurrenz- und Innovationsdruck in der Moderne beschleunigt um und nach 1900 im kulturellen System die Abfolge sich gegenseitig versuchsweise überbietender Modernismen und Avantgardismen so sehr, daß schon etliche Zeitgenossen damals, wie in der jüngeren Forschung inzwischen üblich, die unterschiedlichen Stilrichtungen nicht mehr nach dem Modell einer diachronen Entwicklung, sondern als synchrones Nebeneinander, als plurale Gleichzeitigkeit des Ungleichen beschrieben. Der Schriftsteller und Kunstkritiker Theodor Däubler verwendete 1916 in diesem Zusammenhang einen Schlüsselbegriff moderner Ästhetik: „Simultanität“. Er bezeichnete damit ein „modernes Phänomen“,[6] das heute gerne auch „postmodern“ genannt wird. „Eigentümlich: in früheren, stileinheitlichen Zeiten gewährte der einzig herrschende Stil allen Temperamenten Obdach; nun aber ist es anders; jedes Temperament schließt sich an seinen Lieblingsstil an.“[7] In der Situation, wie Däubler sie beschreibt, gibt es keine allgemein verbindlichen Kunstnormen mehr; die europäischen Traditionen und außereuropäischen Kulturen stehen der freien Selbstbedienung zur Verfügung; jeder kann sie imitieren und zitieren, Bruchstücke aus ihnen nebeneinanderstellen oder vermischen. „Irgendeiner verkraust impressionistische Steinlaune mit gotischem Hierarchiegefühl. Oder renaissancehafte Ausgewogenheit einer Hausabsicht befenstert sich geschickt kleinerkerig maurisch.“[8]

Auf den Modernisierungsschock, der wesentlich ein Beschleunigungsschock ist, reagieren Literatur und Kunst um und nach 1900 sehr unterschiedlich. Theodor Däubler selbst verhält sich gegenüber dem von ihm beschriebenen Phänomen der Simultanität höchst ambivalent. Seine eigene Zeit charakterisiert er einerseits abwertend als eine „Zeit der Stilwirrnis, der Geschmacksverwilderung, künstlerischer Unsicherheit“.[9] Und er empfiehlt als Gegengewicht dazu die „klassische Überlieferung“ als Mittel zur „Gesundung", etwas dauerhaft Gültiges, das eine Art kompensatorischen Halt gegenüber dem raschen Wandel und der Ausdifferenzierung ästhetischer Normen zu garantieren vermag: „Sollte nicht Kunst gerade jetzt eine Sendung zur beruhigenden Überlieferung übernehmen können! Einer schnell dahinlebenden Zeit eine letzte Kunst: im Sinne von Ewigkeitswittern."[10] Mit dem Plädoyer für einen neuen Klassizismus reiht sich Däubler in eine ganze Reihe ästhetisch antimoderner Strömungen um 1900 ein, die sich als Kompensation damaliger Modernisierungs- und Dynamisierungsschäden begreifen lassen: die völkisch nationale Literatur, die Heimatkunstbewegung, die katholische oder neuklassische Literaturbewegung. Gleichzeitig und im Widerspruch dazu finden sich in Däublers Schrift andererseits durchaus enthusiastische Beschreibungen des ästhetisch modernen Simultanismus. Die Fülle der Eindrücke, die nahezu gleichzeitig vom modernen Subjekt apperzipiert werden, bringe eine, so Däubler anerkennend, „simultanistische Elastizität" hervor. „Simultanismus ist ein Zustand: Das wichtigste Element für die großzügige künftige Horizontale. Wir werden breitspurig, geschwind, geschmeidig, empfänglich für Einflüsse und Eingebungen bleiben."[11]

Derartig ambivalente Reaktionen auf den Modernisierungs- und Dynamisierungsschock sind für die literarische Moderne um und nach 1910 durchwegs kennzeichnend. Als krisenhafte Überforderung des „gehetzten Menschen" und des „dissoziierten" Subjekts einerseits, als Befreiung des „rasenden Lebens"[12] aus der Stagnation erstarrter Ordnungen andererseits wurde die Dynamisierung der Lebenswelt von der literarischen Moderne inhaltlich thematisiert und formal simuliert. In der Zeit des Expressionismus häufen sich die Darstellungen von Situationen, in denen sich ein Subjekt verwirrt, ohnmächtig und orientierungslos von einer heterogenen Vielzahl simultaner Wahrnehmungsreize überwältigt sieht, die es nur noch registrieren und nicht mehr in einen geordneten Sinnzusammenhang bringen kann. „Daß ich es nicht lassen kann, bei offenem Fenster zu schlafen. Elektrische Bahnen rasen läutend durch meine Stube. Automobile gehen über mich hin."[13] So steht es in dem ersten deutschen Roman, der die neuen Wahrnehmungsformen in der veränderten Großstadtwelt in sein Zentrum rückte: in Rilkes 1910 erschienenen ›Aufzeichnungen des Malte Laurids Brigge‹. In Alfred Lichtensteins ein Jahr später erschienener Prosaskizze mit dem bezeichnenden Titel ›Das Fragment‹ wird der Ich-Erzähler aus seinen Gedanken gerissen, geht zum Fenster und überlegt: „Ich fühle mich fremd bei allen Dingen. Sie drängen auf mich ein, als kennten sie mich nicht: die Straßen und die Menschen und die Türen in den Häusern und die tausend Bewegungen. Wo ich hinschaue, werde ich verwirrt."[14]

Ein Autor, der die psychischen Folgelasten der zivilisatorischen Moderne auf eine im 20. Jahrhundert exemplarische Weise thematisierte, war Franz

Kafka. Von der Kolonialisierung des Kopfes und des Körpers durch Justiz, Bürokratie oder Erziehung handelt sein Werk ebenso wie von den neuen Verkehrs- und Nachrichtentechniken. Und was die veränderten Zeiterfahrungen angeht, so bringt Kafkas Werk einen Aspekt ins Spiel, der von der Forschung bislang weithin übersehen wurde. Es ist ein Aspekt, den später Michel Foucault in seiner Schrift ›Überwachen und Strafen‹ detailliert beschrieben hat.

In Foucaults Machttheorie spielt die Zeitplanung und Zeitökonomie als modernes Kontroll- und Disziplinierungsinstrument, das in die Psyche und in den Körper des Subjekts eingreift, eine maßgebliche Rolle. Die ökonomische Zeitplanung in der zivilisatorischen Moderne kann nach Foucault auf ein „altes Erbe" zurückgreifen: „In den klösterlichen Gemeinschaften hatte sich ein strenges Schema entwickelt, das sich rasch ausbreitete. Seine drei Elemente – Festsetzung von Rhythmen, Zwang zu bestimmten Tätigkeiten, Regelung der Wiederholungszyklen – tauchten in den Kollegs, den Werkstätten, den Spitälern wieder auf." Die religiösen Orden waren nach Foucault „Spezialisten der Zeit". Ihre Verfahren der zeitlichen Reglementierung werden von den neuzeitlichen Disziplinierungsanstalten übernommen und modifiziert. „Zunächst werden sie verfeinert. Man beginnt, in Viertelstunden, Minuten, Sekunden zu rechnen."[15] Während jedoch der traditionellen Zeitreglementierung vor allem ein negatives Prinzip zugrunde lag, nämlich das Prinzip des Nicht-Müßiggangs, das es verbietet, eine Zeit zu verlieren, die von Gott gezählt wird, organisieren die neuzeitlichen Disziplinierungstechniken eine positive Zeitökonomie. „Sie setzt auf das Prinzip einer theoretisch endlos wachsenden Zeitnutzung. [...] Es geht darum, aus der Zeit immer noch mehr verfügbare Augenblicke und aus jedem Augenblick immer noch mehr nutzbare Kräfte herauszuholen. Man muß darum versuchen, die Ausnutzung des geringsten Augenblicks zu intensivieren, als ob die Zeit gerade in ihrer Zersplitterung unerschöpflich wäre oder man durch eine immer feinere Detaillierung auf einen Punkt gelangen könnte, wo die größte Schnelligkeit mit der größten Wirksamkeit eins ist."[16]

Kafka hat die Zeit als einen zentralen Aspekt moderner Machtmechanismen immer wieder thematisiert. Die vielen Blicke, die er seine Figuren auf Uhren werfen läßt, stehen unter dem verinnerlichten Druck sozialer Kontrollmechanismen. Ein typisches Beispiel dafür sind die ersten Sätze der berühmten Prosaskizze ›Gibs auf!‹: „Es war sehr früh am Morgen, die Straßen rein und leer, ich ging zum Bahnhof. Als ich eine Turmuhr mit meiner Uhr verglich, sah ich, daß es schon viel später war, als ich geglaubt hatte, ich mußte mich sehr beeilen, der Schrecken über diese Entdeckung ließ mich im Weg unsicher werden [...]."[17] In Kafkas Amerika-Roman ›Der Verschollene‹ bekommt der junge Held Karl Roßmann von seinem Onkel eine Uhr geschenkt. Das Geschenk ist unverkennbar ein Appell zur zeitlichen Selbstdisziplinierung. Die Vertreibung des sechzehnjährigen Karl Roßmann aus der europäischen Heimat in die Fremde des modernen Amerika gleicht in dem Roman den Konfrontationen des Europäers mit den Modernisierungsprozessen im eigenen Land. Roßmann findet sich hier in einer neuen Welt, von der der Onkel sagt: „Alle Entwicklungen gehen hier so schnell vor sich."[18] In dem Roman wird die Dynamik in der zivilisatorischen Moderne unter anderem auch unter dem Gesichtspunkt einer ökonomischen Effizienz beschrieben, die, so formuliert es Foucault, „den Körper zur Zielscheibe für neue Machtmechanismen" macht.[19] Bezeichnend dafür ist in Kafkas Roman die Beschreibung des modernen Speditionsgeschäftes von Karl Roßmanns Onkel, die nicht zuletzt das zwanghafte Tempo der Bewegungsabläufe hervorhebt: „Es war [...] ein Geschäft, welches in einem Käufe, Lagerungen, Transporte und Verkäufe riesenhaften Umfangs umfaßte und ganz genaue, unaufhörliche telephonische und telegraphische Verbindungen mit den Klienten unterhalten mußte. [...] Im Saal der Telephone gingen, wohin man schaute, die Türen der Telephonzellen auf und zu, und das Läuten war sinnverwirrend. Der Onkel öffnete die nächste dieser Türen, und man sah dort im sprühenden elektrischen Licht einen Angestellten, gleichgültig gegen jedes Geräusch der Türe, den Kopf eingespannt in ein Stahlband, das ihm die Hörmuscheln an die Ohren drückte. Der rechte Arm lag auf einem Tischchen, als wäre er besonders schwer, und nur die Finger, welche den Bleistift hielten, zuckten unmenschlich gleichmäßig und rasch. In den Worten, die er in den Sprechtrichter sagte, war er sehr sparsam, und oft sah man sogar, daß er vielleicht gegen den Sprecher etwas einzuwenden hatte, ihn etwas genauer fragen wollte, aber gewisse Worte, die er hörte, zwangen ihn, ehe er seine Absicht ausführen konnte, die Augen zu senken und zu schreiben. [...] Mitten durch den Saal war ein beständiger Verkehr von hin und her gejagten Leuten. Keiner grüßte, das Grüßen war abgeschafft, jeder schloß sich den Schritten des ihm Vorhergehenden an und sah auf den Boden, auf dem er möglichst rasch vorwärtskommen wollte, oder fing mit den Blicken wohl nur einzelne Worte oder Zahlen von Papieren ab, die er in der Hand hielt und die bei seinem Laufschritt flatterten."[20]

Das beschleunigte Tempo in der modernen Arbeits- und Lebenswelt als eine Disziplinierung des Körpers (seiner Stimme, seiner Hand, seiner Beine in Kafkas Beschreibung) oder als Dissoziierung des überforderten Subjekts darzustellen ist allerdings nur für die eine Seite der literarischen Moderne charakteristisch. Die andere, die der maßgeblich von Nietzsche und Bergson inspirierten vitalistischen Kulturkritik nahesteht, gewinnt der Dynamisierung Aspekte der Befreiung aus einer erstarrten, avitalen Ordnung, der technischen wie ökonomischen Rationalität und der deterministischen Logik kausalen Denkens ab. Ähnlich wie in Freuds Beschreibungen das „Es"[21] entzieht sich in vitalistischer Perspektive der ständig bewegte „Fluß des Lebens" einer berechenbaren Abfolge von festen Punkten. Die „ununterbrochene Dynamik der Veränderung", die sich nach den Postulaten Bergsons „endlos aus sich selber weiter gebiert" und damit „fortdauernde Schöpfung, ununterbrochenes Hervorbringen des Neuen"[22] ist, findet in der literarischen Moderne eine ähnliche Wertschätzung wie der prälogische und chronologieenthobene Primärprozeß der unbewußten Energieströme im Traum, im Wahn oder der freien Assoziation. In deren literarischer Imitation schafft sich die Moderne ihre Freiräume für formale Innovationen, die die disziplinierende Ordnung meßbarer Zeit anarchisch unterlaufen.

Angeregt auch von Bergson knüpfte der italienische Futurismus das Begehren nach bewegtem Leben an die Dynamik der damals neusten Technologien, die rauschhafte Geschwindigkeitserlebnisse ermöglichten. Und auf den Futurismus wiederum bezog sich ausdrücklich Theodor Däubler in seinen Ausführungen zum Begriff „Simultanität": „Das erste Bild, das sich ‚Simultane Visionen' nannte, ist von Umberto Boccioni, der somit das Wort zuerst in dieser Auffassung gebraucht hat. Es sollte eine Feier der Geschwindigkeit, des modernen Großstadtbetriebes, einen neuen Fieberzustand, erweckt durch die wissenschaftlichen Errungenschaften, zusammenfassend bezeichnen. Simultanität, heißt es bald darauf in einem Futuristenmanifest, ist die Bedingung, unter der die verschiedenen Elemente, die den Dynamismus ausmachen, in Erscheinung treten."[23] Die Dynamik im Wechsel der Eindrücke vermag jene fieberhafte Intensität des Erlebens hervorzubringen, die Däubler auch zur Bedingung expressionistischen Stils erklärt: „Der Volksmund sagt: wenn einer gehängt wird, so erlebt er im letzten Augenblick sein ganzes Leben nochmals. Das kann nur Expressionismus sein! Schnelligkeit, Simultanität, höchste Anspannung um die Ineinandergehörigkeiten des Geschauten sind Vorbedingung für den Stil."[24]

Themen – und stilbildend für die literarische Moderne – werden neben der Großstadt die neuen Verkehrs- und Nachrichtentechniken, die Massenpresse und insbesondere der Film. Die futuristische Entdeckung der „Schönheit der Geschwindigkeit" (Marinetti) fordert die Zerstörung syntaktischer Ordnungen und des in sich kohärenten Subjekts. Die klassischen „Einheiten der Zeit und des Raums" lösen sich auf im „offenen Kunstwerk" der ästhetischen Moderne. 1913 fordert Alfred Döblin unter dem Eindruck des Futurismus vom modernen Roman: „Von Perioden, die das Nebeneinander des Komplexen wie das Hintereinander rasch zusammenzufassen erlauben, ist umfänglich Gebrauch zu machen."[25] Döblin sprach in diesem Zusammenhang auch von einem „Kinostil".[26] Die raschen und sprunghaften Bewegungsabläufe, die für den frühen Stummfilm kennzeichnend waren, brachten, wie ein Zeitgenosse bemerkte, die „ewig gehetzte, von flüchtigem Eindruck zu flüchtigem Eindruck taumelnde" „Kinematographenseele" hervor.[27] Sie entsprach der Ästhetik eines Kinos, das Egon Friedell damals so beschrieb: „es ist kurz, rapid [...], und es hält sich bei nichts auf. [...] Für nichts haben wir ja heutzutage weniger Sinn als für jenes idyllische Ausruhen und epische Verweilen bei den Gegenständen, das früher gerade für poetisch galt."[28]

„Simultanität", das gleichzeitige Nebeneinander ungleicher Wahrnehmungsstimuli, stellt die Literatur, die wie die Musik und anders als die bildende Kunst an ein zeitliches Nacheinander der Zeichen gebunden ist, allerdings vor ein poetologisches Paradox. Zu lösen versucht es die „Poetik der Parataxe": die unkoordinierte Reihung gegenseitig austauschbarer Sätze, Wörter und Wahrnehmungspartikel, deren zeitliche Abfolge sekundär ist. Jakob van Hoddis' parataktisches Gedicht ›Weltende‹ macht das lyrische Ich bezeichnenderweise zu einem anonymen Zeitungsleser, der die zeitlich und räumlich heterogenen Realitätspartikel massenmedial vermittelt und 'vergleichzeitigt' wahrnimmt.

Dem Bürger fliegt vom spitzen Kopf der Hut,
In allen Lüften hallt es wie Geschrei.
Dachdecker stürzen ab und gehn entzwei,
Und an den Küsten – liest man – steigt die Flut.

Der Sturm ist da, die wilden Meere hupfen
An Land, um dicke Dämme zu zerdrücken.
Die meisten Menschen haben einen Schnupfen.
Die Eisenbahnen fallen von den Brücken.[29]

Die Zeichen der modernen Zivilisation und die Schutzvorrichtungen gegen die Natur werden in diesem Gedicht von der vitalen und dynamischen Gewalt des Sturms wie Spielzeug hinweggeblasen: Hut, Dächer, Dämme und Eisenbahnen. Es sind die Katastrophenmeldungen der Zeitungen, die das in ein anonymes Massensubjekt („liest man") aufgelöste und desensibilisierte Ich ungerührt oder gar mit spöttischer Freude registriert. Das Gedicht simuliert die veränderten Realitätswahrnehmungen durch die Zeitung, in der sich die Welt nicht mehr unmittelbar der eigenen Anschauung eines individuellen Subjekts, sondern nur noch massenmedial vermittelt und als ungeordnetes und zuweilen grotesk-komisches Nebeneinander heterogenster Ereignisse präsentiert. Die Meldung über die Flutkatastrophe oder das Eisenbahnunglück steht hier neben der „Katastrophennachricht", daß bei dem schlechten Wetter der Schnupfen grassiert. Die zeitliche Abfolge in der Präsentation oder Lektüre der Zeitungsmeldungen ist sekundär. Die beiden letzten Verse in ›Weltende‹ könnten, sieht man von den Vorgaben des Reimschemas einmal ab, ausgewechselt werden: „Die Eisenbahnen fallen von den Brücken. / Die meisten Menschen haben einen Schnupfen." Die registrierten Ereignisse, und das ist der Effekt der parataktischen Reihung, erscheinen als gleichzeitige, lösen sich aus einer narrativen, sinnstiftenden

Ordnung ebenso wie aus der Hierarchie vormals gültiger Werte. Für den „Bürger" ist das der Untergang, das Weltende, für die expressionistische Moderne eine Befreiung.

Anmerkungen

1 ›Ein gewaltiges Erstaunen‹. Spiegel-Interview mit Michel Foucault zu ›Paris–Berlin‹ (Der Spiegel, Nr. 44, 30. 10. 1978).

2 Georg Simmel, Die Großstädte und das Geistesleben. Gekürzter Abdruck in: Jürgen Schutte/Peter Sprengel (Hrsg.), Die Berliner Moderne 1885–1914, Stuttgart 1987, S. 125.

3 Zitiert nach Silvio Vietta/Hans-Georg Kemper, Expressionismus, München 1975, S. 11.

4 Max Nordau, Entartung, 2 Bde., Billige Ausgabe, Berlin o. J. (1903), Bd. 1, S. 73. – Zu Max Nordau als Kritiker des Fin de siècle, in: Roger Bauer u. a. (Hrsg.), Fin de siècle, Frankfurt a. M. 1977, S. 93–111. – Weiterhin Thomas Anz, Gesund oder krank? Medizin, Moral und Ästhetik in der deutschen Gegenwartsliteratur, Stuttgart 1989, S. 34–50.

5 Richard Münch hebt in seiner zweibändigen Schrift über ›Die Kultur der Moderne‹ (Frankfurt a. M. 1993) die Entwicklungsdynamik als das Kennzeichen hervor, das, stärker noch als der Prozeß der Rationalisierung, die Moderne von traditionalen Gesellschaften unterscheidet.

6 Theodor Däubler, Im Kampf um die moderne Kunst und andere Schriften, hrsg. von Friedhelm Kemp und Friedrich Pfäfflin, Darmstadt 1988, S. 37.

7 Ebd., S. 34.

8 Ebd., S. 32.

9 Ebd., S. 35.

10 Ebd., S. 36. – Zur gegenwärtigen Präsenz dieser kulturkonservativen Denkfigur (u. a. bei Hermann Lübbe) vgl. die Einleitung in Walther Ch. Zimmerli und Mike Sandbothe (Hrsg.), Klassiker der modernen Zeitphilosophie, Darmstadt 1993, S. 3 ff.

11 Ebd., S. 37.

12 ›Das rasende Leben‹ lautet der Titel eines Novellenbandes von Kasimir Edschmid (Leipzig 1915).

13 Rainer Maria Rilke, Sämtliche Werke, Frankfurt a. M. 1955–1966, Bd. 6, S. 710. – Vgl. hierzu Thomas Anz, Literatur der Existenz. Literarische Psychopathographie und ihre soziale Bedeutung im Frühexpressionismus, Stuttgart 1977, S. 73 ff.

14 Alfred Lichtenstein, Gesammelte Prosa, Zürich 1966, S. 17 f.

15 Michel Foucault, Überwachen und Strafen, Frankfurt a. M. 1981, Zitate S. 192.

16 Ebd., S. 198.

17 Franz Kafka, Sämtliche Erzählungen, hrsg. von Paul Raabe, Frankfurt a. M. 1970, S. 358.

18 Franz Kafka, Amerika. Gesammelte Werke in sieben Bänden, hrsg. von Max Brod, Frankfurt a. M. 1976, S. 45.

19 Foucault, Überwachen und Strafen, S. 199.

20 Kafka, Amerika, S. 44 f.

[21] Sigmund Freud, Vorlesungen zur Einführung in die Psychoanalyse. Neue Folge, Studienausgabe Bd. 1, Frankfurt a. M. 1969, S. 511: „Im Es findet sich nichts, was der Zeitvorstellung entspricht, keine Anerkennung eines zeitlichen Ablaufs und, was höchst merkwürdig ist und seiner Würdigung im philosophischen Denken wartet, keine Veränderung des seelischen Vorgangs durch den Zeitablauf."

[22] Henri Bergson, Denken und schöpferisches Werden, in: Zimmerli/Sandbothe (Hrsg.), Klassiker der modernen Zeitphilosophie, S. 228f. – Der Abdruck stammt aus der Einleitung der 1934 erschienenen Schrift ›La pensée et le mouvant‹, die hier formulierte Kritik naturwissenschaftlicher Zeitauffassungen wurde von Bergson jedoch schon früher entwickelt.

[23] Däubler, Im Kampf um die moderne Kunst, S. 38.

[24] Ebd., S. 110.

[25] Alfred Döblin, Schriften zur Ästhetik, Poetik und Literatur, Olten/Freiburg i. Br. 1989, S. 122.

[26] Ebd., S. 121.

[27] Anton Kaes (Hrsg.), Kino-Debatte. Texte zum Verhältnis von Literatur und Film 1909–1929, Tübingen 1978, S. 6.

[28] Ebd., S. 7.

[29] Kurt Pinthus (Hrsg.), Menschheitsdämmerung. Ein Dokument des Expressionismus, Hamburg 1959, S. 39.

DIE ZEIT, DER ORT UND DER KÖRPER: DIE FRÜHEN CHRISTEN IN ROM*

Von Richard Sennett

1. Der fremde Leib Christi

Antinoos und Christus

Einer der bewegendsten Abschnitte der frühen Kirchengeschichte begann mit der Klage eines Christen gegen das persönlichste Bauprojekt Hadrians: eine Stadt, die der Kaiser zu Ehren seines Gefolgsmannes Antinoos erbaute. Über die persönlichen Beziehungen Hadrians zu Antinoos wissen wir nichts Genaues. Der Kaiser begegnete ihm wahrscheinlich, als er zwischen 120 und 125 Athen oder eine andere griechische Stadt besuchte; Antinoos war damals ein zwölf- bis vierzehnjähriger Knabe. Einige Jahre später zeigten römische Münzen Antinoos im Gefolge des Kaisers bei der Jagd und damit als Mitglied seiner engsten Umgebung. Im Jahr 130 starb Antinoos plötzlich, im Alter von neunzehn oder zwanzig Jahren; sein Leichnam wurde von den Wellen des Nils an Land gespült. Der Kaiser ehrte den jungen Mann, indem er an derjenigen Stelle des Nilufers, wo man den Leichnam gefunden hatte, die Stadt Antinupolis errichtete; in seiner Villa in Tivoli ließ Hadrian über ein Dutzend Statuen des jungen Mannes aufstellen. Aus diesem lückenhaften Quellenbefund darf man folgern, daß Hadrian und Antinoos einander liebten. Die Liebe Hadrians zu Antinoos würde nicht nur erklären, daß der Kaiser zu Ehren des Knaben eine ganze Stadt bauen wollte, sondern auch, daß er bald nach dem Tod des Knaben in einem Erlaß verkündete, Antinoos sei ein Gott.

Die französische Schriftstellerin und Kennerin der Antike Marguerite Yourcenar schrieb einen historischen Roman, ›Mémoires d'Hadrien‹ [deutsch unter dem Titel ›Ich zähmte die Wölfin‹], der sich mit dem rätselhaften Tod des Antinoos im Nil beschäftigt. Sie wandte sich gegen verschiedene viktorianische Deutungen dieses Ereignisses, die entweder dem

* Richard Sennett: Time, Place, and the Body: Early Christians in Rome. Aus dem Englischen übersetzt von Karl Nicolai.

Faktum der Homosexualität auswichen (der Tod des Antinoos in den Wellen sei einfach ein Unfall gewesen) oder aber die Homosexualität zur Todesursache erklärten (Hadrian habe Antinoos ertränkt, weil dieser ihm untreu war). Yourcenar gründete ihre Darstellung auf eine andere Interpretation, die nicht nur sexuell unbefangener, sondern auch historisch plausibler war. Sie ließ Hadrian über die Möglichkeit nachdenken, daß Antinoos Selbstmord begangen haben könnte. Im östlichen Mittelmeerraum war damals der Glaube verbreitet, man könne das Leben eines geliebten Menschen retten, indem man nach dem richtigen Ritual Selbstmord beging; die Lebenskraft gehe dann von dem Toten auf den Lebenden über. Kurz vor dem Tod des Antinoos war Hadrian schwer krank gewesen, und Yourcenar vermutete, der junge Mann habe sich getötet, um das Leben des Kaisers zu retten. Im ersten Jahrzehnt nach seinem Tod wurde Antinoos zu einer beliebten Kultfigur als neuer Osiris – der junge, ägyptische Heilgott, dessen Tod seine Lebenskraft auf andere übertrug.

Weil der Antinooskult an Osiris anknüpfte, verglichen manche Römer Antinoos mit anderen Göttern, die sich für die Menschen geopfert hatten. Der berühmteste dieser Vergleiche stammte von dem Römer Celsus, der eine Generation nach Hadrian im letzten Drittel des zweiten Jahrhunderts schrieb; er verglich Antinoos mit Christus. In einer Schrift, die wahrscheinlich in den Jahren 177–180 entstand, erklärte Celsus, daß der Selbstmord des Antinoos zur Rettung von Hadrians Leben mit dem Opfertod Christi vergleichbar sei und daß die „Verehrung [die dem Liebling Hadrians erwiesen werde] in nichts hinter der Ehre zurückstehe, die [die Christen] Jesus erzeigen“.[1]

Dieser Vergleich provozierte eine Generation später Origenes, einen der ersten großen christlichen Intellektuellen, zu einem Gegenangriff. Er suchte eine Liebesbeziehung zwischen Männern als schwach und unbeständig herabzusetzen: „Was hat das Leben des Lustknaben Hadrians, der mit seiner krankhaften Sinnlichkeit nicht einmal dessen männliches Geschlecht verschonte, mit dem erhabenen Leben unseres Jesus gemein?“[2] Aber indem Origenes auf Celsus einging und den Vergleich zwischen Antinoos und Christus ablehnte, verfolgte er ein weit größeres Ziel: Er wollte nachweisen, daß der Leib Christi anders ist als ein menschlicher Leib.

Im Gegensatz zu Antinoos – so meinte Origenes – kann man Jesus „nicht die geringste auch nur gelegentliche Ausschweifung zur Last legen“, weil Christus kein heidnischer Gott ist, der sinnliche Gelüste und körperliche Begierden besitzt.[3] Die heidnischen Götter der Zeit Hadrians waren vergrößerte Menschen, ausgestattet mit übernatürlichen Kräften und ewigem Leben. Sie kannten Lust und Furcht, Eifersucht und Wut; viele von ihnen waren maßlose Egoisten. Jesus war nach der Darstellung des Origenes ganz anders; so wie er keine sexuellen Begierden kannte, litt er am Kreuz nur aus

Mitleid mit seinen Anhängern auf Erden. Heiden mag es wohl seltsam erscheinen, daß Jesus keine körperlichen Gefühle hatte; das kommt jedoch daher, daß er Gott ist: Sein Leib ist ein fremder Leib, unbegreiflich für menschliche Wesen, nicht einfach eine vergrößerte Variante von ihnen selbst.

Die magischen Kräfte des toten Antinoos tat Origenes als bloße „Zauberkünste und geheime Bräuche der Ägypter" ab und erklärte, diese seien „von denen unseres Jesus ganz und gar verschieden". Dann machte Origenes einen zweiten ungeheuer kühnen Schritt. Er erklärte, der Glaube an Jesus könne nicht durch den Staat geschaffen werden. Die Christen wollten nicht „irgendeinem König auf seinen Befehl, oder einem Fürsten nach seiner Anordnung willfährig sein".[4] Im Pantheon standen die Götter in ihren Nischen, um das Schicksal des Römischen Reiches zu begleiten, so wie sie vierhundert Jahre früher im Porticus der *Dei Consentes* gestanden hatten, um „gnädig und freundlich" auf das Glück Roms zu blicken; Politik und Religion waren untrennbar miteinander verbunden.

Die frühen Christen lehnten die vom Staat überwachten Formen des Gottesdienstes nicht öffentlich ab; sie schreckten vielmehr innerlich davor zurück. Die neue Religion zog jedoch eine Grenzlinie, die selbst der toleranteste und anpassungsfähigste Christ[5] nicht überschreiten konnte. Die Glaubensregeln, so schreibt der Historiker Arthur Darby Nock, verpflichteten ihn, „sich vom offiziellen Kaiserkult loszusagen"; das heißt, der Christ „konnte nicht beim Genius – dem Schutzgeist – des Kaisers schwören; er konnte nicht an den Feierlichkeiten teilnehmen, die am Geburtstag des Kaisers und am Jahrestag seines Regierungsantritts stattfanden; er konnte nicht als Soldat oder städtischer Beamter jenen Kulthandlungen beiwohnen, an denen diese beiden Bevölkerungsgruppen normalerweise teilnahmen".[6] Eine solche Trennung zwischen Politik und Religion ergab sich unmittelbar aus dem Begriff der Zeit, der den frühchristlichen Glauben kennzeichnete.

Dieser Glaube behauptete, daß die Menschen nicht als Christen geboren werden, sondern Christen erst *werden* – eine Verwandlung des Ich, die nicht durch das Befolgen von Anweisungen eintritt. Der Glaube eines Menschen muß im Laufe seines Lebens geschaffen werden, und seine Bekehrung ist nicht ein einmaliges Ereignis; wenn sie einmal begonnen hat, entfaltet sie sich unaufhörlich. Diese spirituelle Zeitauffassung manifestierte sich in der theologischen Aussage, Glauben sei eine Erfahrung des Werdens. Die Bekehrung treibt den Menschen immer weiter davon weg, den Befehlen einer herrschenden Macht zu gehorchen, und treibt damit einen Keil zwischen den Staat und die Religion.

Als William James im Jahr 1902 in seinem Buch ›The Varieties of Religious Experience‹ die psychologische Erfahrung der Bekehrung beschrieb, stellte er fest, daß die Bekehrung zwei Formen annehmen kann. Der eine Typ der Bekehrung – so meinte James – ist psychologisch „kühl“, ähnlich dem Überwechseln zu einer anderen politischen Partei. Man kann durchaus Relikte desjenigen Glaubens beibehalten, dem man vor der Bekehrung anhing, und man bewahrt eine gewisse Distanz zu der neuen Lehre, auch wenn man sich ihr anschließt. Man verliert seinen Platz in der Welt nicht. Dieser Typ der Bekehrung ist gewöhnlich ein diskreter, einmaliger Vorgang. James dachte dabei an Menschen in Neuengland, die zum Unitarismus übertraten; ein moderner Konvertit zum Reformjudentum könnte ebenso als Beispiel dienen.

Der zweite Typ der Bekehrung – so schreibt James – ist viel leidenschaftlicher; er entspringt dem Gefühl, daß man bisher völlig falsch gelebt hat und daß eine fundamentale Veränderung notwendig ist. Bei diesem Typ der Bekehrung ist jedoch „in unserem Bewußtsein das Gefühl unserer gegenwärtigen Verderbtheit weit deutlicher ausgeprägt als die Vorstellung irgendeines positiven Ideals, das wir anstreben können“. Arthur Darby Nock sagt, diese Form der Bekehrung sei „ebensosehr ein Sichabwenden [...] wie ein Sichhinwenden“.[7] Dieses Sichabwenden dauert, weil es nicht dem Wechsel zu einer anderen politischen Partei gleicht, länger und ist vielleicht im Laufe eines Lebens niemals abgeschlossen. Die frühen Christen bekehrten sich in diesem zweiten Sinne: sie wandten sich ab. In der heidnischen Antike gehörte der Körper der Stadt; aber wohin ging man, wenn man aus dieser Bindung befreit war?[8] Es gab dafür keine eindeutige Landkarte; die Kartenwerke der weltlichen Macht waren unbrauchbar. Und die Turbulenzen des Werdens waren unter den frühen Christen besonders stark, weil in der jüdischen Vergangenheit des Christentums der Fromme heimatlos von einem Ort zum anderen wanderte.[9]

Die Menschen des Alten Testaments sahen sich als Wanderer, und der Jahve des Alten Testaments war selbst ein wandernder Gott, seine Bundeslade transportabel. Der Theologe Harvey Cox stellte fest, „daß die Israeliten in dem Augenblick, als die [Bundes-]Lade von den Philistern erobert wurde, erkannten, daß Jahve nicht einmal dort ansässig war. [...] Er wanderte mit seinem Volk und überall hin.“[10] Jahve war eher ein Gott der Zeit als ein Gott des Ortes; er verhieß seinen Anhängern, daß ihre unglücklichen Wanderungen einen göttlichen Sinn hätten.

Die frühen Christen stützten sich auf diese alttestamentlichen Wertvorstellungen. So erklärte der Verfasser des ›Briefes an Diognetus‹, als das Römische Reich auf dem Höhepunkt seines Ruhmes stand:

> Die Christen sind weder durch Heimat noch durch Sprache und Sitte von den übrigen Menschen verschieden. Sie bewohnen nirgendwo eigene Städte und führen kein absonderliches Leben. [...] Sie bewohnen jeder sein Vaterland, aber nur wie Beisassen. [...] Jede Fremde ist ihnen Vaterland und jedes Vaterland Fremde.[11]

Selbst wenn man nicht körperlich wanderte, mußte man die Bindungen an seinen Wohnort aufgeben. Augustinus definierte dieses Gebot als die Pflicht des Christen, „durch die Zeit zu wandern". In seinem ›Gottesstaat‹ sagte er:

> Es steht nun geschrieben von Kain, daß er einen Staat gründete; Abel dagegen als Fremdling gründete keinen. Denn der Staat der Heiligen ist jenseitig, obwohl er hinieden Bürger erzeugt, in denen er in der Fremde pilgert, bis die Zeit seines Reiches herbeikommt.[12]

Diese „Wanderschaft durch die Zeit" anstatt der Loyalität gegenüber konkreten Orten beruhte darauf, daß Jesus seinen Jüngern nicht erlaubt hatte, ihm Denkmäler zu bauen, und auf seiner Ankündigung, den Tempel von Jerusalem zu zerstören. Ein eifriger Bürger zu sein, der sich politisch engagierte, widersprach den Werten des Glaubens an eine jenseitige Welt. Um seines Seelenheiles willen mußte man die gefühlsmäßigen Bindungen an einen Ort zerreißen.

Diese Bemühung fing beim eigenen Körper an. Mit seiner Kritik an Celsus, Antinoos und Hadrian wollte Origenes nachweisen, daß das Christentum die heidnische Erfahrung des Körpers von Grund auf verändert hatte. In seinen Schriften gegen Celsus und in seinem eigenen Leben suchte Origenes diese Revolution durch Beispiele zu illustrieren. Die Bekehrung kann, so schrieb er, im Intellekt beginnen, indem man darüber nachdenkt, wie verschieden der Leib Christi von unserem eigenen ist. Der Bekehrte lernt, daß er seine Leiden nicht mit den Leiden Jesu gleichsetzen und sich auch nicht vorstellen darf, die göttliche Liebe gleiche der menschlichen Begierde. Die Sünde Hadrians, Antinoos zum Gott zu erheben, und die Sünde des Antinoos, für Hadrian zu sterben, bestand deshalb darin, daß beide zwischen körperlicher Leidenschaft und Gott eine Verbindung herstellten. Heidnische Römer wie Celsus, die mit solchen Aussagen kaum etwas anfangen konnten, meinten, die Christen würden sich deshalb absondern, weil sie heimlich Orgien feierten – letzteres war aus heidnischer Sicht durchaus akzeptabel, denn sogar die Götter veranstalteten gelegentlich wilde Feste.

Der nächste Schritt, den der Christ bei seiner Bekehrung tat, war radikaler – und Origenes steigerte ihn bis zum Extrem. In einem Zustand religiöser Ekstase kastrierte er sich mit einem Messer. Heiden warfen den Christen häufig vor, bei ihren geheimen Ritualen ihren Körper zu verstümmeln. Obwohl das nur wenige tatsächlich taten, glaubte Origenes, sein eigenes Leiden habe eine allgemeinere Bedeutung in der Nachahmung des Leidens Christi; denn der Versuch, Schmerzen auf sich zu nehmen und zu überwinden, ist weit radikaler als der bloße Entschluß, auf sexuelle Lust zu verzichten. Wir können uns nicht einfach entschließen, auf Schmerz zu verzichten. Die Selbstverstümmelung des Origenes hatte überdies Parallelen im antiken Heidentum, zum Beispiel in der Selbstblendung des Ödipus, die den heidnischen König zu einem neuen moralischen Bewußtsein führte; oder auch in anderen monotheistischen Religionen wie im frühen Zoroastrismus, dessen Anhänger manchmal so lange in die Sonne blickten, bis sie erblindeten – während sich ihre Körper verwandelten, glaubten sie allmählich Gott zu spüren.

Ein moderner Mensch kann ein solches Verhalten als echt asketisch respektieren und es trotzdem aus einem Schamgefühl gegenüber dem Körper ableiten – einer Scham, die sich bei den Christen auf den Sündenfall im Paradies zurückführen läßt. Für Origenes konnte diese Scham kein Selbstzweck sein. Der Körper des Christen mußte die Grenzen von Lust und Schmerz überschreiten, um *nichts* zu empfinden, um die Empfindung zu verlieren und die Begierde zu transzendieren. Deshalb wandte sich Origenes mit aller Entschiedenheit gegen den Vorwurf des Celsus (der seinerseits die orgiastischen Praktiken vieler orientalischer Osiriskulte kritisch betrachtete), die christliche Disziplinierung des Körpers sei eine Form des Masochismus. Celsus behauptete, daß Christen „in übler Weise umherirren und sich in großer Finsternis herumwälzen, noch zuchtloser und verworfener als die Vereinsgenossen des [ägyptischen] Antinoos".[13]

Indem Origenes diese schwierige und unnatürliche Wanderschaft beschrieb, bejahte er die beiden sozialen Grundlagen des Christentums. Die erste war die christliche Lehre von der Gleichheit der Menschen. Vor dem Gott des Christentums sind alle menschlichen Körper gleich – weder schön noch häßlich, weder höherwertig noch minderwertig. Bilder und sichtbare Formen haben ihre Bedeutung verloren. Der christliche Moralkodex bestritt daher sowohl den griechischen Lobpreis der Nacktheit als auch die römischen Gebote „Sieh und glaube", „Sieh und gehorche". Und obwohl das Christentum lange an den antiken Vorstellungen von der Hitze und der Physiologie des Körpers festhielt, brach das frühe Christentum grundsätzlich mit der auf dieser Physiologie basierenden Schlußfolgerung, Männer und Frauen seien ungleich. Die Körper von Männern und Frauen sind gleich: unter Gläubigen wird es nicht mehr „Mann und Frau" geben. Im Ersten Korintherbrief trat Paulus für strenge Bekleidungsvorschriften ein, die das äußere Erscheinungsbild der Männer von dem der Frauen abgrenzten; gleichzeitig behauptete er jedoch, männliche und weibliche Propheten seien von „*einem* Geist" erfüllt und insofern vom Geschlecht unabhängig.[14] Aufgrund des fremden, revolutionären Leibes Christi befreiten sich seine Anhänger von den Fesseln weltlicher, auf dem Geschlecht oder auf Reichtum beruhender Erscheinungsbilder – oder von irgendwelchen anderen sichtbaren Maßstäben. Diese besaßen in dem auf das Jenseits ausgerichteten Christentum keinen überzeugenden Wert.

Zweitens verbündete sich das Christentum moralisch mit der Armut, mit den Schwachen und Unterdrückten – mit allen, die verletzliche Körper sind.

Über Prostituierte meinte Johannes Chrysostomus: „Sage mir nicht, das nackte Weib ist eine Hure; nein, die Hure und die Freie haben die gleiche Natur, denselben Leib."[15] Wenn die Christen die Gleichheit der Niedrigen und die Macht der Armut betonten, entsprang das unmittelbar ihrer religiösen Auffassung des Leibes Christi. Da andere ihn als schwachen Menschen von niedriger Geburt sahen, sollte sein Leiden unter anderem denjenigen, die ihm in der Welt am ähnlichsten waren, ihre Ehre zurückgeben. Der Historiker Peter Brown faßt diese Verbindung zwischen dem verletzlichen Leib Christi und den Leibern der Unterdrückten folgendermaßen zusammen: „Die beiden großen Themen der Sexualität und der Armut strebten in der Rhetorik des Johannes [Chrysostomus] und vieler anderer Christen aufeinander zu. Beide sprachen von einer allgemeinen Verletzlichkeit des Körpers, unter der alle Männer und Frauen – unabhängig von ihrem Stand und ihrem gesellschaftlichen Rang – litten."[16]

Der Logos ist Licht

„Wie soll ich also Gott erkennen? [...] Und wie willst du mir Gott zeigen?" fragte der Heide Celsus. Der Christ Origenes erwiderte darauf: „Der Schöpfer des Weltalls [ist] Licht."[17] Als die Christen den Prozeß des Werdens zu erklären suchten, verglichen sie ihn mit der Erfahrung des Lichtes. Sie beschrieben die Bekehrung als einen Prozeß der Erleuchtung. Im jüdisch-christlichen Sprachgebrauch bezeichnet der Logos – der göttliche Zusammenhang zwischen Worten – Worte, auf die ein Licht gefallen ist. Origenes erklärte, das Licht zeige Christus, den Logos, „wie er war, ehe er Fleisch geworden" und nachdem er aus dem Zustand des Fleisches in einen höheren aufgestiegen sei.[18]

Das Licht – das reine, das göttliche Licht – zeigt kein Bild. Deshalb tadelte Augustinus „die Astronomen, weil sie den Himmel zu beherrschen suchten; [...] er verglich sie mit einer Spinne, die ihr Opfer in ihrem Netz verstrickt, und bezeichnete eine [solche] Neugier als ‚Augenlust'".[19] Der göttliche Himmel ist am Sternenhimmel nicht zu sehen.

Das Licht ist überall. Theologisch bedeutet dies, daß der immaterielle Gott überall ist – unsichtbar, aber nie abwesend. Für Origenes, wie für den Evangelisten Matthäus und den heiligen Augustinus, war der Prozeß des Werdens die Verwandlung der körperlichen Begierden, damit der Mensch jene unsichtbare Kraft, welche die Welt erfüllt, erkennen konnte. Dieser Prozeß bedeutete: Heraustreten aus dem eigenen Körper in das Licht.

Aber gerade an diesem Punkt, wo die neue Theologie ihre immaterielle Schlußfolgerung zu erreichen schien, mischte sich störend die irdische Welt ein. Gerade weil das Licht überall ist, braucht man eine Konstruktion, ein

Bauwerk, einen besonderen Ort, um es zu erfahren. Wenn ein Christ der Zeit Hadrians jenen Tempel betrat, der später zu einem christlichen Heiligtum werden sollte, begriff er das: Im Pantheon formt die gegenständliche Kuppel das Licht. Bei direktem Sonnenlicht sammelt ihre kreisrunde Scheitelöffnung das Licht zu einem festumrissenen Strahlenbündel. An bewölkten Tagen, bei indirektem Sonnenlicht, ist das durch die Kuppelöffnung strömende Licht diffus und scheint den ganzen Raum zu erfüllen.

Der Heide Cassius Dio meinte, wegen seines Kuppeldaches gleiche das Pantheon dem Himmelsgewölbe. Der englische Dichter Shelley, ein Atheist, reagierte eher wie ein Christ; als er um 1820 das Pantheon betrat und nach oben blickte, hatte er das Gefühl: „Wie wenn man die unermeßliche Himmelskuppel betrachtet, wird die Vorstellung der Größe absorbiert und geht verloren.“[20] Er konnte die gleiche Erfahrung jedoch nicht machen, wenn er im Freien spazierenging, wo er den Himmel ebenso deutlich in seiner ganzen Unendlichkeit über sich sah.

Mit diesem Dilemma waren auch die frühen Christen konfrontiert. Sie mußten Orte schaffen, wo sie „durch die Zeit wandern“ konnten. Die Bekehrung war für den Sünder eine Sache von höchster Dringlichkeit. Der Christ konnte sich nicht mit der respektvollen, wenn auch etwas ironischen Beziehung zu den Göttern begnügen, wie sie Sueton hatte. Die Notwendigkeit der Umkehr wirkte in ihrer Ungeheuerlichkeit fast lähmend: alle sinnlichen Reize mußten aufhören, damit der Körper nicht länger begehrte, betastete, schmeckte und roch – der Körper sollte sich von seiner eigenen Physiologie distanzieren. Es gab drastische Beispiele für eine Bekehrung durch körperliche Entsagung, etwa die Selbstkastration des Origenes; aber eine solche Selbstverstümmelung erforderte außerordentlichen physischen Mut. Gewöhnlichere Menschen brauchten einen Ort, an dem sie als Pilger durch die Zeit aus ihrem Körper heraustreten konnten. Dieser Ort mußte außerdem künstlerisch gut gestaltet sein, wenn er den Schwachen und Anfälligen helfen sollte, das Licht zu sehen.

2. *Christliche Orte*

Das frühe Christentum war praktisch eine Religion des östlichen Mittelmeerraumes, deren Botschaft durch Reisende verbreitet wurde; diese beförderten Briefe, die den Glauben erklärten und Nachrichten der Gläubigen weitergaben, von Stadt zu Stadt. Die Städte, in denen das Christentum zuerst Wurzeln schlug, waren meist kleinere Handelszentren innerhalb des Römischen Reiches. Die Briefe, die Plinius der Jüngere an den Kaiser Trajan schrieb, enthielten erste Anzeichen dafür, daß offizielle Kreise die Christen als eine von den Juden verschiedene Gruppe zu betrachten begannen. Die

Römer erkannten diesen Unterschied zuerst im Jahr 64 n. Chr., als Nero bei dem Brand Roms, der große Teile der Stadt in Schutt und Asche legte, die Schuld auf die Christen schob. Trotzdem fielen die Christen noch unter Kaiser Hadrian in der Hauptstadt kaum auf.

In ihren Anfängen glichen die städtischen Christen in mancher Hinsicht den Anhängern des revolutionären Kommunismus zu Beginn des zwanzigsten Jahrhunderts. Beide waren in kleinen Zellen von Gläubigen organisiert, die sich in Häusern trafen und Nachrichten mündlich oder durch das Vorlesen geheimer Schriftstücke verbreiteten. Sie besaßen keine zentrale Befehlsstruktur; Spaltungen und Streitigkeiten zwischen Zellen grassierten im frühen Christentum ebenso wie im Kommunismus. Die ersten Kommunisten ignorierten jedoch das Haus als wichtigen Schauplatz ihrer Tätigkeit; ihre Doktrin konzentrierte sich darauf, die öffentliche Sphäre der Stadt, ihre Fabriken, Zeitungen und Regierungsinstitutionen zu unterwandern. Für die ersten Christen war das Haus der Ort, an dem ihre „Wanderschaft durch die Zeit" begann.

Das christliche Haus

Das christliche Haus war der Versammlungsort der christlichen Glaubensgemeinschaft von der Generation nach Jesu Tod bis etwa zum letzten Viertel des zweiten Jahrhunderts, als die Christen anfingen, sich an anderen Orten zu versammeln. Während der Regierungszeit Hadrians war das Christentum noch völlig auf den häuslichen Raum beschränkt; der Staat verbot die öffentliche Ausübung der Religion, und indem die Gläubigen im Haus blieben, schützten sie sich auch vor Belästigungen. Wegen solcher Einschränkungen meinten die Kirchenhistoriker lange, die frühen Christen seien ohnmächtig oder gar arm gewesen. Heute wissen wir es besser: Das städtische Christentum holte sich seine Konvertiten aus einem weiten sozialen Spektrum. In der gesellschaftlichen Mittel- und Oberschicht scheinen sie zu fehlen: Diese Christen mußten Ausflüchte suchen, wenn die übrigen Bürger feierten; sie mußten sich in der Öffentlichkeit kompromittieren, wenn sie nicht die Kraft zum Martyrium besaßen; sie mußten vor allem im Verborgenen leben.

Innerhalb des schützenden Hauses begann ihre Glaubenswanderung im Speisezimmer. Die kleine christliche Hausgemeinde versammelte sich zu einem gemeinsamen Mahl, bei dem die Gläubigen redeten, beteten und Briefe von Christen aus anderen Gegenden des Reiches lasen. Obwohl das Erlebnis der Bekehrung ein höchst individueller Vorgang war, gab ihm dieser gesellschaftliche Rahmen eine besondere emotionale Stütze. Wie Paulus erklärte, erinnerte diese Tischgemeinschaft an das letzte Abendmahl Jesu mit seinen Jüngern.[21] Ein moderner Kirchenhistoriker bemerkt außerdem: „Das gemeinsame Mahl in den einzelnen Hausgemeinden besaß fundamentale Bedeutung“, denn „das Essen war ein Zeichen für soziale Beziehungen zu anderen. Die Erweiterung der Gastfreundschaft durch den Rahmen des Mahles war der zentrale Akt, der die Gottesdienst feiernde Gemeinde konstituierte.“[22] Die Christen insgesamt wurden von Paulus als *ekklesia* bezeichnet, was im Griechischen „Volksversammlung“ bedeutet. Die Christen nannten diese gemeinsame Mahlzeit *agape*, was man mit „Feier der Gemeinschaft“ übersetzen kann; für das letztere Wort verwendet die Bibel den Begriff *koinonia. Agape* konnte nach Meinung der Heiden aber auch leidenschaftliche Liebe bedeuten – deshalb stellten sie sich, wenn sie von diesen Mahlzeiten hörten, Orgien vor.

Die christliche Feier durchbrach die Formen der heidnischen Geselligkeit, wie sie etwa Petronius in seinem Roman ›Satyricon‹ mit fast karikierender Übertreibung schildert. Petronius beschreibt ein Gastmahl des unermeßlich reichen Freigelassenen Trimalchio, der seine Gäste unter Bergen erlesener Speisen nahezu begrub und in kostbaren Weinen ertränkte. Nachdem mehrere Gänge aufgetragen worden waren, verfielen die Gäste in eine stumpfe Lethargie, während der energiegeladene Trimalchio nie ermüdete und ununterbrochen weiterredete. Das Gastmahl artete zu einem Theater des Grauens aus: die ganze Nacht hindurch alberten die Gäste herum, erzählten einander Witze und erbrachen sich. Anstelle der allgemeinen Unterhaltung beim griechischen Symposion inszenierte das Gastmahl des Trimalchio das Dominieren eines einzigen Individuums gegenüber allen seinen Tischgenossen. Es gab keinen wechselseitigen Wettstreit, sondern einen aktiven Gastgeber und seine passiven, kriecherischen Gäste. Trimalchios Gäste waren jedoch nicht Opfer, die sich sträubten; ihr Magen hatte immer noch ein wenig Raum für eine weitere Ladung Austern in Rahmsoße; sie brachten immer noch genügend Kraft auf, um ihre Becher ein weiteres Mal mit Wein füllen zu lassen, Stunde um Stunde. Obgleich das ganze Gastmahl nur den Reichtum und die Macht des Gastgebers demonstrierte, obwohl der Luxus Trimalchios buchstäblich von den Körpern seiner Gäste Besitz ergriff, wollten sie immer noch mehr, ließen sie ihn ihre Körper füllen – sie fraßen sich voll bis zur Unterwerfung.

Die christliche *agape* suchte diesen Impuls der Abhängigkeit aufzuheben. Die Feier, an der alle in gleicher Weise teilnahmen, suchte zu zeigen: „Hier ist nicht Jude noch Grieche, hier ist nicht Sklave noch Freier, hier ist nicht Mann noch Frau.“[23] Während die Menschen heidnische Gastmähler in der Regel nur besuchten, wenn sie eine Einladung erhalten hatten, hießen die Christen großzügig an ihrem Tisch Fremde willkommen, die christliche Botschaften überbrachten. So empfingen Römer, um einen Speisetisch versammelt, den berühmten Brief des Paulus an die Römer, in dem die Grundsätze dargelegt sind, die später den Aufbau der Kirche bestimmen sollten. Dieser

Brief stammt aus der Zeit um 60 n. Chr., als auch Petrus in Rom predigte. Phöbe, die Botin des Paulus, brachte den Brief in die Hausgemeinden der römischen Christen, las jeweils die Lehren des Paulus den Gläubigen vor, die wiederum ausführlich darüber diskutierten, und in anderen Häusern schlossen sich weitere Diskussionen an. Im Gegensatz zum Gastmahl des Trimalchio dominierte bei diesen Diskussionen nicht die Stimme eines einzelnen, auch nicht die des Gastgebers.

In den Hausgemeinden veränderte das christliche Ethos die herkömmliche Tischordnung. Die lineare Sitzordnung der Römer plazierte die wichtigste Person oben an den Tisch; nach ihr kamen in absteigender Reihenfolge die weniger wichtigen Leute. Die christliche Hausgemeinde brach mit dieser Ordnung; sie plazierte die Menschen nach der Stärke ihres Glaubens. Die Postulanten (die sich für die christliche Lehre interessierten, aber noch keine Christen waren) und Katechumenen (die zum Christentum übergetreten, aber noch nicht getauft waren) standen in der Nähe der Tür oder an den Wänden des Speiseraumes, während die „richtigen" Christen miteinander am Tisch saßen. Obwohl die Quellen unzureichend sind, dürfen wir annehmen, daß während der entscheidenden Augenblicke der Mahlzeit alle Gläubigen gemeinsam direkt am Tisch saßen – wenigstens bis etwa zum Jahr 200, als förmliche Rituale die zwanglose gemeinsame Mahlzeit verdrängten.

„Das Fleisch gelüstet wider den Geist, der Geist aber wider das Fleisch", schrieb Augustinus – Galater 5,17 zitierend – in seinen ›Bekenntnissen‹ über seine Empfindungen während einer solchen Abendmahlsfeier, wo der Geruch der Speisen und die berauschende Wirkung des Alkohols ihn erregten.[24] „Täglich führe ich Krieg mit mir durch Fasten und oftmals zwinge ich meinen Leib ins Joch, und doch ist es mir eine Lust, die Schmerzen des Hungers [durch Essen und Trinken] zu verscheuchen."[25] Augustinus suchte Trost in den Worten von Lukas 21,34: „Hütet euch aber, daß eure Herzen nicht beschwert werden mit Fressen und Saufen und mit täglichen Sorgen." Doch die *agape* diente zu seiner Prüfung, und diese Prüfung führte ihn vor allem zu einem Verständnis des Ausdrucks „der fremde Leib Christi".

Sowohl die Gemeinschaft als auch die Prüfung gipfelten in der Eucharistie, im Essen des Brotes und im Trinken des Weines, die Leib und Blut Christi verkörperten. Als Paulus seinen Ersten Korintherbrief schrieb, war das Ritual der Eucharistie bereits in seiner bleibenden Form festgelegt:

> Der Herr Jesus, in der Nacht, da er verraten ward, nahm er das Brot, dankte und brach's und sprach: Das ist mein Leib, der für euch gegeben wird; das tut zu meinem Gedächtnis. Desgleichen nahm er auch den Kelch nach dem Mahl und sprach: Dieser Kelch ist der neue Bund in meinem Blut; das tut, sooft ihr daraus trinkt, zu meinem Gedächtnis.[26]

Die kannibalistischen Untertöne der Eucharistie brachten das frühe Christentum in die Nähe vieler anderer Kulte, die ebenfalls den Leib ihres Gottes zu essen suchen. Aber der Christ, der am Leib und Blut seines Gottes „teilhatte", fühlte sich nicht von der Kraft eines Gottes erfüllt, wie etwa die Priester der Azteken, wenn sie das frische Blut ihres geschlachteten Opfers tranken. Die Prüfung bestand darin, daß man dem Aufwallen körperlicher Energie, die Brot und Wein lieferten, widerstand. Wie Origenes lehrte, triumphierte die Seele, wenn die Sinne *nichts* schmeckten. So war die Eucharistie nach Auffassung des Kirchenhistorikers Wayne Meeks eine rituelle Darstellung des biblischen Wortes vom „Ablegen des alten Menschen" und „Anziehen des neuen Menschen, Christus".[27]

Der zweite Weg, auf dem die christlichen Hausgemeinden „den alten Menschen" ablegen und „den neuen Menschen, Christus" anziehen wollten, war das Ritual der Taufe. Bei diesem Ritual wichen sie – wie beim Essen – ebenfalls radikal von der heidnischen Geselligkeit ab, in diesem Fall vom Baden. Die Taufe wandte sich tatsächlich gegen eines der wichtigsten Erlebnisse des heidnischen Stadtrömers, das Erlebnis des gemeinsamen Badens.

In der Zeit Hadrians war Rom voll von öffentlichen und privaten Bädern, riesigen Kuppelbauten, die sich über Wasserbecken und Gymnastikhallen wölbten. In diesen Einrichtungen trafen sich alle Römer, gewöhnlich in Gruppen; anders als in griechischen Gymnasien weilten in den römischen Bädern nicht nur Männer, sondern auch Frauen, nicht nur junge, sondern auch alte Menschen. Bis in die Zeit Hadrians badeten Männer und Frauen gemeinsam; er war der erste, der die Geschlechter beim Baden trennte – die Frauen badeten vor den Männern. Ins Bad ging man am Nachmittag oder frühen Abend, nachdem man die Besuche und Arbeiten beendet hatte. Sehr wohlhabende Leute besaßen ihre eigenen Privatbäder; sie besuchten die öffentlichen Bäder nur, wenn sie sich beim Volk einschmeicheln oder ihre Auffassung propagieren wollten. Hadrian selbst badete oft in den öffentlichen Thermen zusammen mit seinen Untertanen, was sein Ansehen bei ihnen ungeheuer steigerte. Die Armen hielten sich in den öffentlichen Bädern auf, bis diese bei Sonnenuntergang geschlossen wurden; denn hier fanden sie eine Zuflucht vor der Trostlosigkeit ihrer eigenen Behausungen.

Das Baden der Heiden war in einer genau festgelegten Abfolge organisiert: Nachdem der Badbesucher eine kleine Eintrittsgebühr gezahlt und sich in einem Gemeinschaftsraum, dem sogenannten *apodyterium*, entkleidet hatte, betrat er zuerst ein großes, mit heißem Wasser gefülltes Becken, das *caldarium*, wo er seinen verschwitzten Körper mit einer harten Bürste reinigte; dann stieg er in das Warmwasserbecken, das *tepidarium*, und zuletzt stürzte er sich ins Kaltwasserbecken, das *frigidarium*. Wie in einer öffentlichen Badeanstalt von heute räkelten sich an den Beckenrändern Leute, die schwatzten, flirteten und angaben.

Seneca verachtete das Bad als einen Ort der lärmenden Wichtigtuerei; er beschrieb zum Beispiel „einen dienstbeflissenen Haarzupfer, der, um sich nach Möglichkeit bemerkbar zu machen, immer wieder seine dünne und schrille Stimme vernehmen läßt und seinen Mund nur dann hält, wenn er Haare ausrupft und einen anderen für sich schreien läßt", oder „das Stimmengewirr der Wursthändler, der Kuchenbäcker und aller der im Dienste der Garküchen stehenden Krämer, die ihre Ware [...] feilbieten".[28] In den Bädern arbeiteten Zuhälter, die männliche und weibliche Prostituierte besorgten, und überhaupt boten die Bäder den Menschen Erholung von den Härten des Lebens draußen; so sagte ein römisches Sprichwort: „Das Baden, der Wein und die Liebe richten unseren Körper zugrunde – aber diese Dinge machen das Leben aus."[29]

Die Menschen glaubten aber auch, das Baden verleihe ihrem Körper Würde; römische Schilderungen von Barbaren sind geradezu besessen von dem Klischee, die Fremden seien ungewaschen. Reinlichkeit war ein gemeinsames Erlebnis aller Bürger, und ein öffentliches Bad war das populärste Bauwerk, das ein Herrscher errichten konnte. Die Bäder vermischten die ungeheure Mannigfaltigkeit der römischen Bevölkerung in einer allgemeinen Nacktheit.

Die Christen besuchten die öffentlichen Bäder genau wie andere Römer. Aber wenn sie sich taufen ließen, hatte das eine persönliche und religiöse – weniger eine gesellschaftliche – Bedeutung. Die Taufe im Wasser wies darauf hin, daß der Täufling meinte, er sei in seinem Ringen mit den körperlichen Begierden so weit gekommen, daß er sich für immer zum christlichen Glauben bekannte. Die Praxis in der frühchristlichen Hausgemeinde sah so aus, daß derjenige, der sich zur Taufe bereit fühlte, alle seine Kleider ablegte und dann in einem Raum, der vom Raum des rituellen Festmahls abgetrennt war, in ein Wasserbecken eintauchte. Sobald er aus dem Wasser stieg, legte der Täufling völlig neue Kleider an – ein Hinweis darauf, daß er jetzt ein verwandelter Mensch war. „Hier [wurde] das Bad im Wasser zur bleibenden Trennschwelle zwischen der ‚reingewaschenen' Gruppe und der ‚schmutzigen' Welt."[30]

Dieses Wasserritual trug dazu bei, das Christentum von seiner jüdischen Vergangenheit abzuheben. Im antiken wie im modernen Judentum tauchen die Frauen ins Mikwe-Bad ein, um sich symbolisch zu reinigen, besonders um das Menstruationsblut abzuwaschen. Wie der jüdische Gelehrte Jacob Neusner erklärt, bedeutet das rituelle jüdische Tauchbad kein Abwaschen von Sünden; es ist ein Ritual, das der Reinigung – nicht der Verwandlung des Ichs – dient.[31] Die Frauen, die es verlassen, sind nicht andere Menschen geworden; vielmehr sind ihre Körper jetzt bereit, an jüdischen Ritualen teilzunehmen. Die Taufe hingegen war eine bleibende Schwelle, die der Gläubige überschritt, wenn er sich für immer zum Christentum bekennen wollte. Der reingewaschene und verwandelte Leib des Christen spiegelte die Geschichte des Todes und der Auferstehung Jesu wider; im Römerbrief schreibt Paulus, wir seien „in seinen Tod getauft“.[32]

In der frühchristlichen Kirche wurden nicht kleine Kinder, sondern Erwachsene getauft. Für Säuglinge konnte die Taufe keinen Sinn haben, denn sie bedeutete, daß man eine Entscheidung traf – die wichtigste Entscheidung seines Lebens. Aus dem gleichen Grund gaben die frühen Christen die jüdische Praxis der Beschneidung auf. Eine Quelle im Neuen Testament bezeichnet die Taufe als „Beschneidung durch Christus“, aber bei dieser christlichen „Beschneidung“ wurde der Penis nicht verändert.[33] Indem Paulus sich gegen die Beschneidung wandte, suchte er jede körperliche *Aussage* – jede Kennzeichnung derjenigen Menschen, die von Geburt an automatisch zur Gemeinde gehörten – zu tilgen. Die Ablehnung der Beschneidung entsprang auch der frühchristlichen Überzeugung, daß die Menschen nicht als Christen geboren werden, sondern daß sie Christen *werden*.

Die Taufe war ein scharfer Bruch mit dem Gebot „Sieh und glaube“, das im heidnischen Rom galt. Der getaufte Christ trug ein Geheimnis mit sich, das unsichtbar war. Männliche Juden konnten als solche erkannt und verfolgt werden, indem man sie entkleidete und ihre Genitalien untersuchte; dagegen hinterließ die „Beschneidung durch Christus“ keine Spur am Körper. Noch allgemeiner ausgedrückt: Man konnte nicht verstehen, was Christentum bedeutete, indem man einen Christen anschaute: seine äußere Erscheinung war irrelevant. Und doch begann die Praxis der Hausgottesdienste die Christen an die Städte zu binden, in denen sie Gottesdienst feierten.

Die ersten Kirchen

Wie viele Christen es zur Zeit Hadrians in Rom gab, ist schwer zu schätzen; es waren höchstens einige tausend. Ein paar Generationen später fing man an, die Christen im Kolosseum und an anderen Orten der Stadt hinzurichten; der Höhepunkt der Verfolgung war ein großes Blutbad zwischen 250 und 260; trotzdem wuchs die Sekte ständig. Richard Krautheimer rechnet für das Jahr 250 mit 30- bis 50000 Christen in Rom.[34] Als Kaiser Konstantin im frühen vierten Jahrhundert das Christentum annahm, machten die Anhänger seiner neuen Religion ein Drittel der Bevölkerung Roms aus.

Das Mailänder Edikt, das Konstantin im Jahr 313 erließ, bildete einen Wendepunkt in dieser Entwicklung, denn es erklärte das Christentum im ganzen Römischen Reich zu einer erlaubten Religion. Der römische Bischof Dionysius (259–268) begründete diejenige Form kirchlicher Verwaltung, die weiterhin vorherrschen sollte: der Bischof führte die Geschäfte der Christen in der Stadt. Je mehr das Christentum wuchs, desto mehr Grundbesitz erhielt es durch Vermächtnisse und Testamente; diesen Grundbesitz verwalteten freie Vereinigungen, die auch Land für Friedhöfe aufkauften und in öffentlichen Gebäuden Gemeindezentren errichteten.

Konstantin betrat Rom 312 als erster christlicher Kaiser, und die Lateranbasilika, mit deren Bau er 313 begann, zeigte, wie sich dieses Ereignis auswirkte. Der Lateran war kaiserlicher Besitz. Basilika und Baptisterium „entstanden auf einem Grundstück, über das der Kaiser frei verfügen konnte; es lag zwischen Villen und Gärten, alle oder größtenteils kaiserliches Eigentum, versteckt am Rande der Großstadt".[35] Die Basilika war ein Steinbau mit einem Dach aus Holz; ihr Mittelschiff wurde auf beiden Seiten von zwei niedrigeren Seitenschiffen flankiert und schloß am östlichen Ende mit einer halbrunden Apsis ab. Vor der Apsis stand der Bischof oder ein anderer leitender Priester auf einem erhöhten Podium, den Reihen der Gemeindeglieder zugewandt. Man hatte also die Struktur des antiken Gerichtsgebäudes wiederverwendet. Südöstlich von der Basilika errichtete Konstantin das Baptisterium, das – wenn auch in umgestalteter Form – noch heute steht. Ein silbernes Drahtgitter schützte eine Statue des thronenden Christus, und zahlreiche Wandgemälde stellten biblische Geschichten dar. Die Wände der Lateranbasilika waren außerdem mit kostbarem Material, edlem Marmor und Porphyr, verkleidet; in den Augen der Jungfrau Maria und ihres gekreuzigten Sohnes leuchteten echte Edelsteine.

Die Entwicklung des Christentums als öffentliche Macht veränderte das Bild Christi beträchtlich: „Christus war nicht mehr [...] in erster Linie der Gott der Niedrigen, der Wundertäter und Heiland. Wie Konstantin sich als Stellvertreter Gottes auf Erden betrachtete, so sah man Gott immer mehr als den Herrscher des Himmels."[36] Nach Auffassung eines modernen Forschers, Thomas Mathews, wurde Christus nicht einfach zu einer neuen Variante des Kaisers; er blieb ein fremdartiger und wundertätiger Zauberer. Aber die Orte, an denen der neue Gott jetzt öffentlich verehrt wurde, zogen das Christentum in die Einflußsphäre älterer Machtformen.[37] Die lineare und axiale Ordnung der römischen Basilika, ihre weltliche und kostbare Ausstattung, diente jetzt einem majestätischen Bild Christi.

Der Gottesdienst nahm eine Form an, die zu einem majestätischen Bauwerk paßte. Zwischen den Herrschern der Kirche und ihren Gläubigen tat sich eine große Kluft auf. Der Bischof trug die prächtigen Gewänder eines römischen Beamten; er betrat die Lateranbasilika, umgeben von niedrigeren Kirchenbeamten, die ihn bei seinem feierlichen Einzug durch das Mittelschiff begleiteten, während die Gemeindeglieder zuschauten; sein Einzug war beendet, wenn er sich vor der Apsis auf einen Thron setzte, das Gesicht der Gemeinde zugewandt – dabei standen auf der einen Seite die Männer, auf der anderen die Frauen. Die Hierarchie des Glaubens spiegelte sich jetzt auch in der Gottesdienstordnung wider: Auf einen Wortgottesdienst der

Katechumenen, bei dem gemeinsame Gebete gesprochen und Abschnitte aus der Heiligen Schrift vorgelesen wurden, folgte eine Meßfeier der Gläubigen. Diejenigen, die bereits getauft waren, zogen zu Beginn dieser Meßfeier feierlich durch das Mittelschiff; dabei trugen sie Opfergaben, die sie vor dem auf seinem Thron sitzenden Bischof niederlegten. Dann genoß man die Oblate und den Wein, den Leib und das Blut Christi; das Abendmahlsgebet wurde gesprochen, der Bischof erhob sich von seinem Thron, schritt wieder durch die Reihen der Gläubigen, die stumme Zeugen waren, und verließ die Basilika. Auf diese Weise war die Kirche in die Welt zurückgekehrt.

Nach Auffassung mancher Forscher hatte das Raumprogramm der Lateranbasilika eine lange Vorgeschichte. Nach dieser Auffassung – sie stützt sich eher auf Ausgrabungen antiker Synagogen im mesopotamischen Dura-Europos als in Rom – hatten schon die Christengemeinden der Zeit Hadrians mit dem Prozeß der räumlichen Abtrennung begonnen: Man hatte einen besonderen, privaten Raum für das Taufritual und erweiterte den Speiseraum, indem man eine Wand abriß, damit die Reihen der Gemeindeglieder auf einen Altar blicken konnten. Das wurde wahrscheinlich nicht nur deshalb notwendig, weil die Zahl der Christen wuchs, sondern auch weil man schon früh die Rituale der Eucharistiefeier von denen des allgemeinen Gebetes trennte.[38] In der Lateranbasilika wurden solche Veränderungen, sofern sie stattfanden, zu einem Denkmal des christlichen Kaisers Konstantin. Diesem Raum prägte „Rom" den Stempel seiner Kontinuität und Dauer auf, damit die christlichen Römer sehen und gehorchen sollten.

Gewiß, die Befehle, die in der Lateranbasilika dem Auge gegeben wurden, waren nicht einfach aus den heidnischen Tempeln der Zeit Hadrians übernommen. So versammelte sich eine Masse von Menschen im Inneren der christlichen Basiliken. Das Pantheon, in dem sich ebenfalls eine Menschenmenge versammeln konnte, bildete unter den heidnischen Tempeln wahrscheinlich eine Ausnahme; bei anderen heidnischen Heiligtümern, zum Beispiel dem Tempel der Venus Genetrix, stand die Volksmenge vor dem Bauwerk und sah von dort aus zu. Die Darstellung der Macht in der Lateranbasilika vollzog sich ganz in ihrem Inneren; ihr Äußeres war eine unansehnliche, schmucklose, sich auftürmende Masse aus Gußmauerwerk und Backsteinen.

Obwohl die materielle Pracht und die erotisierenden Bilder im Inneren der Lateranbasilika den frühchristlichen Drang, das Reich der Sinne hinter sich zu lassen, kompromittierten, versuchten die Christen ihre Bindung an jenen früheren Glauben in einem anderen Raum zu bewahren, der für die persönliche religiöse Erfahrung gedacht war: im *Martyrium*, d.h. in der Grabkirche eines christlichen Märtyrers. Hier wurde das Licht an einem besonderen Ort gestaltet.

Wegen der Kreuzigung Jesu legte die christliche Theologie großes Gewicht auf den Tod. In der Zeit Konstantins wollten die Christen nahe den Gräbern christlicher Märtyrer bestattet werden. Durch ausgeklügelte, wenn auch manchmal zweifelhafte archäologische Forschungen lokalisierten sie die Gräber von Märtyrern und gruben dort Schächte, die sogenannten Katarakte, durch die sie Opfergaben in Form von Wein und parfümiertem Olivenöl hinuntergossen – ähnlich wie die heidnischen Römer die Erdgötter im *mundus* ernährt hatten. Das Martyrium diente zunächst als Ort für umfangreiche christliche Bestattungen in der Nähe eines Märtyrerschachtes. Ursprünglich bestand es aus einem größeren, rechteckigen Schuppen, der an die Basilika einer Kirche angebaut war; so entstand die Peterskirche in Rom, angeblich an dem Platz, wo Petrus beigesetzt war. Im Laufe der Zeit wurde das Martyrium jedoch zu einem runden oder achteckigen Bau, dessen Mittelpunkt das Grab eines verehrten Heiligen – oder einer anderen verehrungswürdigen Persönlichkeit – bildete. Symbolisch betrachtet ist der Altar das Grab Christi; die fünf Kreuze auf dem Altarstein stehen für seine fünf Wunden.

San Costanza war ein solches Martyrium, das um 350 für das Grab von Konstantins Tochter Constantia errichtet wurde; es steht – wenn auch in verändertem Zustand – heute noch. Es hat die Form eines doppelten Zylinders; der kleinere, innere Zylinder ruht auf zwölf Doppelsäulen. Die Innenausstattung ist ebenso kostbar wie die des Baptisteriums im Lateran, mit einer Fülle von wertvollen Steinen und Statuen, aber das Gewicht lag eher auf einer Darstellung der Trauer als des Triumphes. In anderen, weniger ausgeschmückten Martyrien stellte man unter die Kuppel einen sakramentalen Taufstein; auf diesen heiligen Gegenstand fiel das Licht – die Menschen, die sich im Raum aufhielten, blieben in relativem Dunkel. Martyrien waren, so ausgeschmückt sie auch sein mochten, kontemplative Bauten, geweiht der persönlichen Meditation über das Leben von Christen, die für ihren Glauben litten.

San Costanza wies voraus auf die Umwandlung des Pantheons in ein Martyrium: Sancta Maria ad Martyres. Auf den *mundus* im Mittelpunkt des Fußbodens stellte man einen Heiligenschrein, die runden Wände konzentrierten den Blick des Trauernden auf diesen Punkt, sein Auge richtete sich von dieser menschlichen Ebene des Leidens nach oben zum Licht. Sogar der Name des hadrianischen Bauwerks nahm eine neue Bedeutung an. Bis zum vierten Jahrhundert n. Chr. betrachteten die Römer ihre Stadt als einen Versammlungsort der Götter des Reiches. Die Christen „trugen sogar zu diesem Mythos heimlich bei: So wie Rom die Götter aller Nationen versammelt hatte, um sie als Talisman wirken zu lassen, so glaubten die römischen Christen, daß Petrus und Paulus vom Osten her zugereist waren, auf daß ihre heiligen Leiber in dieser Stadt beigesetzt würden“.[39] Der Name, den die Christen dem Pantheon gaben, Sancta Maria ad Martyres, knüpfte an jene pantheistische Tradition an, denn er bedeutet einen Ort, an dem alle Märtyrer vor Maria versammelt sind.

Das Licht in den Martyrien wies symbolisch auf die Wanderschaft der Christen hin. In San Costanza wird der auf zwölf Doppelsäulen ruhende innere Zylinder von zwölf Fenstern beleuchtet, die den Zentralraum mit Licht durchfluten, während sie den Arkadengang und den tonnengewölbten Umgang im Dunkel lassen. Das Dunkel galt als der Ort, an dem man nach innen schaute und meditierte. Der Blick aus dem Dunkel in das Licht wies auf den Prozeß der Bekehrung hin, denn das Licht dieses Kirchenraumes fiel weder auf ein menschliches Antlitz noch auf die Details einer Landschaft. In spektakulärer Weise zeigte Sancta Maria ad Martyres dieses Spiel von Licht und Schatten gerade an denjenigen Tagen, an denen das Sonnenlicht draußen am stärksten war: dann drang die Sonne in den Innenraum wie ein Scheinwerfer, wie ein gebündelter Lichtstrahl, der nie an einem bestimmten Ort zur Ruhe kam, sondern ohne festes Ziel weiterwanderte. Hier konnte man – als Christ – sehen und glauben.

Die Basilika und das Martyrium verkörperten die beiden Seiten des Christentums: Christus, den König, und Christus, den Heiland der Gemarterten und der Schwachen. Aber das Martyrium und die Basilika standen auch für die riskante Anpassung des Christentums an den Ort, an dem die Christen wohnten – an die Stadt, vor allem an Rom. Die Christianisierung Roms erfolgte zu einem Zeitpunkt, als es mit der Beherrscherin der Welt abwärtsging. Die Heiden interpretierten das als Ursache und Wirkung. Als der Barbarenfürst Alarich im Jahr 410 die Stadt Rom plünderte, kritisierten Heiden das Desinteresse der Christen an der Politik und sahen darin einen Faktor, der zur Schwäche der Stadt beigetragen habe. In seinem ›Gottesstaat‹ suchte Augustinus diese Vorwürfe, das Christentum schwäche Rom, zu entkräften. Er argumentierte: Der Christ ist auch Römer und hält sich an die Gesetze der Stadt, solange und sofern sie den Geboten des Glaubens nicht widersprechen; christliche Römer verteidigten die Stadt gegen Alarich und waren nicht seine Sympathisanten. Die Unterscheidung des Augustinus zwischen der *civitas terrena* und der *civitas Dei* lieferte nach Peter Brown „eine universale Erklärung menschlicher Grundmotive und die Sicherheit, daß in jedem Zeitalter eine einzige, fundamentale Spannung existiert“[40] – zwischen der Wanderschaft durch die Zeit und der Loyalität gegenüber einem Ort; sie bedeutete keineswegs eine definitive Ablehnung ihrer Vaterstadt.

In gewisser Hinsicht stimmte die Apologie des Augustinus mit der frühesten christlichen Lehre überein: der Gottesstaat – beziehungsweise das Reich Gottes – ist kein Ort. Augustinus unterschied zwischen der *civitas terrena* und der *civitas Dei*, indem er feststellte,

daß es trotz der großen Zahl der Völker auf Erden und ihrer Vielgestaltigkeit in Religion und Moral, Sprache, Kriegswesen, Tracht doch nur zwei Arten menschlicher

Gemeinschaft gibt, die wir nach unseren Schriften recht wohl als zwei Staaten bezeichnen können.[41]

Die Lateranbasilika verkörperte den einen Weg, der diese Unterscheidung unmöglich machte. Als die christliche Religion zu einer mächtigen Institution wurde, ließ sich ihre beherrschende Stellung nur schwer mit ihrer ursprünglichen Strenge vereinbaren. Die Macht erforderte einen Ort. Aber das Martyrium, die Grabkirche des Märtyrers, stellte für den christlichen Glauben einen anderen Weg dar: die Erlösung und Zurückgewinnung des Ortes. Denn nur an gewissen, mit künstlerischer Sorgfalt gestalteten Orten konnte man erkennen, was Bekehrung bedeutete. Hier verzichtete der Christ auf das Fleisch, entdeckte jedoch den Wert des Steines wieder.

3. Nietzsches Raubvögel und Lämmer

Viele moderne Autoren haben über die Sehnsucht des frühen Christentums, sowohl das Fleisch als auch den Stein zu transzendieren, nachgedacht; aber keiner empfand dagegen eine größere Abneigung als Friedrich Nietzsche. Er sah darin eine List, ein bloßes Machtkalkül. Ein Abschnitt aus seiner Streitschrift ›Zur Genealogie der Moral‹ (1887) verkörpert seine Überzeugung von der Hinterlist des Christentums vielleicht am besten. Es ist ein Gleichnis von den Lämmern und den „großen Raubvögeln", die sich kleine Lämmer holen.[42] Nietzsche wählte seine Tiere mit Bedacht aus: Das Lamm ist natürlich ein christliches Symbol, und Raubvögel erscheinen in den Schriften Nietzsches als typisch römische Tiere, als Herrscher unter den Vögeln – so wie die Römer einst auf der Suche nach Beute über die Welt streiften und alles beherrschten.

In dem Gleichnis erklärt Nietzsche zunächst, warum diese Raubvögel stärker als die Lämmer sind. Ihre Stärke beruht nicht nur auf ihren Krallen und Schnäbeln; sie sind stark, weil sie sich ihrer Macht nicht bewußt sind. Sie *entscheiden* sich nicht dafür, die Lämmer zu töten – sie holen sie sich einfach, wenn sie hungrig sind. Ähnlich verhalten sich Menschen mit starken Trieben: sie entscheiden sich ebensowenig dafür, zu trinken, zu töten oder ihrer Sexualität freien Lauf zu lassen – sie tun es einfach. Wie Schopenhauer glaubte Nietzsche, der starke Körper sei sich selbst gegenüber blind, unbelastet durch das Bewußtsein, durch den Geist. Philosophisch bedeutet das: Für den Menschen mit starken Trieben gibt es „kein ‚Sein' hinter dem Tun, Wirken, Werden".[43] Ein solcher Mensch beurteilt sein eigenes Verhalten nicht; er schränkt sich auch nicht ein, indem er auf den anderen Rücksicht nimmt oder darüber nachdenkt, was (echte oder menschliche) Lämmer infolge seiner Begierden vielleicht erleiden.

Die einzige Verteidigung der Schwachen besteht darin, „dem Raubvogel es *zuzurechnen*, Raubvogel zu sein".[44] Die menschlichen Lämmer – die Schwachen – spinnen um den starken Körper ein Netz sozialer Beziehungen und moralischer Urteile, suchen ihn durch Zweifel und Skrupel zu fesseln. Nietzsche verachtet die Schwachen nicht deshalb, weil sie schwach sind, sondern weil sie über ihr Tun lügen. Anstatt zuzugeben „Ich habe Angst", blökt das Lamm „Ich habe eine Seele". Das christliche Gerede von der Seele dreht sich nur darum, wie schrecklich es ist, wenn es einen Menschen nach Essen oder nach freier Liebe gelüstet, und wie gut der Mensch ist, der in bezug auf die körperlichen Triebe Zweifel und Skrupel hat. Deshalb kommt Nietzsche zu der Schlußfolgerung:

> [Die *Seele*] ist vielleicht deshalb bis jetzt auf Erden der beste Glaubenssatz gewesen, weil er der Überzahl der Sterblichen, den Schwachen und Niedergedrückten jeder Art, jene sublime Selbstbetrügerei ermöglichte, die Schwäche selbst als Freiheit [...] auszulegen.[45]

Die Christen mußten diese notwendige Lüge verkünden, wenn die Sanftmütigen das Erdreich besitzen sollten.

In diesem Gleichnis von den christlichen Lämmern und den heidnischen Raubvögeln wollte Nietzsche nicht fair oder historisch genau sein. Das Gleichnis konnte weder die bewußte Mischung von Entschlossenheit und Pessimismus beim Gladiator erklären noch den physischen Mut eines Christen, der sich selbst kastriert. Der Irrtum dieses Gleichnisses liegt anderswo. Er besteht darin, daß Nietzsche annimmt, die Kluft zwischen dem Geist und dem Körper sei eine christliche Erfindung. Wie wir gesehen haben, läßt sich diese Kluft bis zu den nackten Griechen zurückverfolgen, die Nietzsche als freie Männer preist. Und dieser Irrtum entspringt daraus, daß Nietzsche das Wesen der Macht mißversteht. Nietzsche ignoriert, daß brutale Gewalt zur Herrschaft nicht ausreicht. Wenn brutale Gewalt genügen würde, würden die Mächtigen nie versuchen, ihre Macht zu legitimieren; denn die Legitimation ist ein Akt der Rechtfertigung, der von den *Starken*, nicht von den *Schwachen* ausgeht. Außerdem übersieht das Gleichnis Nietzsches das Verhalten derjenigen Schwachen, die sich nicht wie Lämmer benehmen: Schwache Menschen versuchen, ihren eigenen Körper zu beherrschen, um sich gegen die Starken zu wehren.

Die Geschichte des Körpers in den Räumen der heidnischen Stadt – in Athen wie in Rom – spricht gegen dieses Gleichnis, das im Namen des „Heidentums" geschrieben wurde. Der idealisierte perikleische Körper erwies sich gerade der eigenen Sprachgewalt gegenüber als anfällig. Die Rituale der Frauen im Athen des Perikles wehrten sich gegen die herrschende Ordnung, indem sie ihre Kräfte der sexuellen Verweigerung wie des sexuellen Verlangens anschaulich demonstrierten. Die in Vitruvs Werk ›De architectura‹ enthaltene visuelle Ordnung, die im Rom Hadrians verwirklicht wurde, sperrte die Römer im äußeren Schein ein. Der Widerstand gegen diese visuelle Ordnung gab den Christen die Kraft, sich selbst zu entwurzeln und durch die Zeit zu wandern – eine Kraft, die sie aus der Verachtung des eigenen Körpers bezogen. In der Antike war das Lamm das Gegenstück zum menschlichen Raubvogel, nicht sein Opfer.

Anstatt den „natürlichen" Menschen zu vernichten, veränderte das Christentum vielmehr die Tröstungen, welche die Menschen für ihr widersprüchliches Leben suchten. In einem Buch über die Entstehung der Religionen bemerkt der Anthropologe Louis Dumont, daß Religionen dem einzelnen die Erfüllung entweder in dieser Welt oder außerhalb dieser Welt verheißen können.[46] Das Pantheon Hadrians versprach das erstere, die Kirche Sancta Maria ad Martyres das letztere. Als der Monotheismus die abendländische Kultur zu beherrschen begann, brach er mit dem Körper, wie man ihn in der heidnischen, pantheistischen Antike aufgefaßt hatte, aber er brach nicht völlig mit den Räumen des Pantheismus – zumindest in ihren römischen Versionen. Auch das Lamm konnte sich von seinem Verlangen nach dem Raubvogel nicht befreien; die Seele konnte sich von ihrem Ort in der Welt nicht völlig lösen.

Anmerkungen

1 Origenes, Contra Celsum III 36; zitiert nach der Übersetzung von Paul Koetschau, Bibliothek der Kirchenväter (im folgenden abgekürzt: BKV), Bd. 52, München 1926, S. 244.

2 Origenes, Contra Celsum III 36; BKV, Bd. 52, S. 245.

3 Ebd.

4 Ebd.

5 Selbstverständlich ist mit „der Christ" immer auch „die Christin" gemeint.

6 Arthur Darby Nock, Conversion, Oxford 1969, S. 227.

7 Zu beiden Zitaten vgl. Nock, Conversion, S. 8. [Das Werk von William James liegt auch auf deutsch vor: Die Vielfalt der religiösen Erfahrung. Eine Studie über die menschliche Natur. Übersetzt, herausgegeben und mit einem Nachwort versehen von Eilert Herms, Olten/Freiburg i. Br. 1979. Das von Nock angeführte Zitat steht dort auf S. 202; ich gebe es jedoch in einer eigenen Übersetzung wieder. Anm. d. Übers.]

8 Vgl. Peter Brown, The Body and Society: Men, Women, and Sexual Renunciation in Early Christianity, New York 1988, bes. S. 5–32 [dt. unter dem Titel: Die Keuschheit der Engel. Sexuelle Entsagung, Askese und Körperlichkeit am Anfang des Christentums, München 1991].

9 Die beiden folgenden Abschnitte stützen sich auf eine frühere Veröffentlichung des Autors; vgl. Richard Sennett, The Conscience of the Eye, New York 1992, S. 5f. [dt. unter dem Titel: Civitas. Die Großstadt und die Kultur des Unterschieds, Frankfurt a. M. 1991, S. 19–37].

10 Harvey Cox, The Secular City: Secularization and Urbanization in Theological Perspective, revised edition, New York 1966, S. 49. Zitiert nach der deutschen Aus-

gabe: Stadt ohne Gott? Aus dem Amerikanischen übertragen von Werner Simpfendörfer, Stuttgart 1967, S. 70.

[11] ›Brief an Diognetus‹ 7.5; übersetzt und zitiert bei Jaroslav Pelikan, Jesus Christus. Erscheinungsbild und Wirkung in 2000 Jahren Kulturgeschichte. Aus dem Amerikanischen übersetzt von Cornelia Hermanns, Zürich/Einsiedeln/Köln 1986, S. 64.

[12] Augustinus, de civitate Dei XV, 1. Zitiert nach der deutschen Übersetzung von Alfred Schröder, BKV, Bd. 16, München 1914, S. 361 f.

[13] Origenes, Contra Celsum V 63. Zitiert nach BKV, Bd. 53, München 1927, S. 89 f.

[14] Vgl. 1. Korinther 11, 2–16; 12, 4–13.

[15] Johannes Chrysostomus, Homiliae in Matthaeum 6,8: 72 [nach der Übersetzung von Johannes Chrysostomus Baur, BKV, Bd. 23, München 1915]; zitiert und erörtert bei Peter Brown, The Body and Society, S. 315–317.

[16] Peter Brown, The Body and Society, S. 316.

[17] Origenes, Contra Celsum VI 66. Zitiert nach BKV, Bd. 53, S. 186 f.

[18] Origenes, Contra Celsum VI 68. Zitiert nach BKV, Bd. 53, S. 189.

[19] Regina Schwartz, Rethinking Voyeurism and Patriarchy: The Case of *Paradise Lost*, in: Representations 34 (1991), S. 87.

[20] Cassius Dio, Römische Geschichte LIII 27, 2; zitiert bei MacDonald, The Pantheon, S. 76. Percy Bysshe Shelley, Brief vom 23. März 1819 an Thomas Love Peacock, Letters of Percy Bysshe Shelley, hrsg. von F. L. Jones, Bd. 2, Oxford 1964, S. 87 f.; zitiert bei MacDonald, The Pantheon, S. 92.

[21] 1. Korinther 11, 20 ff.

[22] L. Michael White, Building God's House in the Roman World. Architectural Adaptation among Pagans, Jews, and Christians, Baltimore 1990, S. 107, 109.

[23] Galater 3, 28.

[24] Augustinus, Confessiones X 23. Zitiert nach der Übersetzung von Alfred Hoffmann, BKV, Bd. 18, München 1914, S. 241.

[25] Augustinus, Confessiones X 31. Zitiert nach BKV, Bd. 18, S. 248.

[26] 1. Korinther 11, 23–25.

[27] In diesem Zusammenhang zitiert bei Wayne Meeks, The Moral World of the First Christians, Philadelphia 1986, S. 113. Die Bibelstellen sind Kolosser 3, 9–11 und Epheser 4, 22–24.

[28] Seneca, Epistulae Morales 56, 1 f.; zitiert bei Lewis Naphtali/Reinhold Meyer (Hrsg.), Roman Civilization, Bd. II: The Empire, 3. Aufl., New York 1990, S. 142 [hier wiedergegeben nach: Seneca, Philosophische Schriften. Übersetzt, mit Einleitungen und Anmerkungen versehen von Otto Apelt, Bd. III, Hamburg 1993, S. 194].

[29] Jérome Carcopino, Rom: Leben und Kultur in der Kaiserzeit. Völlig neu bearbeiteter Text der Übersetzung von Wilhelm Niemeyer, herausgegeben von Edgar Pack, 2. Aufl., Stuttgart 1979, S. 359: *„balnea, vina, Venus corrumpunt corpora nostra, sed vitam faciunt“* (CIL VI 15258).

[30] Wayne Meeks, The First Urban Christians, New Haven 1983, S. 153; zitiert nach der deutschen Ausgabe: Urchristentum und Stadtkultur. Die soziale Welt der paulinischen Gemeinden. Übersetzt von Sieglinde Denzel und Susanne Naumann, Gütersloh 1993, S. 315.

[31] Jacob Neusner, A History of the Mishnaic Law of Purities. Studies in Judaism in Late Antiquity 6. 22: The Mishnaic System of Uncleanness, Leiden 1977, S. 83–87.

[32] Römer 6, 3.

[33] Kolosser 2, 11 f.

[34] Richard Krautheimer, Early Christian and Byzantine Architecture, 4. Aufl., New York 1986, S. 24 f.

[35] Richard Krautheimer, Rome. Profile of a City, 312–1308, Princeton 1983, S. 24.

[36] Krautheimer, Early Christian and Byzantine Architecture, S. 40.

[37] Thomas F. Mathews, The Clash of the Gods: A Reinterpretation of Early Christian Art, Princeton 1993, S. 3–22.

[38] Vgl. White, Building God's House in the Roman World, S. 102–123.

[39] Peter Brown, Augustinus von Hippo. Eine Biographie. Übersetzt, bearbeitet und herausgegeben von Johannes Bernard, 2. Aufl., Frankfurt a. M. 1982, S. 253.

[40] Ebd., S. 281.

[41] Augustinus, de civitate Dei XIV 1. Zitiert nach BKV, Bd. 16, München 1914, S. 299.

[42] Vgl. Friedrich Nietzsche, Zur Genealogie der Moral I 13. Zitiert nach: Fr. Nietzsche, Sämtliche Werke, Kritische Studienausgabe, hrsg. von G. Colli/M. Montinari, München–Berlin–New York 1967 ff., Bd. 5, S. 279–281.

[43] Ebd., S. 279.

[44] Ebd., S. 280. Hervorhebung im Original.

[45] Ebd., S. 281.

[46] Vgl. Louis Dumont, Homo Hierarchicus: Essai sur le système des castes, Paris 1967.

PERSONENREGISTER

DIE AUTOREN

Prof. Dr. Thomas Anz, geb. 1948, Professor für Neuere deutsche Literaturwissenschaft und Literaturvermittlung an der Universität Bamberg, Veröffentlichungen vor allem zur deutschsprachigen Literatur des 20. Jahrhunderts sowie über sozial-, mentalitäts- und psychohistorische Ansätze der Literaturgeschichtsschreibung, Literaturkritik und literarische Wertung sowie literaturwissenschaftliche Theorie und Methodologie.

Prof. Dr. Jean Baudrillard, geb. 1929, em. Professor für Soziologie an der Universität Nanterre, Publikationen über Medien-, Kultur- und Kommunikationstheorie.

Prof. Dr. Götz Großklaus, geb. 1933, Professor für Neuere Deutsche Philologie am Institut für Literaturwissenschaft der Universität Karlsruhe, Veröffentlichungen in den Bereichen Kultursemiotik, Semiotik des Raums und der Zeit, Mediengeschichte sowie zu Heinrich Heine.

Dr. Eckhard Hammel, geb. 1956, Lehrbeauftragter am Fachbereich Medienwissenschaft der Universität Düsseldorf, Arbeiten zur qualitativen Kommunikations- und Medienanalyse mit den Themenschwerpunkten Sozialphilosophie, Anthropologie und Wahrnehmungstheorie.

Prof. Dr. Hermann Lübbe, geb. 1926, em. Professor für Philosophie und Politische Theorie an der Universität Zürich, Publikationen über Zeit-, Geschichts-, Kultur- und Religionsphilosophie, Politische Philosophie sowie Technik- und Wissenschaftstheorie.

Prof. Dr. Irene Neverla, geb. 1952, Professorin für Journalistik an der Universität Hamburg, Veröffentlichungen im Bereich der Journalistik, speziell in den Gebieten der Publikums- und Wirkungsforschung, der Frauen- und Geschlechterforschung und der medienwissenschaftlichen Zeitforschung.

Prof. Dr. Helga Nowotny, geb. 1937, Professorin und Institutsvorstand am Institut für Wissenschaftstheorie und Wissenschaftsforschung der Universität Wien, Präsidentin der International Society for the Study of Time, Vizepräsidentin des Internationalen Forschungszentrums Kulturwissenschaften und ständiges wissenschaftliches Mitglied am Collegium Budapest. Veröffentlichungen im Bereich der Soziologie speziell der Zeitsoziologie sowie in den Gebieten der Wissenschafts-, Technologie- und Medienforschung.

Prof. Dr. Richard Sennett, Professor für Geschichte und Soziologie an der New York University, Veröffentlichungen in den Bereichen Kultursoziologie, Sozialpsychologie und Ideengeschichte.

Dr. Dieter Thomä, geb. 1959, Wissenschaftlicher Assistent für Philosophie an der Universität Rostock, Veröffentlichungen zu den Themengebieten Praktische Philosophie, Ästhetik und Existenzphilosophie.